Die Fünf »Tibeter«®
für ein langes Leben

Arnold H. Lanz

Die Fünf »Tibeter«®
für ein
langes Leben

Der Königsweg zu
mehr Lebensfreude und Vitalität

Scherz

Die in diesem Buch vorgestellten Übungen sind in Kursen und Seminaren unterrichtet und ausgeführt worden. Bei gesundheitlichen Problemen können sie Rat und Hilfe eines Arztes nicht ersetzen. Autor und Verlag übernehmen keine Haftung für Schäden, die sich aus dem Gebrauch oder evtl. Missbrauch der in diesem Buch beschriebenen Übungen ergeben.

Inhalt

Teil 2   *Artgerechte Ernährung*

Anhang

Vorwort

Stellen Sie sich vor, Sie sind Arzt und kommen nach einer langen, abenteuerlichen Reise in ein hoch gelegenes, sehr abgeschiedenes Bergtal. Als Erstes fällt Ihnen auf, wie glücklich seine Bewohner sind. Aber das ist noch nicht alles: *Sie sind nicht krank.* Kein Einziger leidet unter Verstopfung, Arthritis oder Triefnase. Als Arzt sind Sie jetzt mehr als neugierig: ein Volk ohne Krankheiten? Nicht einmal ein kleiner Schnupfen oder etwas Rheuma? Das gibt es doch nicht. Keine Alterskrankheiten? Unvorstellbar! Sie trauen Ihren Augen und Ohren nicht, denn je mehr Sie fragen und je länger Sie forschen, umso klarer wird das Bild: Diese Menschen kennen keine Krankheiten! Weder Krampfadern noch Magengeschwüre, noch Krebs, noch Herzinfarkte – nichts. Sie sind alle kerngesund, vital und lebenslustig.

Aber es kommt noch besser: Hundert Jahre alt zu werden, gilt hier als völlig normal. Mit hundert hat man das beste Alter erreicht und ist auf dem Höhepunkt seiner körperlichen und geistigen Fähigkeiten. Tägliche harte, körperliche Arbeit, Zeugungsfähigkeit, Schlankheit ohne Anzeichen von Zellulitis, Volleyballspiele und vieles mehr sind in diesem Bergtal normaler Alltag. Hier kennt man keine Altersheime. Selbst 145-Jährige arbeiten jeden Tag, gehen stundenlang ohne Mühe und sind glücklich.

Was sich wie ein Märchen liest, ist bzw. war Realität – im Land der Hunzas, hoch oben auf dem Dach der Welt an der Nordspitze Indiens, im Himalaja. Das besagte Tal war über Jahrhunderte von der übrigen Welt abgeschnitten. So blieben die Hunzas von allen «Segnungen» der Zivilisation verschont. Entdeckt wurden sie von dem schottischen Arzt McCarrison. Was er bei ihnen sah, war so unglaublich, dass er volle sieben Jahre dort blieb.

Das «Rezept» der Hunzas besteht aus drei Teilen:

1. täglich viel Bewegung an der frischen Luft
2. eine einfache, aber artgerechte Ernährung
3. Emotionen beherrschen lernen und in positiven Gefühlen leben

Nach denselben Verhaltensregeln leben auch viele andere Volksgruppen, etwa die tibetischen Mönche. Jeder dieser drei Komplexe wurde in zahlreichen Untersuchungen analysiert, die Wirksamkeit nachgewiesen – die Lebensart der Hunzas führt zu einem langen und unbeschwerten Leben.

In diesem Buch zeige ich Ihnen, wie Sie sie in Ihrem Alltag umsetzen können. Freuen Sie sich auf ein beschwerdefreies und langes Leben!

Einleitung

Unnatürlich ist	Normal und natürlich ist
Wir werden krank.	Wir sind und bleiben ein Leben lang gesund.
Wir benötigen Ärzte, Krankenhäuser, Psychologen.	Wir sind und bleiben für uns selbst verantwortlich.
Wir haben Angst vor einem schlimmen Alter.	Wir freuen uns auf ein schönes Alter voller Aktivität, Lebenslust und Weisheit.
Beweglichkeit, Leistungskraft und Denkvermögen nehmen mit dem Alter ab.	Leistungskraft und geistige Vitalität bleiben bis ins höchste Alter erhalten.
Wir erreichen das statistische Durchschnittsalter von 72 bis 82 Jahren.	Wir erreichen das biologische Alter von mindestens 100 Jahren bei voller körperlicher, geistiger und seelischer Gesundheit.

Der Jungbrunnen

Der Jungbrunnen ist ein uralter Menschheitstraum. Zwar werden heute alte Darstellungen von jenem Teich, in den man alt und verschrumpelt hineintaucht und aus dem man jugendlich-frisch wieder heraussteigt, zumeist milde belächelt. Trotzdem ist die Sehnsucht nach einem schnell wirkenden Wundermittel heute größer denn je. Wir leben in einer Zeit, in der die Jugend vergöttert wird. Sie zu erhalten oder wieder zu erlangen, ist Wunschtraum Nummer eins. Wir geben Milliarden aus für Massagen, Therapien, Medikamente, Kuren, Wunderarzneien, Heilbehandlungen, plastische chirurgische Eingriffe, Kosmetika usw. Von den Abertausenden von Tees,

Salben, Cremes, Vitamintabletten und weiteren Mittelchen ganz zu schweigen.

Die Formen haben sich geändert, doch die Sehnsucht ist die Gleiche. Wir pilgern auf der Suche nach Heil bringendem Wasser seltener in unbekannte Länder, aber wir gehen von einem Spezialisten zum nächsten, suchen Rat und Hilfe in Kurbädern, unterziehen uns allen möglichen Behandlungen. Und was bringt das? Etwas Erholung und Schmerzlinderung. Aber meist leider keine anhaltende Heilung oder Verjüngung. Trotz all dieser sündteuren Maßnahmen (Spötter behaupten: *wegen* dieser Behandlungen) haben wir gegen die Vergänglichkeit noch kein Rezept gefunden.

Im Alltag verdrängen wir den Gedanken an den eigenen Tod gern. Wir streben mit allen Mitteln und hohen Kosten ein langes Leben an. Obwohl wir wissen, dass jedes Leben auf dieser Erde vergänglich ist, und obwohl wir Statistiken kennen und daraus unsere Lebenserwartung ableiten können, hoffen wir doch, die berühmte Ausnahme von der Regel zu sein und noch lange, lange leben zu dürfen. Das Leben mag uns nicht immer nur freundlich behandelt haben. Doch es ist so bunt, fassettenreich und faszinierend, dass wir es so lange als irgend möglich erleben und ausschöpfen möchten.

Wissenschaft und Forschung haben in den letzten Jahrzehnten große Fortschritte gemacht und die Lebenserwartung der zivilisierten Menschheit wesentlich erhöht. Durch Errungenschaften wie Hygiene, Penizillin und Antibiotika und die Verfeinerung chirurgischer Methoden gelang eine erhebliche Steigerung der durchschnittlichen Lebenserwartung. Wesentlich dazu beigetragen haben einerseits die Verringerung der Säuglingssterblichkeit sowie andererseits die vielen Maßnahmen der Lebensverlängerung, wie z. B. Herzschrittmacher, künstliche Nieren usw.

Im Zeitraum von 1870 bis 1970 hat sich die durchschnittliche Lebenserwartung knapp *verdoppelt*. Sie beträgt heute 72 bis 82 Jahre und erreicht damit etwa den vierfachen Wert des Steinzeitmenschen. Ein Römer im alten Rom durfte auf dreißig Jahre hoffen, seine Lebenserwartung war also zweieinhalbmal geringer. An diesem Erfolg beteiligt sind Medizin, Chirurgie, Biologie, Nahrungsmittelgewinnung und -lagerung, ebenso Telefonie, Transport und Logistik. Führten früher Schädlingsschwärme, Dürre oder Überschwemmungen in einem Land zwangsläufig zu Missernten, Hunger und Epidemien, können solche Vorfälle heute präventiv verhindert oder dank weltweiter Kommunikation, Transportmöglichkeiten und Hilfsaktionen ausgeglichen werden.

Doch trotz all dieser Fortschritte sind wir weit entfernt von einer artgerechten biologischen Lebenserwartung.

120 Jahre jung

Die oben zitierten statistischen Zahlen täuschen über einen Punkt hinweg: Es gab zu jeder Zeit Menschen auf dieser Welt, die alt oder sogar sehr alt wurden. Dass der Durchschnitt nur dreißig oder 45 Jahre alt wurde, lag an der hohen Säuglingssterblichkeit, an Kriegen, Krisen, Nahrungsmangel, Naturkatastrophen, Gefahren des Alltags, wie z. B. wilden Tieren, an krank machenden oder gefährlichen Arbeitsbedingungen und an Seuchen, gegen die kein Mittel bekannt war und die viele Menschen in den besten Jahren hinrafften.

Trotzdem – von einem biblischen Alter sind wir meilenweit entfernt. Wir sind zudem abhängig von Wirtschaft, Wissenschaft, Medizin, Sozialfürsorge und Pflege. Im Vergleich zu uns Menschen nimmt sich das Leben der Tiere in freier Wildbahn urtümlich, um nicht zu sagen primitiv aus. Und doch haben diese freien Lebewesen uns Menschen einen ganz wesentlichen Punkt voraus: Sie erreichen das biologisch mögliche Alter bei vollster Vitalität. Ohne Krankenhäuser, Altersheime, Sozialfürsorge, Rentenpläne und Sanatorien.

Alle Lebewesen auf dieser Welt – und deshalb auch wir Menschen – unterliegen ewigen Gesetzen. Eines davon besagt, dass wir laufend Luft, Wasser und Nahrung zu uns nehmen müssen. Ebenfalls ein natürliches Gesetz ist, dass kein Lebewesen ausgewachsen auf die Welt kommt. Alle werden klein geboren und benötigen eine bestimmte Zeit, bis sie ausgewachsen und voll leistungsfähig sind. Wir Menschen werden meist weit vor dem zwanzigsten Jahr geschlechtsreif – und doch sind wir erst mit etwa zwanzig bis 24 Jahren ausgewachsen und reif für das Leben. Es gibt Menschen, die man als frühreif bezeichnen kann, andere nehmen ihr Leben erst weit nach dem 25. Altersjahr in die eigenen Hände.

Wird das ewige Gesetz des Lebens auf uns Menschen übertragen, dann wäre unser biologisches Alter mindestens hundert (fünf mal zwanzig) oder gar 132 Jahre (sechs mal 22 Jahre). Wir können also, rein naturkundlich betrachtet, gut und gerne 120 Jahre alt werden. Bei bester körperlicher Gesundheit, strotzender Vitalität, vollem Bewusstsein und regem Geist.

Wenn wir es nicht werden, liegt das nicht an der Medizin, nicht an der Umwelt, nicht an der Erbmasse, nicht an der eigenen Konstitution, sondern einzig und allein an unserem Verhalten. Sofern wir mit einem voll funktionierenden Körper und Geist geboren wurden, d.h. wenn wir in der Jugend fit, glücklich und vital waren, können wir für Alterskrankheiten, Gebrechen, Unwohlsein und Schmerzen weder Ärzte, Mediziner, Theologen, Psychologen, Ernährungsratgeber, Fitnessberater, Sozialarbeiter, Heilpraktiker, Gurus, Gesetze, Krankenkassen und den Staat noch sonst jemanden verantwortlich machen. Wir allein sind schuld, denn wir ernten im Alter, was wir im Leben gesät haben.

Ich persönlich habe es in der Hand, wie viele Jahre meines biologischen Alters ich erreichen und wie viele Schmerzen oder wie viel Wohlbefinden ich dabei erleben möchte. Was der römische Konsul Appius Claudius (307 v. Chr.) gesagt hat, gilt hier ganz besonders: «Jeder ist seines eigenen Glückes Schmied.»

Demütigung Altersheim

Ich kann mir nicht helfen, aber nach jedem Besuch eines Krankenhauses, eines Altersheimes oder einer anderen Betreuungsanstalt für alte oder kranke Menschen bin ich deprimiert, traurig, bedrückt und unglücklich. Nein, nicht über die Art der Pflege, sondern über die Not und die unvorstellbaren Schmerzen, die all diese Kranken und Alten erdulden und erleiden müssen. Was mich so bedrückt, ist die Tatsache, dass viele dieser Leiden mit denkbar wenig Einsatz hätten vermieden werden können. Was mich so traurig macht, ist, dass offenbar niemand zu wissen scheint, wie man bis ins höchste Alter gesund, fit und vital bleibt. Was mich so deprimiert, ist die Tatsache, dass viele Menschen regelmäßig Medikamente schlucken und dadurch in ihrem Wesen verändert werden und am Ende in einer solchen Anstalt ihre Würde verlieren.

Wir leben in einem sozialen Umfeld, und es wird viel getan, um kranke und alte Menschen optimal zu pflegen. Die medizinische Betreuung wird mit unvorstellbarem Aufwand betrieben, die Pflege funktioniert nach eingespielten Regeln, und kaum einer leidet unter finanziellen Sorgen, denn Krankenkassen und soziale Einrichtungen aller Art umgeben Kranke und Alte nahezu lückenlos. Aus sozialer Sicht ist die Welt bestens in Ordnung. Politische Parteien brüsten sich voller Stolz über das Erreichte. Doch ist der Zustand von Krankheit und Hilflosigkeit, in dem sich diese Menschen befinden, menschenwürdig? Genau genommen sind viele Alte und Kranke keine Menschen mehr, sondern Wracks oder Hüllen, die mühsam dahinvegetieren.

Nehmen wir ein Beispiel: Frau S. ist halbseitig gelähmt, bettlägerig und oft geistig verwirrt, so dass sie ihren Mann und ihre Kinder nicht mehr erkennt. Frau S. war einmal eine überaus aktive Frau: Als ihr Mann krank wurde und nicht mehr für die Familie sorgen konnte, lief sie nicht etwa zum Sozialamt, sondern suchte sich eine Stelle und arbeitete sich bis zur Filialleiterin einer großen Verkaufskette hoch. Nebenher betreute sie ihren Mann und versorgte ihre vier Kinder. Eine Frau also, die mit beiden Beinen im Leben stand und in ihrem Dorf hohes Ansehen genoss, insbesondere auch deshalb, weil sie nicht jammerte, sondern ihr Schicksal aktiv meisterte.

Davon ist nichts übrig geblieben. Durch Medikamente ruhig gestellt, vegetiert sie zwischen Bett und Rollstuhl. Sie muss gewaschen, gefüttert und regelmäßig aufs Klo gesetzt werden. Und niemand tut etwas dagegen. Alle nehmen es als selbstverständlich hin, dass ein Mensch krank, pflegebedürftig, gebrechlich und leidend wird. Sie bezeichnen diesen Zustand als den «Prozess des Altwerdens», als «Altersschwäche» und versuchen, uns weiszumachen, dass jeder Mensch diese Phase durchmachen muss.

Müssen wir tatsächlich alle als Sieche enden? Mit unsagbaren

Schmerzen und unter Medikamenten stehend mit umnebeltem Geist, morschen Knochen, müden Gliedern und starren Gelenken die letzten Tage unseres Lebens im Bett dahinvegetieren?

Nein! Das ist menschenunwürdig!

Im Altertum war es selbstverständlich, dass sich alte Menschen zu Weisen und Vorbildern wandelten. Sie schöpften aus einem nachgerade unermesslichen Erfahrungsschatz. Wäre das nicht auch für Sie ein erstrebenswertes Ziel?

Unreif bis ans Lebensende?

In der Mode, im Film, im Fernsehen, in jeder Illustrierten – wohin man sieht, überall strahlen uns junge, knackige Menschen an. Glaubt man diesen Trugbildern, besteht unsere Zivilisation ausschließlich aus Teenies und Twens. Das «Mittelalter» und insbesondere die Alten fehlen vollständig. Kein Wunder, dass die Menschen so hysterisch auf die ersten Runzeln oder die ersten grauen Haare reagieren. Viele Millionen Menschen besuchen ihren Friseur regelmäßig und lassen sich die Haare färben, damit sie ja nicht grau oder alt aussehen. Milliarden Mark werden für Cremes, Behandlungen und Massagen ausgegeben, um Krähenfüße, Falten, Orangenhaut usw. verschwinden zu lassen. Wer etwas auf sich hält, lässt sich liften und läuft mit fünfzig noch in flippigen Kleidern herum.

Die meisten Menschen krallen sich mit aller Gewalt und unter Einsatz riesiger Geldbeträge an ihrer schwindenden Jugend fest. An einer Jugend, die, genau besehen, alles andere als erstrebenswert ist, denn mit 14 oder 18 ist ein Mensch denkbar unreif und «unfertig». Selbst mit zwanzig wirkt sein Benehmen oft noch kindisch und töricht. Was man der Jugend nachsehen mag, das wirkt bei auf jugendlich getrimmten älteren Menschen nicht nur lächerlich, sondern albern, einfältig und infantil.

Warum wollen so viele Menschen mit aller Gewalt noch einmal jung werden? Die Antwort liegt auf der Hand: In der Jugend waren wir kräftig, fit, vital und unbeschwert. Damals wussten wir noch nichts vom seelischen Knacks, von körperlichem Siechtum und von geistiger Demenz. Und so trauern wir unserer einstigen geistigen Klarheit, unserer Offenheit, Lebenskraft und Lebensfreude nach. Wir treiben Fitness, unterziehen uns Kuren, nehmen Vitamine und tun vieles mehr für unsere Jugendlichkeit. Trotzdem bekommen wir die vielfältigen Krankheiten des Alters, wie Rheuma, Gicht, Bluthochdruck, Atembeschwerden, Unbeweglichkeit, Gebrechlichkeit, Herzstörungen, Krebs usw.

Manfred, ein Schulkollege von mir, hatte das große Los gezogen. Er war im Beruf überaus erfolgreich, hatte eine liebe Frau und zwei Kinder und ein eigenes Häuschen gebaut. Nach außen hin schien sein Glück perfekt. Ich traf ihn nach Jahren wieder und fühlte irgendwie, dass seine Fröhlichkeit nur aufgesetzt war. Irgendwann brach es aus ihm heraus: «Ich fühle mich jeden Tag müde und zerschlagen, und zwar nicht nur körperlich, ich bin auch so mutlos. Alle Aufbaupräparate helfen nicht, ich fühle mich total ausgelaugt. Ich habe zwar Familie, Haus und Kind, und doch ist da eine große Unzufriedenheit und Unruhe in mir. Im Beruf sehe ich keine Aufstiegschance mehr, auch privat habe ich keine Perspektiven. Was habe ich denn eigentlich erreicht in meinem Leben?» Manfred steckte ganz offensichtlich mitten in einer Midlife-Crisis.

Irgendwann im Laufe des Lebens beginnen viele Menschen zu resignieren: Das Leben dauert nicht ewig, sondern nur siebzig bis achtzig Jahre. Und Altern ist offensichtlich ohne Gebrechen, Leiden und Krankheiten nicht möglich. So beschwichtigen wir uns selbst – und erliegen damit einer der grössten Selbsttäuschungen unserer Zivilisation.

Eigentlich müsste doch das Alter die schönste Lebensphase sein. Dann ist man endlich von der täglichen Arbeitslast befreit und hat Zeit und Muße, sich den schönen Dingen im Leben zu widmen. Millionen von Menschen erleben das Alter aber genau umgekehrt: zu schwach zum Reisen und zu abhängig von Medikamenten, Ärzten und Pflegern, um sorgenfrei zu leben. Viele müssen Ihren Führerschein abgeben, weil sie im Straßenverkehr ein Hindernis oder gar eine Gefahr geworden sind. Viele verwahrlosen, weil Körperpflege, Waschen und Kochen sie überfordern. Manche verlieren ihr Gedächtnis und erkennen selbst die nächsten Verwandten nicht mehr.

Wirklich erschreckend daran ist, dass sich offenbar alle damit abfinden, denn man verweist immer wieder auf «allgemein gültige Weisheiten»: «Das Leben dauert siebzig Jahre», «Altersgebrechen sind normal», «Man bleibt nicht ewig jung», «Die Krankenkasse zahlt es doch». Alle diese Aussagen sind nicht nur falsch, sie sind auch eine Beleidigung für jeden Menschen, der sich seinen gesunden Menschenverstand und wachen Geist bewahrt hat.

Wer säet, der erntet

Im Alter ernten wir, was wir in unserem Leben gesät haben. Wenn wir jahrzehntelang nur Lift gefahren sind, statt Treppen zu steigen, und unsere körperliche Fitness vernachlässigt haben, sind unsere Muskeln nun erschlafft und verkümmert und die Gelenke eingerostet. Müssen wir jetzt Treppen steigen, werden wir kurzatmig, und unser Herz schlägt wie verrückt. In dieser Situation z. B. ein Herz- oder ein Asthmamittel zu nehmen, wäre Flickwerk. Herz und Lunge tun, was sie können – mehr geht eben nicht, wenn sie ein Leben lang nicht gefordert wurden.

Hans-Rudolf war ein armer Schlucker. Er musste sich in seiner Ernährung stark einschränken. Ein Auto hatte er nicht, und öffentliche Nahverkehrsmittel waren ihm zu teuer. So «musste» er sehr viel gehen. Trotzdem war Hans-Rudolf nicht unglücklich. Er hatte sich seinen Humor bewahrt. «Wenigstens bekomme ich jetzt die ganzen Wohlstandskrankheiten der Reichen nicht», rief er mir lachend entgegen. In der Tat litt er weder an Übergewicht noch an Verkalkung, Bluthochdruck, Herzverfettung, Rheuma oder Gicht.

Genauso, wie die Polizei meistens erst dann eingreift, wenn es zu spät ist, kommen viele Maßnahmen im medizinischen Bereich viel zu spät. Verkrümmte Gichthände zu operieren, mag aus medizinischer

Sicht Sinn machen – aber es ist eine schmerzhafte Prozedur, die unnötig wäre, hätte man den Patienten zu einer einsichtigeren Lebensführung angehalten.

Damit wir uns richtig verstehen: Ich bin nicht gegen Ärzte, Pfleger, Theologen oder Psychologen. Wir verdanken ihnen sehr viel. Ich kämpfe aber entschieden dagegen an, dass man Menschen in dem irrigen Glauben lässt, Altersgebrechen wären normal. Ebenso falsch ist die Ansicht, die Medizin beschere allen ein sorgenfreies Alter und ein langes Leben. Der Alltag in Krankenhäusern und Altersheimen spricht eine ganz andere Sprache. Das Alter ist für viele Menschen grauenhaft, schmerzvoll, quälend, menschenunwürdig und in hohem Maße deprimierend. Es gibt wohl nichts Schrecklicheres für einen normal empfindenden Menschen, als bei vollem Bewusstsein erleben zu müssen, wie der eigene Leib langsam, aber sicher verfault, verkalkt und vergreist. Ebenso furchtbar ist die Erkenntnis, dass man Verstand und Gedächtnis allmählich verliert.

Verzweifelt suchen solche Menschen ärztliche Hilfe. Die Medizin kann ihr Leid durch Schmerzmittel, Medikamente, Therapien und Operationen lindern oder hinauszögern. Aber wirklich nachhaltige Heilung oder gar eine Umkehrung des Alterungsprozesses kann sie nicht bewirken. Sie kommt oft erst dann, wenn es zu spät ist. So bleibt letztlich nicht einmal mehr die Hoffnung.

Das ist genau der Punkt, der mich am meisten ärgert und deprimiert, denn es gibt sehr wohl Hoffnung.

Die Kraft der Neunzigjährigen

Von tibetischen Mönchen wissen wir, dass selbst Neunzigjährige von morgens früh bis abends spät härteste körperliche Arbeit auf den Feldern verrichteten. Sie kannten keine Traktoren oder sonstigen Hilfsmittel. Sie erarbeiteten sich ihr Leben mit den Händen im Schweiße ihres Angesichtes. Waren sie traurig darüber, oder beklagten sie ihr Los? Bemitleideten sie sich? Nein, keineswegs. Ganz im Gegenteil. Sie arbeiteten fröhlich vor sich hin und summten oder sangen dabei! Daraus können wir schließen, dass sie nicht nur körperlich fit waren, sondern sich rundum wohl und zufrieden fühlten. Gelegentlich lesen wir Meldungen über Menschen in der Ukraine oder dem Kaukasus, die weit über hundert Jahre alt wurden und bis ins höchste Alter fit und selbstständig blieben.

Wir haben eine andere Sicht vom Alter. Wir freuen uns, nicht mehr arbeiten zu müssen. Wir faulenzen, ruhen uns aus, schalten ab, vergessen. Vielleicht bemitleiden Sie die Mönche, die arbeiten mussten. Wenn ja, dann verkennen Sie, dass sie gerade diese Art zu leben bis ins hohe Alter hinein fröhlich und fit hielt.

Vergessen Sie also möglichst rasch alles, was Sie über einen geruhsamen Lebensabend zu wissen glauben. Ein erfülltes Altersleben ist voller Vitalität, Regsamkeit, Wachsamkeit und Lebensfreude bis zum Lebensende, also bis zum allerletzten Atemzug. Schonung, Trägheit, Leid, Selbstmitleid, Schmerzen – all das muss nicht sein. Der Volksmund weiss das eigentlich seit ewigen Zeiten, denn er sagt: «Wer rastet, der rostet.»

Gesundheit ist ganz einfach

Die Medizin gilt als kompliziertes und komplexes Fachgebiet. Durch immer weitere Erkenntnisse und die Aufgliederung der Krankheitssymptome in mittlerweile mehr als 40.000 (!) Krankheiten wird ein Eindruck übermächtig: Gesundheit ist ein Gut, das wohl niemand hundertprozentig erreichen kann, schon gar nicht ohne Hilfe von Spezialisten, Krankenhäusern, Geräten und Medikamenten.

Entgegen dieser weit verbreiteten Meinung behaupte ich: Gesundheit ist etwas Einfaches und vor allem etwas ganz Natürliches. Sie unterliegt allerdings zugegebenermaßen einigen grundsätzlichen Fakten:

- Sie kann weder gemacht noch gekauft noch herbeigezaubert werden.
- Sie muss von jedem Einzelnen und höchst persönlich erarbeitet und erlebt werden.
- Kein Mensch dieser Welt, und wäre es der bestbezahlte Chirurg oder der höchst angesehene Heilpraktiker oder der weltberühmte Geistheiler, kann Gesundheit machen oder geben.

- Gesundheit ist ein natürlicher Prozess, der von unserem Organismus ununterbrochen angestrebt wird.
- Gesundheit gelingt unserem Organismus immer dann, wenn er die dazu notwendigen Grundstoffe erhält, nämlich Energie, Licht, Luft, Wasser, artgerechte Nahrung, Bewegung und ein ausgeglichenes Gemütsleben.
- Unser Organismus regelt Gesundheit genau so, wie er z. B. die Körpertemperatur regelt, das Körpergewicht hält und den Schlaf- und Wachrhythmus steuert.

Unser Körper ist kein Auto oder Gerät, das in einer Fabrik hergestellt wurde und bei einer Fehlfunktion repariert wird. Er ist vielmehr ein lebendiger Organismus, der sich laufend erneuert. Jeden Tag sterben Millionen von Zellen und Zellbestandteilen ab, werden umgebaut oder ersetzt. Dieser ständige Austausch enthält ein Versprechen: Wenn es uns gelingt, diesen Prozess positiv zu beeinflussen, dann werden wir nicht nur gesund und vital bleiben, sondern können bestehende Gebrechen sogar überwinden! Alles, was wir zu tun haben, ist, ihn nicht zu unterbrechen, zu stören oder zu behindern, sondern ihn nach Kräften zu fördern.

So natürlich, einfach, simpel und logisch dieses Prinzip ist, so vielfältig sind die Verstöße dagegen. Genau genommen zählen dazu auch viele medizinische Maßnahmen, denn sie richten sich gegen die Krankheit und damit gegen das Leben. Wir sollten lernen, Krankheit als das zu verstehen, was sie ist, nämlich das Bemühen unseres Organismus, eine Fehlfunktion auszugleichen. Diese Anstrengung zu bekämpfen, ist denkbar unsinnig.

Peterchen wurde krank und mit hohem Fieber ins Bett gebracht. Die Mutter rief ihren Arzt herbei. Das Erste, was er fragte, war: «Hat Peter Fieber?»
«Ja», antwortete die Mutter, «er hat 39 Grad.»
«Oh, da braucht er ein Fieber senkendes Mittel.» Der Arzt maß die Temperatur nach und verabreichte ein Medikament, deckte Peter zu und versprach, morgen wieder vorbeizuschauen.

Fieber, also eine erhöhte Temperatur, ist die Methode des Organismus, mit Krankheitserregern fertig zu werden. Bekämpft der Arzt einfach nur das Fieber, stört er die natürliche Heilfunktion des Körpers. Das Medikament behindert den Organismus und belastet ihn zusätzlich, denn er muss die Fremdstoffe verarbeiten. In die gleiche Kategorie gehören viele weit verbreitete Mittelchen, die wir im Alltag bedenkenlos und in großen Mengen schlucken: Schmerzmittel, Schlafmittel, Beruhigungsmittel usw.

Ich gebe gerne zu, dass z. B. schmerzlindernde Medikamente für den Moment wohltuend wirken. Trotzdem bleibt das Problem mit den Nebenwirkungen. Ganz abgesehen davon: Medikamente können den Körper zu einer Reaktion zwingen, aber nicht heilen. Der Organismus bringt seine Not mit einem anderen Symptom zum Ausdruck, nimmt sozusagen einen neuen Anlauf in der Hoffnung auf Verständnis, Aufmerksamkeit, Unterstützung und Hilfe. Wird das neue Symptom ebenfalls medikamentös «abgewürgt», wächst die Belastung des Organismus mit Fremdstoffen, bis sie einen Grad erreicht, der zu einer körperlichen Unter- oder Fehlfunktion führt.

Wie können wir unseren Organismus in seiner artgerechten Funktion unterstützen? Mit drei einfachen Maßnahmen:

- genügend und artgerechte Bewegung
- artgerechte Ernährung
- artgerechter Umgang mit unserer Emotionalität

Auf diese drei Elemente werde ich im Folgenden detailliert eingehen.

«No sports, cigars»

Der große englische Premierminister Winston Churchill antwortete bekanntlich auf die Frage, was er getan habe, um so gesund und vital zu bleiben: *«No sports, cigars.»* («Kein Sport, Zigarren».) Da Churchill für viele Vorbild war, begannen sie auch, seine Gesundheits-»Weisheit» anzuwenden. Sich schonen und genießen wurden zur Lebensphilosophie.

Das gilt auch heute noch. Treppen zu steigen ist nicht zumutbar, also müssen Fahrstühle installiert werden. Gehen ist zu beschwerlich, also werden öffentliche Verkehrsmittel, Bahnen, Autos und Flugzeuge gebaut und rege benutzt. Das Essen von rohen Speisen ist zu mühsam und zu zeitaufwändig, also werden die Mahlzeiten gekocht und verfeinert. In allen Lebensbereichen setzt man auf Schonung und Erleichterung. Die Menschen werden richtiggehend in Watte gepackt. Jeden Tag erfindet die Industrie neue, das Leben erleichternde Geräte, Maschinen und Einrichtungen.

Dass wir uns mit dieser Lebenseinstellung große Probleme einhandeln, wird erst nach und nach erkannt. Folgende Beispiele zeigen, wie sinnlos einige dieser Dinge sind, die angeblich die Lebensqualität steigern:

- Wir leiden alle unter Zeitdruck, aber wir stehen geduldig vor der Fahrstuhltüre, drücken auf den Knopf und warten, bis der Lift eintrifft. In dieser Zeit könnten wir leicht ein bis drei Stockwerke zu Fuß gehen. Das ist nicht nur viel gesünder, es spart auch Zeit.
- Wir essen Fertigmenüs, weil wir angeblich keine Zeit haben zu kochen. Dafür nehmen wir uns viel Zeit, um zum Apotheker zu laufen, Nahrungsergänzung zu kaufen, Tees zu kochen oder im Wartezimmer des Arztes zu sitzen.
- Wir kaufen Küchengeräte, weil Handarbeit zu anstrengend ist. Wir erleichtern uns den Alltag mit Hilfen und Geräten aller Art. Die fehlenden Muskeln trainieren wir uns im Fitnessstudio an.
- Wir fahren Auto, Bus und Straßenbahn, statt zu laufen. Dafür kaufen wir uns dann einen Hometrainer.
- Wir klagen über Rheuma oder Ischias, aber wir sind nicht bereit, unsere Lebensweise zu ändern. Viel lieber nehmen wir es in Kauf, dass wir Massagen brauchen oder im Krankenhaus landen.

Wir fahren geradewegs in eine Einbahnstraße. Selbst Churchill konnte nicht ungestraft Raubbau an seinem Organismus treiben. Wohl aus Rücksicht auf seine Persönlichkeit sagt kaum jemand, dass er im Alter viel leiden musste. Das eiserne Gesetz der Natur behielt Recht: Wir ernten spätestens im Alter, was wir im Leben säen.

Viele Menschen wissen oder fühlen, dass sie immer wieder gegen ihre Gesundheit handeln. Aber sie stehen gerade im Existenzkampf oder haben eine besonders schwierige Situation zu meistern und deshalb keine Zeit – keine Zeit, um ihrem Körper genügend Bewegung zu verschaffen, keine Zeit, sich eine artgerechte Mahlzeit zuzubereiten.

Sie stehen ständig unter Stress, leiden unter Sorgen oder Problemen und haben keine Zeit zu lernen, wie man damit umgeht. So paradox das klingen mag, es ist wahr: Nähmen sich diese Menschen ein wenig Zeit, hätten sie fortan genügend davon. Da sie es nicht tun, bleiben sie in ihren schädlichen Gewohnheiten, ihrem Stress und ihren krank machenden Sorgen gefangen.

Aus welchem Grund auch immer – viele Menschen verhalten sich unnatürlich. Sie haben sich nie darum gekümmert, was ihr Organismus wirklich benötigt. Artgerechtes, natürliches Leben ist für sie ein Fremdwort. Zwar haben sie den Umgang mit Maschinen und Geräten gelernt, aber vom eigenen Organismus erwarten sie, dass er klaglos funktioniert, obwohl sie ihn malträtieren.

Wie verheerend beispielsweise der Trend zu Schonung und Verweichlichung ist, geht aus der einfachen Tatsache hervor, dass jeder Muskel, der nicht bewegt wird, abbaut. Schonung bringt nichts – außer Abbau, Krankheit, Siechtum und vorzeitigen Alterserscheinungen. Oder nehmen Sie unsere Angewohnheit, ständig zu sitzen. Längst ist bekannt, dass das Sitzen unsere Wirbelsäule stärker belastet als das Stehen. Stehen Sie auf, gehen Sie, bewegen Sie sich, benützen Sie Ihren Körper artgerecht.

Je verweichlichter eine Zivilisation ist, umso mehr Ärzte, Krankenhäuser und Spezialisten benötigt sie. Die Arztdichte hat in den letzten Jahrzehnten in allen zivilisierten Ländern explosionsartig zugenommen.

Von Natur aus schwach?

Viele Menschen fühlen sich von der Natur etwas vernachlässigt. Sie behaupten, dass sie von Kindheit an eine eher labile Konstitution haben und glauben, dass ihre körperliche Verfassung nicht solide und widerstandsfähig ist. Kurz: Sie verfügen nicht über eine Rossnatur. Aus diesem Grund, so meinen sie, ist Schonung angesagt.

Konstitution, Veranlagung und Erbmasse sind Bereiche, deren Bedeutung wir noch nicht definitiv einschätzen können. Das mag damit zusammenhängen, dass wir im Westen Dinge erst dann glauben, wenn wir sie fein säuberlich einordnen und messen können. In Asien wird weniger nach Beweisen gefragt. Hier versucht man, die nicht messbaren Energien in ihrer Wirkung zu ergründen. Wird die Wirkung als positiv beurteilt, beginnt man, nach Mitteln und Wegen zu suchen, sie zu fördern.

Wir mögen über östliche Praktiken denken, was wir wollen. Tatsache ist, dass sie uns viele Zusammenhänge einfacher, prägnanter und ganzheitlicher erläutern als das westliche, mehr technisch orientierte Denken. Wie pragmatisch der Osten war, zeigt folgende Legende: Im frühen China hatte jeder Arzt angeblich ein ihm zugeteiltes Gebiet. Er war verantwortlich dafür, dass die dort lebenden Menschen gesund blieben.

Dafür wurde er pauschal bezahlt. Traten Krankheiten in seinem Gebiet auf, wurde seine Entschädigung gekürzt. Dank dieses Denkens wurden vielfältige und hoch stehende Präventivmethoden entwickelt. Vorbeugen ist tatsächlich besser als heilen! Die westliche Auffassung von Medizin – flicken, reparieren und ersetzen – nimmt sich neben diesem Denken relativ armselig aus. Und das trotz aller medizinischen Fortschritte.

In den östlichen Lehren werden drei Kräfte unterschieden:

- das ererbte Chi
- das mittlere Chi
- das obere Chi

Das **ererbte Chi** repräsentiert die Kraft, mit der wir zur Welt gekommen sind. Diese Grundkraft entsteht aus der Vereinigung der beiden Elternteile, wobei die Erbmasse und Konstitution der Eltern, aber auch die Kraft, Lebenslust und Freude im Moment der Zeugung eine Rolle spielen. Es ist in aller Regel eine große, treibende Kraft. Offen ist die Frage, wie groß das ererbte Chi bei künstlicher Befruchtung oder Retortenbabys ist.

Werden keine speziellen, bewahrenden bzw. erneuernden Maßnahmen getroffen, verbraucht sich diese Energie im Laufe des Lebens langsam und unwiederbringlich.

Das **mittlere Chi** wird durch Bewegung, Nahrung, Wasser und Luft aufgebaut. Durch spezielle Übungen wie z. B. gezieltes Atemtraining können Wirkung und Qualität dieser Kraft gesteigert werden. Es versteht sich von selbst, dass die Qualität der Nahrung einen entscheidenden Einfluss ausübt.

Das **obere Chi** kann als klares Denkvermögen, scharfer Verstand, Intuition, Bewusstsein und Wachzustand umschrieben werden. Es wird gefördert durch Dinge wie Entspannungstechniken, Meditation, eine ausgewogene Lebensführung und weises Handeln.

Sowohl das mittlere als auch das obere Chi müssen laufend gepflegt, gefördert, erneuert und aufgebaut werden. Ein Teil dieser ständigen «Unterhaltsarbeit» tut jeder Mensch z. B. durch Schlafen und Essen. Allerdings wird in der östlichen Philosophie genau unterschieden, was wirklich fördert und pflegt: Nahrungsqualität und -quantität, die Ernährungszeiten, die Art zu atmen, die Art, unseren Körper und Geist zu pflegen, die Schlafenszeiten usw., all das ist von entscheidender Bedeutung. Ziel ist es, das mittlere und das obere Chi so intensiv zu pflegen und zu fördern, dass das ererbte Chi entlastet oder sogar gestärkt werden kann. Gelingt dies, wird der Alterungsprozess nicht nur hinausgezögert, sondern sogar rückgängig gemacht.

Was können wir daraus lernen? Es ist zwar wahr, dass in Bezug auf Konstitution, Veranlagung und Erbmasse Unterschiede zwischen den Menschen bestehen. Aber die ererbte Kraft ist nur eine der Energien. Sie kann zudem durch entsprechenden Einsatz nicht nur erhalten, sondern sogar ausgebaut werden.

Deshalb ist es auch für Menschen mit einer eher schwächlichen Natur durchaus möglich, ein langes, gesundes und glückliches Leben zu führen.

Teil 1

Artgerechte Bewegung

Unnatürlich ist	Normal und natürlich ist
Wir bewegen uns wenig und unregelmäßig. Wir wechseln zwischen Bequemlichkeit, Unbeweglichkeit und Bewegungsexplosion.	Wir bewegen uns jeden Tag locker, ganz natürlich, selbstverständlich und regelmäßig.
Wir bewegen uns auf Gehsteigen, gepflasterten Wegen, geteerten Straßen, Aschenbahnen, Sportplätzen, Rasen …	Wir bewegen uns über Stock und Stein, kriechen unter Büschen durch, schlagen uns durchs Dickicht, klettern über abgestorbene Baumstämme, waten durch Sümpfe …
Wir bewegen uns auf Rädern und mit Flügeln.	Wir bewegen uns zu Fuß, und nur zu Fuß.
Wir liegen, sitzen oder stehen.	Wir strecken uns nach Früchten, bücken uns nach Beeren, knien nieder, um Knollen auszugraben, plantschen im Wasser, wälzen uns im Gras, wirbeln durch die Luft, klettern auf Bäume und Felsen, springen über Gräben …

Der Urmensch war Nomade

Wir staunen immer wieder darüber, wie frisch geborene Tiere instinktmäßig alles mitbekommen, was sie für ihr ganzes Leben benötigen. Ein kleines Küken beispielsweise weiß, dass es die harte Eierschale mit dem Schnabel aufpicken muss, damit es sich aus dem Ei befreien kann. Wenn es das geschafft hat, kann es bereits stehen und gehen. Außerdem weiß es, dass Körner die richtige Nahrung sind. Es beginnt zu picken – und hört damit sein ganzes Leben lang nicht auf, d. h. frisst nie etwas anderes.

Ein frisch geborenes Elefantenbaby muss von der ersten Stunde seines Lebens an mit der Herde mitziehen. Es kommt auf die Welt und nimmt sofort am Nomadentum seiner Rasse teil. Sein Leben lang durchstreift es riesige Landflächen und ernährt sich, nach der Stillzeit, ausschließlich von Gras.

Auch bei uns Menschen deutet vieles darauf hin, dass wir ursprünglich Nomaden waren. Die Aborigines in Australien und einige Naturvölker in Afrika leben noch heute so. Nachdem wir Menschen seit Millionen von Jahren über die Erde zogen, sind wir vor einigen wenigen Generationen sesshaft geworden. Alles deutet darauf hin, dass wir jetzt zum Nomadentum zurückkehren: Wir entfliehen der kalten Jahreszeit und genießen die Sonne im Süden. Wir suchen uns Kunden und Freunde in aller Welt. Wir überwinden mit Hilfe des Internets riesige Distanzen. Waren unsere Urgroßeltern noch an Ihren Wohnort oder die nähere Umgebung gebunden und machten unsere Großeltern erste Reisen in die Nachbarländer, so werden wir wieder zu Nomaden und reisen in alle Welt.

Leider tun wir es nicht in der Art unserer Vorfahren, d. h. wir gehen nicht zu Fuß. Die Ureinwohner dieser Welt sind täglich kilometerweit gewandert. Und in unserem Jahrhundert haben unsere Vorfahren entweder täglich auf dem Feld gearbeitet oder liefen Stunden zu ihrem Arbeitsplatz und kehrten abends zu Fuß zurück. Mit einem Wort: Die menschliche Rasse hat sich seit Millionen von Jahren zu Fuß fortbewegt. Diese Art der Mobilität haben wir erst vor wenigen Jahrzehnten verändert. Heute bewegen wir uns auf Rädern oder mit Hilfe von Flügeln. Unsere Füße benützen wir bestenfalls noch für die Strecke zwischen Fahrstuhl und Parkplatz. Das Resultat: verkümmerte Muskeln, verkürzte Sehnen und Bänder, versteifte Knochen und ein verschlackter, vergreister Organismus.

Viele trösten sich damit, dass wir uns dank unserer Intelligenz jeder neuen Situation anpassen können. Sie meinen damit, dass wir uns ohne weiteres an das Leben auf Rollerblades, im Zug, im Auto und im Flugzeug gewöhnen. Im körperlichen Bereich ist das sicherlich *nicht* der Fall, denn unser Körper ist immer noch genau so wie vor vielen, vielen Generationen. Wir kommen mit Armen, Beinen und Rumpf zur Welt. Wir sind mit Nomadenbeinen ausgestattet, mit Sprinterwaden gesegnet und mit kräftigen, breiten Hüften beglückt, unsere Arme sind lang, und der Schultergürtel ist breit.

Genau genommen hat unser Körper in den letzten Generationen an Gestalt und Größe nicht etwa abgenommen, sondern ganz im Gegenteil zugenommen: Wir sind heute größer und kräftiger als unsere Vorfahren. Wir haben uns also nicht in Richtung Unbeweglichkeit bzw. passiven Transport entwickelt. Eigentlich müssten wir uns heute nicht wie die Nomaden für ein paar Stunden, sondern erheblich länger bewegen, damit unser Bewegungskörper nicht krank wird. Und das, wie unsere Vorfahren, im Licht, an der Luft, im Wind, im Sonnenschein und bei Regen! Unser größerer und kräftigerer Körper schreit geradezu nach Bewegung. Wenn wir sie ihm nicht geben, werden wir krank.

Wie wichtig Bewegung für unseren Körper ist, erleben wir auf jeder längeren Bahn-, Bus- oder Flugreise. Irgendwann beginnt es so in den Beinen zu kribbeln, dass wir es nicht mehr aushalten. Wir können nicht länger ruhig sitzen, müssen aufstehen und uns bewegen. Der Körper erzwingt Bewegung!

Lange Unbeweglichkeit hat noch eine weitere Folge, nämlich das, was ich als «Überhitzung des Organismus» bezeichne. Es ist ein ganz ähnlicher Effekt, wie er bei Autos auftreten kann, die im Stau stehen: Sie überhitzen, d. h. das Kühlwasser beginnt zu kochen. Wir Menschen haben kein Kühlwasser, aber Blut, das durch die Unbeweglichkeit zu wenig Sauerstoff erhält. Es dickt ein, wird zähflüssiger. Die Zellen werden ungenügend versorgt, die normalen Zellabbaustoffe ungenügend entsorgt, die Zellen «laufen heiß». Die Körpertemperatur steigt, und Krankheiten sind vorprogrammiert. Ein ganz typischer Überhitzungseffekt sind beispielsweise Kopfschmerzen oder andere Schmerzen, die bei langem Fernsehen auftreten.

Dass wir Menschen für Bewegung gebaut sind, wissen auch Geiselnehmer. Sie foltern ihre Opfer, indem sie sie fesseln oder in Käfige einschließen, die so eng sind, dass man sich zusammenkauern muss. Solche Positionen führen unweigerlich zu Schäden. Kriminelle nutzen diese Art Folter bewusst, um jeglichen Widerstand zu brechen.

Immobilität ist für uns Menschen ein derart unnatürlicher Zustand, dass wir nachgerade alles tun, um ihm zu entfliehen.

Erik, ein alter Freund, klagte seit Jahren über Verstopfung. Er hatte so gut wie alles versucht: Abführmittel, Massagen, Akupunktur usw. Ich verordnete ihm zwei Wochen Wanderferien, und zwar in einer Gruppe, um sicherzugehen, dass er auch wirklich wanderte. Nach einer Woche erhielt ich eine Karte: «Wandern ist zwar ungewohnt und deshalb auch anstrengend, aber es wirkt wahre Verdauungswunder. Würde ich es nicht jeden Tag mehrmals erfahren, würde ich es niemals glauben.»

Unregelmäßige Bewegung ist gefährlich

Alles, was Fitnessbegeisterte heute tun, sei es Joggen, Aerobic, Skilaufen, Radfahren, Krafttraining usw., fördert im Prinzip die Beweglichkeit. Allerdings gibt es zwei Einschränkungen:

- Erstens besteht bei unsachgemäßer Ausführung die Gefahr, dass die Bewegung unseren Organismus – Gelenke, Knöchel, Sehnen usw. – einseitig belastet. Joggen mit gewöhnlichen Schuhen auf hartem Belag leitet Schläge in die Wirbelsäule. Selbst mit guten Joggingschuhen sollte die artgerechte Lauftechnik unbedingt erlernt werden.
- Zweitens benötigt der Körper vor jedem Training eine ausreichend lange Aufbauphase und ein Einlaufen bzw. Anwärmen der Muskeln und Gelenke.

Aus diesen Einschränkungen ergibt sich auch die ideale Form: langsam beginnen, täglich steigern und weiterhin jeden Tag üben. Denken Sie an die Nomaden: Sie zogen *jeden Tag* weiter. Sie legten große Strecken zurück, um Wasser und Nahrung zu finden, und trugen schwere Lasten – jeden Tag ihres Lebens. Es kann nicht oft genug gesagt werden: Wie, wo und wann Sie sich auch immer bewegen, tun Sie es täglich! Jeden Tag fünf Minuten laufen ist für unseren Organismus weit förderlicher als ein Tennismatch am Wochenende.

Die neueste Studie der California State University bestätigt das: Schon fünf Minuten schnelles Laufen täglich in der freien Natur hebt das Energieniveau, vertreibt Angst und Anspannung. Die gleiche Wirkung erzeugen fünf Minuten Treppensteigen – täglich.

Sportmediziner sagen, dass viele Spitzensportler alles andere als gesund seien. Sie überfordern ihren Körper und Organismus. Genau die gleiche Tendenz ist auch im Breitensport zu beobachten. Es geht schon lange nicht mehr um Spiel, Spass, Freude und Unbeschwertheit, sondern um Kampf, Abreagieren von aufgestauten Aggressionen und Frustabbau. Viele wollen sich selbst auch etwas beweisen. Aufgrund der Medienpräsenz des Spitzensports leiden jene Menschen unter einem schlechten Gewissen, die an der allgemeinen «Sportbegeisterung» nicht teilhaben.

Andere verlangen ihrem Körper völlig unvorbereitet wahnwitzige Leistungsexplosionen ab, z. B. eine ausgiebige Bergwanderung am Wochenende. Ohne entsprechendes Aufbautraining belastet eine solche einmalige Anstrengung unseren Organismus extrem. Wir glauben, wir tun unserem Körper etwas Gutes, aber alles, was wir so erreichen, ist Stress: Der Muskelkater am nächsten oder übernächsten Tag spricht eine deutliche Sprache. Muskelschmerzen entstehen immer dann, wenn die Muskeln überfordert waren. Sie sind verkrampft, verschlackt, oder es entstanden kleinste Risse.

Nur ein durch aufbauendes, tägliches Training gut durchbluteter, angewärmter Muskel schafft eine Bergwanderung, ein Tennismatch, einen Marathon. Er kann sich stundenlang zusammenziehen und wieder dehnen, ohne dabei Schaden zu nehmen. Ein untrainierter und verschlackter Muskel hält der Belastung nicht stand. Wir können unseren Körper zwar zur Leistung zwingen, aber wir können ihn nicht überlisten. Muskeln reißen, Gelenke entzünden sich oder renken sich aus, Sehnen werden überdehnt, und Knochen brechen. Nicht umsonst haben sich Ärzte in Skiregionen auf Muskelrisse, Zerrungen und gebrochene Gliedmaßen spezialisiert.

Joggen macht süchtig

«Wie war's in Amerika?», fragte ich meinen Kollegen Heinrich, als er zurückkam.

«Es hat mir sehr gut gefallen», antwortete er und begann zu erzählen. Da er ein regelmäßiger Jogger ist, fragte ich ihn auch danach. Da wurde er plötzlich nachdenklich und sagte: «Weißt du, ich hatte gerade meinen Mietwagen übernommen und bog auf die Schnellstraße ein. Ich nahm die rechte Fahrspur, weil ich bewusst langsam fuhr, um meine Ausfahrt nicht zu verpassen. Da traute ich meinen Augen nicht. Mitten auf der Fahrbahn kam mir ein Jogger entgegen! Stell dir das vor: Auf der Autobahn, in all den Abgasen, joggte dieser Mann. Kopf gesenkt, Mund zusammengekniffen, Arme angewinkelt, schweißnasser Körper, so lief er verbissen auf mich zu. Zuerst dachte ich, das ist sicher eine Ausnahme. Aber wo ich auch fuhr, auf Landstraßen, in Dörfern, Städten und auf der Autobahn: Ich sah immer wieder Jogger auf der Straße. Ich kann mir nicht vorstellen, dass das Spaß macht. Das kann einfach nicht gesund sein. Wenn ich jogge, dann gehe ich in den Wald. *Das* ist erholsames Laufen.»

Sportmediziner wissen, dass beim intensiven Joggen Endorphine ausgeschüttet werden. Das sind morphiumähnliche Substanzen, die einen rauschähnlichen Zustand herbeiführen können. Hat man dies einmal erlebt, giert der Organismus immer wieder danach. So wird nicht länger über den Gesundheitsgewinn beim Joggen nachgedacht, man frönt nur noch seiner Sucht. Dabei ist jeder Ort recht − selbst eine verpestete Schnellstraße. Man joggt selbst dann weiter, wenn die Knöchel schmerzen, die Knie entzündet sind und jeder Fußtritt auf dem harten Straßenbelag einen schmerzhaften Impuls in die Wirbelsäule schickt. Diese Art von Jogging ist eine Strapaze für den Organismus.

Aber sie passt zu unserer Zivilisation, in der Leistung über alles geht. «Sich beweisen» und «etwas leisten» ist uns in Fleisch und Blut übergegangen. Was wir in der Schule, im Beruf und im Alltag so intensiv eingeübt haben, das übertragen wir automatisch und ohne nachzudenken auch auf die Freizeit und den Sport. So wurde aus Spiel Kampfsport und aus Bewegung Stress.

Unsere Zivilisation ist gekennzeichnet von zwei Gegensätzen: Auf der einen Seite haben wir die Bewegungsmuffel, auf der anderen die Überaktiven. Beide verstoßen gegen das natürliche Prinzip der Bewegung: Die einen tun nichts oder erheblich zu wenig, die anderen viel zu viel. Das Paradoxe an dieser Situation ist, dass ein und derselbe Mensch sowohl überaktiv als auch ein Bewegungsmuffel sein kann. Und genau da liegt die Gefahr. Eine ganze Woche inaktiv Bahn, Auto und Bus fahren sowie abends vor dem Fernseher sitzen und am Wochenende die verpasste Bewegung nachholen – genau das ist falsch. So unbequem oder ungewohnt es auch sein mag: Stehen Sie auf, gehen Sie ins Freie, atmen Sie tief durch, und bewegen Sie sich mindestens zehn Minuten lang. Bei Sonne, bei Wärme, bei Kälte, bei Nässe, bei Regen. Tun Sie das von heute an jeden Tag.

Unsere Vorfahren, die Nomaden, haben wohl nie Gewaltmärsche gemacht, sie joggten nicht, und sie fochten keine Tennismatches aus. Das Resultat dieser Art Leben waren in den meisten Fällen Vitalität und Gesundheit. Was wir benötigen, ist ein Bewegungsprogramm, das ähnlich schonend ist, wie die Methode unserer Urahnen. Ich bezeichne diese Art der Bewegung als «artgerechte Bewegung». Anschauungsunterricht erhalten wir von den Kindern. Sie springen, hüpfen, kreiseln, und sobald sie von irgendwo Musik hören, beginnen sie sich zu wiegen, zu schunkeln, zu stampfen und zu tanzen, ohne es jemals gelernt zu haben. So lange wir ihnen die Bewegungsfreiheit lassen, stehen sie nie still und drücken mit Ihrem Körper das aus, was sie denken und fühlen. Body-Flow nennt sich eine neuere Bewegungsmethode aus den USA, die genau das nachvollzieht: Man erlaubt dem Körper, sich zu Rhythmus und Musik tänzerisch leicht zu bewegen.

Fitness ist Herzensarbeit

Am 2.12.1998 starb der bekannte Eishockeystürmer Chad Silver vom Zürcher Schlittschuh Club (ZSC) völlig unerwartet. Dieser Todesfall erregte großes Aufsehen, denn Chad Silver galt als kräftiger, überaus aktiver, gesunder und leistungsfähiger Profisportler. Ohne sichtbare Symptome fiel er plötzlich tot um. Deshalb dachte man anfangs auch an Mord, Sabotage oder Drogen. Die Untersuchung ergab allerdings, dass keine Fremdeinwirkung im Spiel war. Er starb an akutem Herzversagen.

So Aufsehen erregend sein Tod auch war, Chad Silver ist kein Einzelfall. Immer wieder hören oder lesen wir von Menschen, die angeblich mitten aus dem Leben gerissen werden. Könnte es damit zusammenhängen, dass sie sich zwar für ihren Beruf oder ihren Sport nach bestem physischen Vermögen einsetzen, dass aber das Herz nicht bei der Sache ist?

Heute wird unter Fitness praktisch ausschließlich die körperliche Fitness verstanden. Sie kann leicht gemessen werden: Wer fit ist, kommt beim Treppensteigen nicht außer Atem, und beim Belastungs-EKG beruhigen sich Puls und Kreislauf innerhalb kürzester Zeit.

Eine so definierte Fitness ist sehr einseitig. Wir Menschen sind nicht einfach nur ein Körper im Sinne einer Maschine, sondern wir haben ein Herz, sind kreativ und verfügen über Gefühle. Es bringt denkbar wenig, den Körper über die Aschenbahn zu scheuchen, wenn dabei die Freude auf der Strecke bleibt.

Stures Trainieren der Muskeln an Geräten und Maschinen im Fitnessstudio ist reine Pflichterfüllung, die genauso stresst wie jede andere lästige Verpflichtung auch. Die Muskeln sind nach einer solchen Pflichtübung zwar bewegt, aber nicht wirklich erfrischt, durchblutet und entschlackt. Fehlt die Freude an der Bewegung, funktioniert die Sauerstoffversorgung nicht optimal. Dabei ist auch im Fitnessstudio ein erfrischendes oder meditatives Aufbautraining möglich.

Der römische Satiriker Juvenal (etwa 47–113) prägte das Wort: «*Mens sana in corpore sano.*» («Ein gesunder Geist in einem gesunden

Körper».) Er wusste um die Wechselwirkungen von Körper und Geist. Fitness umfasst neben der körperlichen Leistungsfähigkeit mindestens auch die geistige Beweglichkeit und die seelische Ausgeglichenheit. Wenn Sie also ein langes und beschwerdefreies Leben anstreben, dann sollten Sie darauf achten, dass Ihre tägliche Bewegung aus einem Programm besteht, das Sie von Herzen gerne einhalten, das Ihnen aus tiefster Seele heraus Freude macht, und bei dessen Ausübung sie meditativ abtauchen können in Ihr innerstes Inneres.

Nehmen Sie sich etwas Zeit, setzen Sie sich hin und überlegen Sie: Macht mir das Radfahren wirklich Freude oder tue ich es, um mein schlechtes Gewissen zu beruhigen? Rad fahren kann sehr erholsam sein: am Bach entlang, unter Bäumen, begleitet von Vogelgezwitscher, das eigene Muskelspiel genießend, dem Sirren der Speichen lauschend … Ist es auch schön im Regen, bei Gegenwind, an Steigungen, im Autoverkehr, auf holprigen Pisten? Oder ist es dann schweißtreibende Quälerei?

Analysieren Sie Ihren Lieblingssport. Nein, ich spreche nicht von Fußball, Handball oder Formel-1-Rennen im Fernsehen, sondern von jener Sportart, die Sie aktiv ausüben. Da werden Sie rasch feststellen, dass fast alle heutigen Bewegungsarten auch Nachteile haben. Man muss ein Schwimmbad oder eine Aschenbahn aufsuchen, benötigt eine Klubkarte oder ein teures Gerät, spezielle Kleidung und Schuhe, oder man ist abhängig vom Wetter oder einer Jahreszeit. Das alles bedeutet auch Geld und Zeit. Dinge, die wir nicht ohne weiteres im Überfluss haben. Machen Sie sich bewusst: Sport kann viel tiefe Freude vermitteln. Aber Sport, den Sie nicht von Herzen gerne jeden Tag ausüben, verkürzt Ihr Leben!

Es vergeht kein Jahr, in dem nicht eine oder gleich mehrere neue Bewegungsarten angepriesen werden. Nach bzw. mit Aerobic kam Callanetics, das vom Walking überlagert wurde. Natürlich steckt hinter solchen Trends auch die Industrie, die ihre Geräte und Kleider verkaufen will. Entscheiden Sie selbst, was Ihnen persönlich wirkliche Freude bereitet.

Ich wundere mich immer wieder darüber, warum die Menschen nicht mehr wandern. Wir waren ja ursprünglich Nomaden, also ist das ganz normale Wandern artgerecht. Dabei hat man so schön Zeit, dem

Murmeln des Baches zuzuhören, das Rascheln der Blätter wahrzunehmen, die Gräser, Blumen und Gewürze zu riechen und den Schmetterlingen, Bienen und Käfern zuzusehen. Leider scheint das Wandern in unserer hoch technisierten und schnelllebigen Zeit viel zu einfach zu sein. Schade, denn hier kann ich mich als ganzheitlicher Mensch erfahren.

Wandern hat den Vorteil, dass ich mit denkbar wenig Ausrüstung auskomme. Ich kann zudem überall auf der Welt wandern. Natürlich gibt es schönere und weniger erholsame Wanderwege, aber mit etwas Aufmerksamkeit für die Umgebung lässt sich selbst im Stadtdschungel viel Sehenswertes entdecken: die Blumen vor dem Fenster oder ein Gräslein, das durch die Teerdecke sprießt …

Bewegung ist Erholung

Unter «richtiger Bewegung» werden heute mindestens zwanzig Schwimmbadlängen oder dreißig Minuten Fitnessstudio oder sechs Sätze Squash verstanden. Fitness ist also Leistung. Was man in den dreißig Minuten Tennis denkt, wie man sich dabei fühlt, das scheint nebensächlich zu sein. Wichtig ist einzig und allein das intensive Muskeltraining.

Bewegung und Durchblutung der Muskeln sind gut und wichtig, aber zur wirklichen Fitness gehört weit mehr – die Erholungsphasen. Die Muskeln müssen sich zwischen den Anstrengungen auch erholen, d. h. sie sollten erschlaffen können. Wenn Sie sich unter Zeitdruck gnadenlos über eine Aschenbahn hetzen, verharren die Muskeln in ständiger Anspannung. So können erhebliche Verspannungen entstehen, die schließlich womöglich zu Muskelrissen führen. Geschmeidige Muskeln erhalten Sie sich, wenn der Geist mit bewegt wird, d. h. wenn das Training Freude macht.

Übt man die ideale Form von Bewegung aus, dann ist man von der Zeit weitgehend unabhängig, bewegt möglichst alle Muskeln und führt gleichzeitig den Geist auf eine grüne, erholsame Wiese. Bewegung und Erholung gleichzeitig? Was wie ein Widerspruch klingt, ist durchaus ernst gemeint. Doch dazu müssen Sie sich aus dem verbreiteten Denkschema Bewegung = Leistung lösen. Auch die Ansicht, wonach man vom Sport richtig müde werden soll, steht dem im Wege. Gerade diese Haltung zeigt, wie verquer unser Denken ist – sich selbst zu zerstören kann doch nicht Sinn der Sache sein!

Vielmehr müssen neue Ansätze her. Wir finden sie beispielsweise in fernöstlichen Praktiken, wie dem Taiji, dem Yoga (Bewegungsyoga) oder den Fünf»Tibetern«. Wer solche Praktiken ausprobiert, erlernt oder praktiziert, bemerkt den Unterschied sofort. Sie machen nicht müde, sondern bauen auf, d. h. sie geben Energie, Kraft, Selbstvertrauen und Lebensmut. Sie sprechen uns ganzheitlich an, fordern weder zum Wettstreit noch zur Leistungsexplosion auf, sondern lehren uns ein ganz neues Körperverständnis, das auch den Geist und die Seele mit einschließt. Hier kann der Grundsatz «Mens sana in corpore sano» ganz natürlich und in seinem ursprünglichsten Sinn erlebt werden.

Unter den fernöstlichen Praktiken gibt es eine, die mir ganz besonders wertvoll erscheint: die Fünf»Tibeter«. Sie mag weniger bekannt sein als Yoga oder Taiji, hat aber eine ganze Reihe von Vorzügen:

- Die Fünf»Tibeter« können leicht und rasch erlernt werden.
- Einmal richtig eingeübt, benötigen sie keine weitere Betreuung, insbesondere auch keinen Meister oder Guru.
- Die »Tibeter« sind unserem Denken nicht so fremd wie z. B. Yoga.
- Sie erfordern in der täglichen Anwendung weniger Zeit als andere Praktiken.
- Sie sind unabhängig von Dogmen, religiösen oder politischen Einflüssen.
- Sie führen uns, selbst wenn wir sie als reines Körperprogramm ansehen, unweigerlich und auf sehr schonende Art zu unserem inneren Wesen. Somit sind sie immer Bewegung und Entspannung zugleich.
- Sie erhalten nicht nur die körperliche Grundfitness, sondern stärken auch unser Nervenkostüm.
- Sie sind eine großartige Energiequelle.

Wie gut dieses einfache Programm ist, beweisen die vielen Millionen Menschen, die es weltweit täglich anwenden. Dabei werden die »Tibeter« weder von einer großen Firma gesponsert noch politisch gestützt oder sonstwie subventioniert. Das Programm wurde anfangs in einem unscheinbaren Büchlein vorgestellt, das nur einen kleinen Verlag fand. Dass das Buch millionenfach verkauft werden würde, daran wagte niemand zu denken. Und doch passierte genau das. Jeder, der die Übungen selbst ausführte, spürte nachhaltige Veränderungen und wurde so zum Anhänger dieses Programms. Die »Tibeter« geben uns Kraft, Energie, Beweglichkeit und Lebensmut. Sie machen ganz einfach Freude. Wer das tägliche Training einmal auslassen muss, dem fehlt diese tägliche kleine Portion persönliches Glück und Wohlbefinden.

Ich habe die Fünf »Tibeter« in meinem Buch *Fitness und Entspannung mit den Fünf »Tibetern«* (Scherz Verlag) ausführlich dargestellt. Im Anhang 1 des vorliegenden Buches finden Sie eine Kurzvorstellung des Programms.

Bewegungszeit kommt hundertfach zurück!

«Bist du immer noch aktiver Radsportler?», fragte ich meinen Kollegen Peter. «Leider bin ich letztes Jahr gestürzt und musste einige Zeit aussetzen», antwortete er und fügte hinzu: «Weißt du, ich habe auch die Lust verloren, denn meine Ausrüstung sieht nicht mehr modern aus. Und ich stecke gerade jetzt in einer schwierigen beruflichen Phase, ich muss mich voll und ganz darauf konzentrieren. Ich habe einfach keine Zeit mehr für solche Dinge wie Radfahren.»

Sich zu bewegen kostet Zeit. Bis die Radlerkleidung hervorgesucht und angezogen und das Rad startklar gemacht ist, vergeht Zeit. Auch will die Fahrstrecke geplant sein, und schließlich ist die Fahrt als solche mit Zeitaufwand verbunden. Östliche Bewegungsprogramme wie Taiji und die Fünf »Tibeter« schneiden da, wie gesagt, erheblich besser ab, denn es gibt weder Spezialkleidung noch Geräte. Man kann sie jederzeit und überall ausführen.

Ganz ohne Zeitaufwand ist aber auch diese Form der Bewegung nicht zu haben. Betrachtet man jedoch ihren Nutzen, ist die Zeit hervorragend investiert. Stellen Sie sich vor: Mit täglich 15 Minuten Bewegungszeit können Sie Ihr Leben um Jahre verlängern!

Das wurde in unterschiedlichen Studien nachgewiesen. Die Resultate weichen zwar voneinander ab, da die Lebensverlängerung unterschiedlich hoch angesetzt wird. Aber selbst wenn wir den tiefsten Wert, ein halbes Jahr, nehmen, kommen wir zu einem fantastischen Ergebnis. Konkret: Mit einem Einsatz von 15 Minuten täglich, d. h. mit 3,8 Tagen pro Jahr, können Sie Ihre Lebenserwartung um volle sechs Monate verlängern.

Wie sich das auswirkt? Sehen wir uns zwei Beispiele an, eine 45-jährige Frau und einen fünfzigjährigen Mann:

F/M	Alter zu Beginn	Normale mittlere Lebenserwartung	Jahre des Trainings	Totale Trainingszeit	Lebensjahregewinn pro Trainingsjahr	Totaler Lebensjahregewinn	Endalter
F	45	82	37	140 Tage	0,5	18,5	100,5
M	50	78	28	106 Tage	0,5	14	92

Eine Frau, die im Alter von 45 Jahren mit täglich 15 Minuten Bewegung beginnt, erreicht somit nicht bloß 82 Jahre, sondern darf darauf hoffen, dass sie volle hundert Jahre lebt. Ein fünfzigjähriger Mann, der sich zu artgerechter Bewegung entschließt, verlängert sein Leben um zwölf Jahre und kann so gut und gerne 92 werden. Durch die Tatsache, dass diese Menschen ihr Training bei Erreichen des durchschnittlichen Lebensalters nicht einstellen, wird das Ergebnis natürlich laufend verbessert.

Trotz solcher phänomenaler Ergebnisse verharren viele Menschen in Ihrem gewohnten, bewegungsarmen Leben. Ihnen kommt Prof. Lawrence Morehouse zu Hilfe. Er ist Professor für Sportphysiologie und Gründungsdirektor des Human Performance Laboratory an der University of California in Los Angeles. Morehouse entwickelte ein Pionierprogramm für die NASA gegen die Gefahren des «Stubenhockerdaseins» in der Weltraumkapsel. Zudem schuf er ein Bewegungsprogramm für jedermann. Es kann so in den Tagesablauf integriert werden, dass es tatsächlich so gut wie keine Zeit benötigt. Dieses Programm stellte Morehouse 1976 in dem Buch *Fitness für Faule* vor. Es bietet eine gute Grundlage, um bis ins hohe Alter beweglich zu bleiben. Gleichzeitig ist es auch eine Art Verpflichtung. Denn wer es kennt, der kann die wohl häufigste Ausrede, «Keine Zeit!», nicht mehr benutzen.

Das Fitnessprogramm nach Morehouse erläutere ich stichwortartig in Anhang 3.

Heute ist der beste Zeitpunkt Ihres Lebens

«Lohnt es sich für mich noch?», fragte mich eine siebzigjährige Frau und fuhr fort: «Ich habe meinen Mann verloren und möchte am liebsten auch sterben.»

«Noch leben Sie», antwortete ich ihr, «und solange Sie leben, lohnt es sich bestimmt, alles daran zu setzen, dieses Leben so angenehm, schmerzfrei und positiv als irgend möglich zu gestalten.»

«Ach, bei mir ist es wirklich zu spät. Ich habe Rheuma, mein Knie schmerzt, der Magen macht Probleme, und ich schlafe kaum eine Nacht richtig durch. Ich bin einfach zu alt und zu verbraucht.»

«Wenn ich Sie richtig verstehe, dann erleben Sie nicht mehr viel Freude. Das finde ich schade, und es tut mir Leid für Sie. Aber ich sehe einen Ausweg: Beginnen Sie mit den »Tibetern«. Steigern Sie sich ganz langsam. Geben Sie sich Zeit. Sie werden wahre Wunder erleben.»

«Sie meinen, das lohnt sich für mich noch? In meinem Alter?
Bei meinen vielen Gebrechen?»

«Sie sollten unbedingt sofort beginnen. Gerade weil Sie so viele
Leiden haben und gerade weil Sie Ihren Mann verloren haben.
Heute ist der beste Zeitpunkt zu beginnen.»

Viele Menschen verbringen einen großen Teil ihrer Tage damit, über
ihre Schmerzen und Gebrechen nachzudenken. Sie vergällen und
vermiesen sich damit ihren Alltag oder den ganzen Lebensabend. Ich
kann mir nicht vorstellen, dass es Sinn des Lebens sein soll, seine Tage
leidend, wehklagend, gramgebeugt, missmutig oder enttäuscht zu
verbringen. Sollten auch Sie in dieser bemitleidenswerten Lage sein,
dann haben Sie zwei Möglichkeiten:

1. Sie können damit fortfahren, jeden Tag Ihres Lebens über Ihre
   Schmerzen, Gebrechen und Ihre negativen Erfahrungen wehzu-
   klagen. Suchen Sie sich Bekannte und Freunde, denen Sie Ihre
   ganze lange Krankengeschichte erzählen können. Lassen Sie sich
   Kuren, Massagen und Therapien verschreiben. Gehen Sie zum Arzt
   und zum Heilpraktiker, und besorgen Sie sich Medikamente, Pil-
   len und Pülverchen aller Art. Sinnieren Sie möglichst oft und intensiv darüber nach, wie elend und mies es Ihnen geht und wie
   ungerecht Sie vom Leben behandelt worden sind. Diese Methode
   führt Sie rasch und direkt in tiefe Depressionen und den Tod.
2. Sie können sich sagen: Noch lebe ich, noch ist nicht alles verloren,
   noch habe ich eine Chance. Unser Organismus ist einem ständigen
   Wandel unterworfen. Eine positive Lebenseinstellung ist die beste
   Möglichkeit, diesen Prozess positiv zu unterstützen. Es ist tatsächlich nie zu spät. Das wusste auch der große Reformator Luther. Er
   hat gesagt, er würde selbst dann noch einen Baum pflanzen, wenn
   er genau wüsste, dass er morgen sterben würde. Luther wusste um
   ein großes Geheimnis unseres Lebens, nämlich um das Jetzt. Wir
   Menschen leben oft in der Vergangenheit und beklagen uns über
   all das, was schief gelaufen ist. Oder wir stellen uns eine unrealisti-
   sche, rosarote Zukunft vor. Dabei vergessen wir, dass wir weder die
   Vergangenheit ändern noch die Zukunft vorwegnehmen können.

Wir können nur über die Gegenwart verfügen. Deshalb sollten wir viel mehr in der Gegenwart leben und alles daran setzen, das Hier und Heute positiv zu gestalten.

Hendrik war ein guter Arbeiter. Er war frisch verheiratet, und seine Frau erwartete ein Kind. Am Jahresende wurde er zum Vorgesetzten gerufen. Sein Chef sagte zu ihm: «Hendrik, ich bin mit Ihrer Leistung sehr zufrieden. Sie sind fleißig und zuverlässig. Wenn Sie sich weiterhin so einsetzen, werden Sie sicherlich aufsteigen und auch eine Lohnerhöhung erhalten.» Wie reagierte Hendrik in dieser Situation? Als einfacher Mann der Tat überlegte er nicht lange, sondern sagte, was er dachte, nämlich: «Chef, ich bin froh, dass Sie zufrieden sind, und ich werde bestimmt auch in Zukunft ganze Arbeit leisten. Nur das mit der Lohnerhöhung, Chef, das sollten Sie sich noch einmal überlegen. Meine Frau erwartet ein Kind, und ich benötige das Geld jetzt, nicht erst in einem Jahr.»

Ihr Körper und Organismus, der möglicherweise über Jahre oder Jahrzehnte gelitten hat, benötigt die Stärkung jetzt, nicht erst morgen oder in einem Jahr. Bitte denken Sie jetzt nicht: Das weiß ich, aber jetzt passt es wirklich nicht. Ich muss zuerst meine Stelle sichern, den großen Auftrag erledigen, meinen kranken Vater pflegen, das Kind durch die Prüfung bringen, den neuen Wagen kaufen, die Steuer abbezahlen ... Es gibt Tausende von Gründen, warum Sie nicht heute beginnen. Alle diese Gründe mögen eine gewisse Berechtigung haben, sind aber trotzdem meist vorgeschoben. Denn wenn Sie so weiterleben wie bisher, erleiden Sie irgendwann einen Hörsturz oder einen Herzinfarkt, Rheuma, Krebs oder was auch immer. Wenn das passiert, kann die Arbeit noch so drängen, sie muss trotzdem warten. Warum also beginnen Sie nicht doch heute, investieren 15 Minuten jeden Tag und erleben hautnah, wie Ihr Organismus in neuer Kraft und Jugendlichkeit aufblüht?

Ferdinand, ein besonders gestresster Freiberufler, klagte, er sei jeden Abend nicht nur müde, sondern völlig zerschlagen und ausgelaugt. Ich empfahl ihm, die »Tibeter« zu erlernen und sie täglich anzuwenden. Er sah mich groß an und sagte: «Da muss ich ja noch früher aufstehen. Das schaffe ich nie. Ich arbeite bereits jetzt von morgens sechs bis weit in die Nacht hinein. Noch mehr geht einfach nicht.» Ich hörte einige Monate nichts von ihm. Im August erhielt ich eine E-Mail: «In meinem Urlaub habe ich es geschafft, die »Tibeter« jeden Tag anzuwenden. Ich bin erstaunt über die Veränderungen in meinem körperlichen Befinden. So unscheinbar die Übungen sind, sie scheinen wirklich eine fundamentale Gesamtwirkung zu haben.»

Ferdinand ist einer von Millionen von Menschen, die hautnah erlebten, dass 15 Minuten ganzheitliche Bewegung täglich dem Organismus bei der Regeneration helfen und gleichzeitig neue Vitalkräfte freisetzen. Sie haben es in der Hand, genau das Gleiche zu erleben. Machen Sie diesen ersten Schritt. Tun Sie ihn bewusst.

Keine Angst, das Ziel ist nicht, dass Sie morgen ein Profi sind. Gehen Sie die Sache bewusst langsam an, und beobachten Sie sich. Stellen Sie fest, wie viel Ihr Organismus verträgt, und steigern Sie Ihren Rhythmus langsam. Machen Sie es wie der berühmte Olympionike der Sage. Er erkannte, dass am Anfang jeglicher Überlegungen in Bezug auf Bewegung und Fitness das Aufbautraining steht.

Eine alte römische Sage erzählt von einem jungen, unbekannten Athleten, der so arm war, dass er keine Trainingshilfsmittel kaufen konnte. Sein Vater war Kleinbauer und hatte lediglich eine Kuh, die gerade ein Stierkalb geworfen hatte. Der Athlet wurde nicht in den erlauchten Kreis der Berufssportler aufgenommen. Auch den Zugang zur Sportarena und zu den Trainingsgeräten verwehrte man ihm. Der Bauernsohn ließ sich trotzdem nicht entmutigen. Er sann nach einer eigenen Trainingsmethode und kam auf eine genial einfache Idee: Er nahm das eben erst geworfene Kalb und trug es jeden Tag zehnmal um das Stadion herum. Die angesehenen Athleten sahen ihm zu und lachten ihn aus. Der Nobody aber setzte seine Runden unverdrossen fort. Jeden Tag, bei Sonne und bei Regen, ein Jahr lang. Während die Zeit verging und das Kalb wuchs, wuchsen auch die Kräfte des Athleten. Es heißt, dass dieser

Athlet auch nach einem Jahr den mittlerweile ausgewachsenen Stier volle zehn Runden um das Stadion herumgetragen habe. Und zwar mit der gleichen Leichtigkeit und Freude, mit der er das kleine Kälblein getragen hatte. Überflüssig zu sagen, dass er alle Wettkämpfe gewann, bei denen Kraft und Ausdauer gefragt waren.

Bewegung und Ruhe

Unser Organismus ist auf Leistung ausgerichtet – aber nicht auf Dauerleistung. Er benötigt dringend immer wieder Ruhe, Entspannung und Erholung. Da sich heute viele Menschen nicht oder nur ungenügend bewegen, könnte man annehmen, sie gäben ihrem Organismus genügend Ruhe und Erholung. Das tun sie leider keineswegs.

So ungewöhnlich das vielleicht klingen mag, das Sitzen vor dem Fernseher hat wenig bis gar nichts mit Ruhe, Entspannung und Erholung zu tun. Es ist im Gegenteil verspannend, macht nervös, reizbar, aggressiv, unzufrieden, depressiv und missmutig, bewirkt also genau das Gegenteil von Ruhe und Erholung. In die gleiche Kategorie gehören viele andere Zeitvertreibe unserer Zivilisation: Essen gehen, Partys feiern, außerdem Kino und Theater. All das mag interessant, unterhaltend oder lustig sein, aber ist es auch Entspannung? Entspannen heißt loslassen, abschalten, geistig ausruhen.

Genauso, wie es bei der Bewegung nicht nur um die Bewegung der Muskeln geht, so geht es bei der Entspannung nicht bloß um ein Ruhighalten der Muskeln. Ruhe und Entspannung erfährt unser Organismus, wenn

- die Muskeln wirklich gelöst, gelockert und erschlafft sind und
- unser Geist Ruhe, Stille, Sorgenfreiheit, Ausgeglichenheit und Zufriedenheit erfährt.

Dieser Zustand (gelöste Muskeln und ruhender Geist) ist vor laufendem Fernseher bei einem spannenden Krimi oder aggressiver Werbung, aber auch bei lauten Partys usw. unmöglich.

In der Schule haben wir gelernt, etwas zu leisten, im Beruf beweisen wir Leistung. Uns anzustrengen und einzusetzen, das können wir. Wie tun wir das? Indem wir unsere Muskeln anspannen. Selbst dann, wenn es um eine geistige Leistung geht. Beobachten Sie sich einmal im Alltag. Wenn Sie eine schwierige Frage lösen müssen oder wenn maximale Konzentration erforderlich ist, was tun dann Ihre Muskeln? Werden die Beine unruhig, runzeln Sie die Stirn, beißen Sie die Zähne zusammen?

Im Alltag gibt es tausende von Dingen, die zu einer körperlichen Reaktion führen: Konzentration, Angst, Ärger, Frust, Sorgen, Mitleid, Trauer usw. Leider haben wir nie gelernt, diese Körperreaktionen rückgängig zu machen. Wir sind noch lange nach der Prüfung supernervös, und die Schultern bleiben an die Ohren gezogen, auch wenn die Gefahr längst vorbei ist. Uns zu locken und zu entspannen, und zwar auf der körperlichen wie auch auf der geistig-emotionalen Ebene, das haben wir nicht gelernt. Viele unserer Muskeln sind deshalb in ständiger Spannung, ohne dass wir uns dessen bewusst sind.

Helga hatte ein Problem, über das sie lang nicht sprechen mochte: Bei jedem Niesen und etwas später bei jedem Lachen verlor sie Wasser. Sie schämte sich und wagte es nicht, mit jemandem darüber zu sprechen. Schließlich überwand sie sich doch und suchte ihren Arzt auf. Der beruhigte sie und sagte, dass viele Frauen unter Harninkontinenz leiden. Dann erklärte er: «Harninkontinenz bedeutet, dass Sie Ihre Beckenbodenmuskeln nicht benützen. Sie sind völlig erschlafft. Dagegen hilft ein einfaches Muskeltraining. Ich kann Sie zu einer Therapeutin schicken, oder Sie machen die Fünf »Tibeter«. Bei beiden ‹Therapien› lernen Sie, diese Muskeln zu bewegen. Indem Sie sie bewegen, werden sie wieder kräftiger. Ich würde mich sehr wundern, wenn Ihr Problem nicht bald verschwindet.»

Im Gegensatz zu lediglich erschlafften Muskeln regenerieren sich verkrampfte, verschlackte und versteifte nicht so einfach. Hier genügt es bei weitem nicht, sie einfach wieder «in Betrieb zu nehmen». Wird ein verschlackter und verspannter Muskel zur Leistung gezwungen, besteht die Gefahr eines Muskelrisses.

Wie können Muskeln entkrampft und entschlackt werden? Durch Loslassen und ausleitende Verfahren. (Die Ausleitung gehört zur Ernährung und wird deshalb im nächsten Kapitel behandelt.) Das Loslassen gelingt am besten, wenn Sie die Muskeln zuerst einmal bewusst anziehen, also fordern. Natürlich tun Sie das langsam und sorgfältig, nicht etwa in Form eines Dauermarsches, sondern beispielsweise mit einer östlichen Methode oder mit der progressiven Muskelentspannung nach Prof. Jacobsen.

Sehen wir uns in diesem Zusammenhang kurz die »Tibeter« an: Hier werden in der ersten Woche alle Bewegungen dreimal wiederholt. Jede dieser Bewegungen besteht aus einem Anspannen bestimmter Muskelgruppen mit nachfolgendem Loslassen. Indem Sie diesen Ablauf jeden Tag öfter wiederholen und die Anzahl der Bewegungen im Lauf der Zeit steigern, gewöhnen sich Ihre Muskeln daran. So bildet sich schließlich ein Bewegungsmuster, dem ihr Organismus auch im Alltag folgt. Mit anderen Worten: Wenn Sie Angst haben, ziehen Sie vermutlich immer noch die Schultern hoch. Aber Ihr Körper entspannt und lockert diese Muskeln auch wieder, weil er auf jede Anspannung ein Loslassen eingeübt hat. Er macht es jetzt ganz automatisch.

Entspannte Muskeln sind die wohl wichtigste Voraussetzung dafür, dass Sie sich auch geistig und emotional entspannen können. Wie wir gesehen haben fällt diese Entspannung in einem entsprechenden Umfeld leichter. Eine Wanderung über eine blühende Bergwiese bewegt die Muskeln (An- und Entspannung) und spricht gleichzeitig alle Sinne an: Die Augen trinken die Schönheit, die Ohren lauschen auf die Laute der Natur, und dabei kann sich der Geist erholen und ausruhen. Ein Spaziergang im grünen Wald, eine Wanderung in einer tief verschneiten Landschaft bewirken das Gleiche. Wer dazu keine Zeit oder Gelegenheit hat, der kann sich mit Praktiken wie dem Autogenen Training, Yoga, Meditation usw. behelfen. Auch sie wirken sowohl auf der körperlichen als auch auf der mentalen Ebene.

Zusammenfassung

Hier noch einmal die wesentlichen Punkte des Kapitels «Artgerechte Bewegung»:

- Artgerechte Bewegung hat nichts mit der leistungsbetonten Fitnesswelle zu tun.
- Artgerechte Bewegung besteht primär aus täglicher, regelmäßiger Bewegung, wie z.b. Wandern, beschwingtem Tanzen, Laufen, den Fünf »Tibetern«, Body-Flow usw.
- Die Bewegung ist nicht nur Muskelspiel. Vielmehr sollten unbedingt auch Geist und Herz angesprochen werden. Deshalb ist es nicht gleichgültig, wo Sie laufen. Wählen Sie einen romantischen Weg, einen schönen Wald, eine reizvolle Flusslandschaft, oder beschäftigen Sie Ihren Geist mit schönen Bildern.
- Bewegung kostet zwar Zeit, aber erheblich weniger, als Sie vermutlich denken. Das hat Prof. Morehouse nachhaltig bewiesen.
- Bewegung allein ist nicht alles. Sie muss dringend mit Entspannung und Erholung kombiniert werden, so wie es in östlichen Methoden aufgezeigt wird. Völliges Entspannen muss genau so gelernt werden wie das Bewegen. Gute Entspannungsmethoden sind beispielsweise die »Tibeter«, Autogenes Training, progressive Muskelentspannung und Yoga.
- Bewegung ist etwas ganz Natürliches. Sehen Sie sich Kinder an, sie drehen sich, wirbeln herum und drücken jede Musik durch ihren Körper aus, ohne dass sie tanzen gelernt haben. Werden Sie wie die Kinder: Lassen Sie Bewegung aus Ihrem Körper heraus aufsteigen, gestatten Sie es ihm, sich zu bewegen, und genießen Sie es!

Teil 2

Artgerechte Ernährung

Unnatürlich ist	Normal und natürlich ist
Wir produzieren unsere Nahrung. Wir pflanzen, düngen, züchten, verändern, veredeln, manipulieren.	Wir essen das, was die Natur uns bietet.
Wir machen unsere Nahrung haltbar.	Wir essen die Nahrung dann, wenn sie von der Natur «bereitet» ist.
Wir kochen unsere Nahrung.	Wir essen die Nahrung genau so, wie sie von der Natur kommt.
Wir verfeinern, würzen oder aromatisieren unsere Nahrung.	Wir belassen die Nahrung genau so, wie sie ist.
Wir essen, um zu genießen.	Wir essen, um stark, gesund und vital zu bleiben.

Lauter Halbwahrheiten und Lügen?

Die ganzheitliche, artgerechte Bewegung ist der erste Schritt hin zu einem langen und beschwerdefreien Leben. Wer ihn geht, lernt seinen Organismus besser kennen und wird zunehmend sensibler für die Reaktionen des Körpers. Ein fettes Mittagessen beispielsweise bleibt lange im Magen liegen und erzeugt Müdigkeit und Unwohlsein. Zustände, die unseren Organismus belasten und deshalb nicht erstrebenswert sind. Doch welche Ernährung ist artgerecht und richtig?

Leider gibt es dazu Millionen von Meinungen und Empfehlungen. Viele stammen, ohne dass uns das bewusst ist, von der Industrie oder von Interessensverbänden, sind somit alles andere als neutral. Gemäß Statistik werden allein im deutschsprachigen Raum jede

Woche über 600 Werbesendungen ausgestrahlt, die für Produkte mit Fremdstoffen, künstlichen Aromen, E-Nummer-Zusätzen usw. werben. Selbst wenn Sie wenig fernsehen und nur gelegentlich in Zeitungen und Illustrierten blättern, einem derart massiven Bombardement an Werbung entgeht niemand. Und wenn Sie glauben, eine neutrale Meinung zu hören, sollten Sie das gleich zweimal überprüfen, denn auch manche Ernährungsexperten beziehen ihr Wissen aus Forschungsergebnissen der Industrie.*

Wie manipulativ Werbung ist, zeigt der Slogan: «Man gönnt sich ja sonst nichts.» Haben nicht auch Sie schon gedacht: «Ja, jetzt gönne ich mir das?» Wenn es sich dabei z. B. um eine Zigarette oder ein Produkt mit Zucker oder Schokolade handelt, haben Sie Ihrem Organismus nichts Gutes getan. Ganz im Gegenteil.

Neben den Ernährungsarten, die auf industriell hergestellten Lebensmitteln basieren, gibt es jede Menge andere, wie z. B. Makrobiotik, Trennkost, Vegetarismus, die ajurvedische Küche, Ernährung nach der traditionellen chinesischen Medizin usw. Verfechter dieser Richtungen legen bisweilen einen geradezu missionarischen Eifer an den Tag, um Sie von der Einzigartigkeit und Richtigkeit der jeweiligen Form zu überzeugen.

Doch damit nicht genug. Schließlich lernten Sie im Elternhaus und in der Schule, was eine richtige Mahlzeit ist und wie man sich ernähren sollte. Sicherlich haben Sie zudem Freunde und Kollegen, die nicht müde werden zu erklären, was und wie Sie essen sollten.

So besteht unser Ernährungswissen meist aus einem wüsten Knäuel von Halbwahrheiten, Teilwissen und persönlichen Vorlieben. Gerade persönliche Vorlieben, was Geschmack und Genuss betrifft, beeinflussen unser Denken massiv. Wäre dem nicht so, könnte uns die Werbung nicht so leicht manipulieren. So aber fallen wir immer wieder um. Wir klammern uns verzweifelt an dem Gedanken fest, dass Essen auch Freude machen soll und dass wir demzufolge sehr wohl ein Recht haben, in unseren alten Gewohnheiten zu verharren.

---

* Wenn Sie wissen möchten, was in den industriell hergestellten Lebensmitteln wirklich enthalten ist, dann sollten Sie das Buch *Die Suppe lügt* von Hans-Ulrich Grimm lesen. Er war Journalist beim *Spiegel* und hat Fakten zusammengetragen, die das Ausmaß der Misere sehr deutlich machen.

Das Festhalten an bekannten Genüssen führt oft dazu, dass man wider besseres Wissen handelt. Genau genommen wüsste man eigentlich schon, was gesund, natürlich und bekömmlich ist. Aber man setzt es nicht um. Dafür gibt es hauptsächlich zwei Gründe: den Zeitfaktor und die Angst, das Essen könnte nicht mehr schmecken.

Beide Argumente sind bei näherer Betrachtung gegenstandslos. Es mag zwar stimmen, dass die Zubereitung einer Mahlzeit aus frischen Zutaten etwas mehr Zeit in Anspruch nimmt als das Aufwärmen eines Fertiggerichts. Aber zählen Sie mal die Tage dazu, die Sie benötigen, um Krankheiten auszukurieren, und die Stunden, die Sie in Wartezimmern sitzen. Jetzt sieht die Rechnung ganz anders aus. Zudem gibt es eine natürliche Nahrung, die ohne jegliche Zubereitung auskommt und jederzeit und sofort gegessen werden kann: Früchte.

Die Angst, das Essen könnte nicht mehr schmecken, ist ein typisches Ergebnis der Werbung und meist eine in die Zukunft gerichtete Angst. Wie wollen Sie wissen, ob Ihnen eine andere Küche schmeckt oder nicht, wenn Sie sie nicht versucht haben? Ich weiß, Menschen beharren nun einmal gern auf dem Bestehenden und Bekannten. Einmal erlernte «Ernährungsweisheiten» sitzen tief, insbesondere dann, wenn sie aus dem Elternhaus, einem Kulturkreis oder einer Religion stammen. Aber auch das Gegenteil ist wahr: Gerade das ewig Gleiche und das Althergebrachte wecken die Lust auf Abwechslung auf das Neue, das Unbekannte. Nur Mut, denn frisch gewagt ist halb gewonnen!

Schuld hat nur der Konsument

Carlotta ließ ihrer Wut und Enttäuschung vor ihren Freundinnen freien Lauf: «Ich weiß wirklich nicht, was ich noch kochen soll. Alle Fertiggerichte sind voll von Aromen, E-Nummer-Zusätzen, Salz und so weiter. Frische Produkte erhält man so gut wie keine mehr. Spinat beispielsweise gibt es nur noch vorgekocht, angereichert und tiefgefroren. Ich finde, das Profitstreben der Industrie geht einfach zu weit.»

Viele Menschen, Gruppierungen und Umweltschützer kämpfen gegen die «böse Industrie» und den «profitsüchtigen Handel». In der Lebensmittelversorgung, so ihre Klagen, scheint es nur ein Ziel zu geben: Gewinn. Das ist an sich keine Überraschung. Unternehmen können nicht anders handeln – schließlich leben wir im Kapitalismus. Jede Firma, gleichgültig ob groß oder klein und in welcher Branche, muss Gewinn anstreben. Tut sie es nicht, führt das früher oder später zum Konkurs und damit zum Verlust von Arbeitsplätzen. Von einem Unternehmen etwas anderes als Gewinnstreben zu erwarten, ist unrealistisch.

Sobald man sich da keine Illusionen mehr macht, wird klar, warum die Lebensmittelindustrie unsere Nahrung verändert. Am Verkauf eines Kilos Äpfel ist nicht viel zu verdienen. Zudem kann der Konsument leicht feststellen, was er erhält. Werden die Äpfel aber zu Sprudelwasser oder zu Riegeln verarbeitet, ist die Kontrolle erschwert oder unmöglich. So erhöht die Industrie ihre Gewinnmöglichkeiten. Da macht sich auch die teure Werbung bezahlt.

Wie die Industrie verhalten sich auch Restaurants, Bäcker, Metzger usw. Ein Wirt, der etwas auf sich hält, wird niemals einfach nur einen Apfel servieren. Er verarbeitet ihn zu Apfelkuchen oder Apfeleis. Das klingt erstens besser und bringt zweitens mehr Umsatz. Natürlich können wir darüber streiten, ob das, was im Bereich Ernährung passiert, moralisch einwandfrei ist. Damit verschwenden wir aber viel Zeit und Energie und erreichen wenig.

Kürzlich berichtete das Schweizer Radio über eine Ausstellung, bei der auch genetisch veränderte Produkte gezeigt wurden. Ein Hersteller hatte zum Probieren von Schnitten mit genmanipuliertem Käse eingeladen. Die zahlreichen Konsumenten, die die Schnitten testeten, wurden gefragt: «Und, wie schmeckt Ihnen diese Käseschnitte?» Fast alle antworteten: «Sehr gut.»
Mit Speck fängt man bekanntlich Mäuse. Mit Käseschnitten machen gewiefte PR-Abteilungen zweifelnde Konsumenten zu

Gen-Befürwortern. Selbstverständlich schmeckten die Käseschnitten gut! Das bisschen Aroma, das ist längst entwickelt. Und dass die Konsumenten nicht sofort starben, sagt leider wenig oder nichts. Auch an einer Zigarette stirbt niemand sofort. Der Krebs kommt erst später.

Statt die Industrie anzuprangern, sollten wir Konsumenten uns an die eigene Nase fassen. Wir sind ja nicht gezwungen, Apfelriegel zu kaufen, sondern können ohne weiteres zum Apfel greifen. Wenn wir Würste, also sehr fetthaltiges Fleisch, kaufen, dürfen wir uns nicht über Cholesterinprobleme wundern. Wenn wir nicht lautstark nach frischen Produkten verlangen, sondern brav die konservierte, manipulierte und bestrahlte Ware kaufen, dann müssen wir weiterhin mit Allergien, Übergewicht, Bluthochdruck usw. leben. Wenn wir einfache Produkte wie Kartoffeln oder Gemüse verschmähen und lieber Pommes frites, Schweinefleisch, Kuchen und Süßspeisen essen, dürfen wir uns über Rheumaschübe nicht wundern. Niemand zwingt den Konsumenten, bestrahlte Avocados oder Bananen zu kaufen. Niemand verlangt von ihm, dass er vitaminloses Treibhausgemüse kauft. Wenn er lieber Schokolade als Früchte verputzt, muss er die Folgen selbst ausbaden.

Sie und ich, wir entscheiden jeden Tag darüber, was die Industrie erzeugt und anbietet. Denn sie produziert immer nur das, was gekauft wird. Warten Sie nicht auf Konsumentenorganisationen. Sie selbst haben erhebliches Gewicht, schließlich sind Sie ein guter Kunde Ihres Ladens. Wenn Sie dem Ladenbesitzer genau sagen, was Sie wollen, wird er es besorgen. Machen Sie keine Kompromisse. *Sie* müssen es verdauen, es geht um *Ihre* Gesundheit.

Für jedes Lebewesen
gibt es eine artgerechte Ernährung

Den riesigen Wust an Halbwahrheiten zu entwirren, gelingt leicht, wenn wir uns auf unseren menschlichen Ursprung besinnen. Beginnen wir ganz am Anfang der Menschheitsgeschichte: Wie haben unsere Vorfahren eigentlich gelebt? Damals, als es weder Konserven noch Tierzucht, noch Gewehre, noch Feuer gab? Glaubt man der Evolutionslehre, lebten wir Menschen ja Millionen von Jahre ohne diese Segnungen. Das Feuer beispielsweise beherrschten unsere Ahnen erst um 4000 vor Christus. Kochen war also während Millionen von Jahren nicht möglich. Auch das Jagen, das Fischen und die Konservierung der Lebensmittel waren wohl unbekannt. Was haben diese ersten Menschen, die immerhin einige Millionen Jahre überlebten, nun gegessen?

Natürlich das, was sie in der freien Natur fanden – Früchte, Beeren, Knollen, Blätter, Gräser und Nüsse. Vielleicht auch einmal ein Ei. Alles roh natürlich. Nein, es gab weder Spaghetti noch Brot, Milch, Fleisch, Haferflocken, Pizza, Burger, Cola, Schnitzel, Kaugummis ... Die Menschen damals kannten übrigens auch keine Krankenhäuser und Ärzte. Ja, sie lebten durchschnittlich weniger lange als wir heute, aber das ist zu einem großen Teil auf die hygienischen Verhältnisse und die Kindersterblichkeit zurückzuführen. Zudem wohnten sie in einem gefährlichen Umfeld, d. h. viele starben durch wilde Tiere. Wer Seuchen überstand und den Tieren entkam, lebte gut und gerne hundert Jahre, und zwar ohne jemals einen Arzt oder einen Zahnarzt gesehen zu haben. Die Bibel spricht sogar von noch älteren Menschen. Sie alle waren kräftig und vital bis ins höchste Alter. Es gab keine Altersheime, und die Menschen wurden nicht pensioniert. Jeder Einzelne musste bis ins höchste Alter selbst für seinen Lebensunterhalt sorgen. Deshalb mussten sie fit sein und bleiben.

Immer wieder wird eingewendet, wir Menschen würden uns an die veränderten Nahrungsmittel gewöhnen. Wenn wir uns den Zeitablauf vor Augen führen, dann wird klar, dass neue Ernährungsarten wie das Kochen und die chemische Veränderung erst kürzlich eingeführt

Entstehung des Menschen		Entdeckung des Feuers 4000 v Chr.	heute

Über Jahrmillionen aßen die Urmenschen artgerechte Nahrung

★ Periode der Veränderung der Lebensmittel vom Kochen über die Konservierung bis hin zum Designer-Food.

wurden. Dreißig Millionen Jahre stehen etwa 6000 Jahren gegenüber. Ich bezweifle sehr, dass wir uns in dieser kurzen Zeit wirklich an die Veränderungen gewöhnt haben.

Wie es früher einmal ausgesehen haben mag, können wir heute an den noch frei lebenden Tieren erahnen. Elefanten beispielsweise leben siebzig bis achtzig Jahre, denn ihr Reifealter beträgt 13 bis 16 Jahre. Sie erreichen also ihr biologisches Alter (sechs mal 13 oder fünf mal 16 ergeben je rund achtzig Jahre), indem sie ein Leben lang die Nahrung fressen, die für sie artgerecht ist – Gras. Solange man sie lässt, d. h. wenn sie frei und wild leben, nehmen sie nie etwas anderes zu sich. Das widerspricht allen Empfehlungen von Ernährungsexperten, die ja zumeist großen Wert auf Mischkost legen. Elefanten fressen nie Fleisch, also Proteine, und bauen trotzdem einen riesigen Körper auf – aus nichts anderem als aus einfachem, aber natürlichem, gesundem Gras. Und das Erstaunliche dabei ist: Sie bleiben ein ganzes Leben lang gesund. In der freien Natur ist Krankheit etwas Anomales. Ein Zustand, der höchstens vorübergehend auftritt. Das Normale ist das gesunde, vitale Leben.

Was passiert, wenn man einem Tier nicht-artgerechte Nahrung zumutet, ist durch den BSE-Skandal hinlänglich bekannt. Ursache für den Rinderwahnsinn ist die unangepasste Nahrung, d. h. das Fleisch und die Fleischabfälle, die dem Futter beigemischt wurden.

Wie sensibel Lebewesen auf unangepasste oder veränderte Nahrung reagieren, zeigt ein anderes Beispiel. Man hat versucht, Kälber mit pasteurisierter Milch aufzuziehen. Der Gedanke hinter diesem Versuch war, sie vor Infektionen zu schützen. (Das Melken im Kuh-

63

stall erfolgt unter hygienischen Verhältnissen, die nicht über alle Zweifel erhaben sind.) Doch die Kälber haben die veränderte Milch nicht vertragen. Sie starben alle innerhalb von sechs Wochen.

Jede Tiergattung benötigt ein bestimmtes Futter. Vögel brauchen Körner, Katzen und Hunde fressen Fleisch, Pferde Gras und Heu. Warum glauben wir Menschen, wir könnten alles essen?

Wir können es nicht. Einige der heute üblichen Lebensmittel lösen Krankheiten aus. Das lässt sich ganz leicht belegen. In den kargen Kriegsjahren beispielsweise, als Fleisch und Weißmehl selten waren, litten die Menschen selten unter Rheuma. In ihrem großen Unglück hatten sie diesbezüglich ein wenig Glück. Gicht galt vor Generationen als Krankheit der Reichen. An Gicht erkrankten nur die Feudalherren, nie aber das gemeine Volk, denn das konnte sich Fleisch und Süßspeisen nicht leisten.

Xaver, ein gestandener und angesehener Geschäftsmann, klagte über Schmerzen in den Handgelenken und Fingern. Ich versuchte herauszufinden, was los war, und stellte rasch fest, dass es der Beginn von Gicht war. Ich riet ihm zu einem Selbstversuch: Während der nächsten zwei Wochen sollte er konsequent kein Fleisch und kein Weißmehl (Brot, Teigwaren, Kuchen usw.) essen. Er sah mich groß an, hatte viele Einwände wie z. B. Geschäftsessen usw.

Da ich ihn gut kannte, sagte ich unverblümt: «Du kannst weiter essen wie bisher, dann nehmen die Schmerzen laufend zu, und in absehbarer Zeit musst du zum Chirurgen. Der schneidet dir deine Hände auf, streckt die Sehnen, und du hast andere, erhebliche Schmerzen, insbesondere bei jedem Händedruck. Oder du reißt dich zusammen und wirst die Gicht auf natürliche Weise los.»

Das gab ihm zu denken. Ohne große Begeisterung, aber mit viel Durchhaltevermögen, stellte er seine Ernährung um. Bereits nach zwei Wochen sagte er: «Ich hätte es nicht geglaubt, aber meine Schmerzen sind nach und nach verschwunden. Die Beweglichkeit der Finger ist wie in jungen Jahren.»

«Das freut mich. War der Verzicht hart?»

«Am Anfang ja, aber jetzt habe ich mich daran gewöhnt und werde mich sehr hüten, in das alte Fahrwasser zurückzufallen.»

Der Gaumen, der große Verführer

Wir leben im Überfluss und essen, wonach uns der Sinn steht. Der Gaumen, dieser große Verführer, ist Ursache für viele Entgleisungen, an deren Folgen wir schwer tragen. Wenn man es sich genau überlegt, ist es tragisch-komisch: Wir lassen uns von diesem kleinen Etwas leiten und tyrannisieren. Und das, obwohl die Speisen nur einige wenige Sekunden Gaumenkitzel verursachen!

Zudem ist der Gaumen maßlos und unersättlich. Wir können ihn nie zufrieden stellen. Sie glauben mir nicht? Versuchen Sie es einmal. Bestellen Sie ein ausgewähltes Schlemmermenü. Ihr Gaumen wird den Aperitif genießen, danach den zarten Hauch des Filets, das erlesene Aroma der Sauce béarnaise, den samtigen Geschmack des Rotweins, die herrliche Beilage, das leicht salzige Gemüse und die süße Verführung der Nachspeise. So jagen Sie von einem vergänglichen Kitzel zum nächsten und können jeden höchstens einige wenige flüchtige Augenblicke festhalten, denn er wird unweigerlich vom nächsten abgelöst und überdeckt. Es sind schöne, aber auch sehr vergängliche Sinnesreize. Und: Ihren Gaumen können Sie nicht zufrieden stellen. Sobald der Schluck Rotwein durch die Kehle geflossen ist, verlangt der Gaumen ultimativ nach dem nächsten Kitzel. Selbst wenn der Magen längst voll ist, giert der Gaumen nach immer weiteren Reizen. Und genau hier liegt das Problem. Dem Gaumen ist es völlig egal, was im Magen und im Darm passiert. Dort aber stauen sich die Speisen, und das verursacht Aufstoßen, Koliken, Verstopfung, Müdigkeit usw. Diese Reaktionen des Körpers können Stunden, Tage oder Wochen andauern und später in Rheuma, Magengeschwüre oder Krebs münden.

Gaumenkitzel zu erleben ist ohne Zweifel schön. Aber es gilt, wie in vielen anderen Dingen im Leben auch: weniger ist erheblich mehr. Und genau das erleben Sie mit artgerechter Nahrung. Durch Vereinfachung der Speisen können Sie die einzelnen Sinnesreize echter, tiefer und länger auskosten. Sie lösen das nervöse Hin und Her zwischen vielen flüchtigen und kleinen Reizen durch einige wenige nachhaltige Reize ab.

Weniger ist viel mehr

Versuche mit Ratten zeigten, dass eine sparsame Ernährung in den Wachstumsjahren die Entwicklung verzögert und dass dadurch die Lebenserwartung drastisch *verlängert* werden kann. Im Versuch sonderte man Ratten ab und fütterte sie bewusst auf eine spartanisch-sparsame Art und Weise. Sie mussten dabei nicht hungern, aber das Fressangebot wurde in Menge und Zusammensetzung stark beschränkt. Das Resultat war, dass sich diese Ratten verzögert entwickelten. Doch damit war der Versuch noch nicht abgeschlossen. Man beobachtete die beiden Versuchsgruppen natürlich weiter, um auch mögliche Auswirkungen auf die Lebenserwartung festzustellen. Überraschenderweise lebten die spartanisch aufgezogenen und gefütterten Ratten doppelt so lange wie jene, die Nahrung im Überfluss hatten, also fressen durften, so viel und was sie wollten.

Dieses Experiment zeigt zwei Dinge ganz deutlich:

• Es besteht ein enger Zusammenhang zwischen der Lebensspanne der Entwicklung und der Lebensdauer.
• Einfachheit in der Ernährung bzw. artgerechte Nahrung verlängert das Leben.

Die Erklärung liegt auf der Hand: Ein Überangebot an Nahrung überfordert unseren Verdauungsapparat. Er muss viel länger, intensiver und härter arbeiten. Das zehrt an der Lebenssubstanz. Wenn wir nur gerade so viel essen, wie wir wirklich benötigen, und wenn diese Nahrung artgerecht ist, rutscht sie ganz leicht durch das Gewirr der Därme und belastet den Verdauungstrakt minimal. So kann der Organismus wirklich Kraft daraus ziehen und sie in Lebenszeit umsetzen. Doch was tun wir? Wir essen viel, oft und reichhaltig. Die Folgen: Übergewicht, Magen-/Darmprobleme, Hämorrhoiden, Arthritis, Rheuma, ständige Erkältungen, Immunschwächen …

Dass wir mit sehr viel weniger auskommen können, als wir glauben, zeigt ein kleiner Selbstversuch, den ich Sie zu machen bitte. Nehmen Sie einen Apfel (oder eine andere Frucht), und essen Sie ihn bewusst langsam. Beißen Sie hinein, und kauen Sie lange. Vorsicht, überwinden Sie den Schluckreiz. Kauen Sie den ersten Bissen mindestens dreißigmal. Kontrollieren Sie sich dabei, zählen Sie mit. Kauen Sie so lange, bis die Masse wirklich gut eingespeichelt und flüssig ist. Erst dann schlucken Sie den Bissen hinunter. Danach nehmen Sie den zweiten Bissen und kauen auch ihn mindestens dreißigmal. Essen Sie den ganzen Apfel auf diese Art und Weise. Das dauert zwar länger, als Sie es gewohnt sind, aber Sie werden feststellen, dass Sie nach diesem einen Apfel sehr satt sind.

Glauben Sie nicht, dass das mit unserer Feststellung aus dem 1. Kapitel kollidiert, Bewegung verlängere das Leben. Tüchtige Bewegung an der frischen Luft dämpft Heißhungergefühle zuverlässig! Das erleben Sie beispielsweise im Winterurlaub. Trotz aller Aktivitäten haben Sie keinen oder wenig Hunger. Die Erklärung: Aufgrund der Bewegung atmen Sie viel tiefer und intensiver, und damit verringert sich das Essbedürfnis.

$$7/12 + 4/12 + 1/12 = 25$$

Anneliese kommt völlig aufgelöst nach Hause und erzählt: «Das Seminar war ein glatter Reinfall. Einen ganzen Tag lang habe ich mich nun mit Ernährung herumgeschlagen. Bereitwillig habe ich versucht herauszufinden, wie und was ich zukünftig kochen und essen soll. Aber vor lauter Methoden, Kalorien, Proteinen und Kohlehydraten schwirrt mir der Kopf. Ich weiß jetzt weniger als vorher! Wenn ich auf die Experten hören wollte, dürfte ich überhaupt nichts mehr essen.»

Ernährungsexperten machen es lernwilligen Konsumenten nicht gerade leicht. Da muss zwischen Fetten, Kalorien, Kohlehydraten, Vitaminen, Ballaststoffen usw. unterschieden werden. Dann ist Fett auch nicht gleich Fett, denn es gibt bekanntlich die gesättigten, ungesättigten und mehrfach gesättigten Fettsäuren. Zudem sollte die genaue Kalorienanzahl nicht überschritten werden, und geht man nach der Trennkost, ist das Ganze fein säuberlich auseinander zu halten, zumindest pro Mahlzeit.

Auch Mengenangaben sind verwirrend, wird doch beispielsweise in der viel beachteten Ernährungspyramide empfohlen, täglich mindestens folgende Mengen zu essen:

3 Portionen Getreide- und Mehlspeisen
2 Portionen Früchte
2 Portionen Gemüse
2 Portionen Milchprodukte
2 Portionen Proteine (Fisch, Fleisch, Eier)

und das Ganze mit wenig Fett, Zucker und Salz.

Vereinfachend könnte man sagen, hier wird empfohlen, täglich zwölf Portionen zu essen, wobei 7/12 auf Kohlehydrate, 4/12 auf Proteine und 1/12 auf Fett entfallen. Diese Empfehlung wird abgegeben, weil unsere Körperstruktur etwa in diesem Verhältnis aufgebaut ist. Was eigentlich eine Fehlüberlegung ist, denn sie berücksichtigt den Wasseranteil nicht. Menschen bestehen zu etwa 75 Prozent aus Wasser und nur zu 25 Prozent aus fester Materie. Aus diesem Grund müsste die Rechnung – soll sie denn überhaupt gemacht werden – eher so aussehen:

60 – 75 % Wasser
20 – 40 % Kohlehydrate
2 – 10 % Proteine
0 – 5 % Fette

Wenn wir nun überlegen, welche Lebensmittel wir essen könnten, um diese «Bestandteile» zu decken, dann finden wir in der Natur eine ganze Reihe von nachgerade maßgeschneiderten Nahrungsmitteln, allen voran Früchte und Gemüse. Eine Banane beispielsweise besteht aus

75,2 Anteilen Wasser

22,5 Anteilen Kohlehydraten

2,1 Anteilen Eiweiß

0,2 Anteilen Fett

Außerdem liefert sie gratis und ohne irgendwelche chemischen Zusätze eine große Anzahl von Vitaminen und Mineralien. Die Banane (und mit ihr andere Früchte und Gemüse) passt so genau zu unseren Bedürfnissen, dass man sie erfinden müsste, wenn es sie nicht bereits gäbe. Jede Veränderung dieser vollständigen, idealen und genau passenden Ernährung ist denkbar schade.

Vielleicht wenden Sie nun ein, dass für uns, die «Krone der Schöpfung», besondere Regeln gelten. Wirklich? Ich bezweifle das, denn wir Menschen sind, rein biologisch betrachtet, zu 97 Prozent exakt so «konstruiert» wie die Menschenaffen. Für uns gelten deshalb vermutlich die gleichen Ernährungsregeln. Warum leiden Menschenaffen nie unter Übergewicht, Verstopfung, Rheuma, Krebs, Magengeschwüren? Warum erreichen sie das biologische Alter?

«Wie kommt es, dass uns die Experten so irreführende Berechnungen vorlegen?» fragte mich Alexandra verstört.

«Im Westen glauben wir nur Dinge, die wir beweisen können. Viele Beweise basieren auf Forschungen am toten Objekt. Wir Menschen sind aber keine tote Materie. Und die Verdauung ist alles andere als statisch. Deshalb sind viele wissenschaftliche Ergebnisse fraglich, denn sie berücksichtigen die Umstände, also den dynamischen Prozess, nicht.»

«Das verstehe ich nicht»

«Ganz einfach: Die Feststellung, dass Milch Kalzium enthält, sagt noch nichts darüber aus, ob dieses Kalzium von unserem Körper auch aufgenommen und verwertet werden kann. Es hilft mir wenig, wenn ich eine schöne Armbanduhr in einer Schaufensterauslage sehe. Dadurch ist sie noch lange nicht an meinem Handgelenk.»

«Sie meinen also, es kommt nicht darauf an, was in den Lebensmitteln ist.»

«Der Gehalt und die Zusammensetzung sind natürlich wichtig. Aber man darf bei dieser statischen Betrachtungsweise nicht stehen bleiben. Viel wichtiger ist nämlich, ob, unter welchen Umständen und inwieweit diese guten Vitamine, Mineralien und so weiter in meinen Blutkreislauf hinüberwechseln können. Das nenne ich den ‹dynamischen Aspekt› der Ernährungslehre, und genau der wird leider oft vergessen.»

«Aha, jetzt sind wir wieder bei dem Punkt: Selbst das beste Lebensmittel nützt mir nichts, wenn ich es nicht verdauen kann.»

«Ganz genau. Jedes Ding, das ich in den Mund stecke, kann auf zwei Arten wirken: Es gibt mir Kraft, oder es raubt mir Kraft.»

Wir werden, was wir verdauen, nicht, was wir essen

Wenn Sie wissen möchten, was für Sie wirklich bekömmlich ist, dann sollten Sie sich, neben der Theorie, unbedingt auch mit der Praxis auseinander setzen. Sie passiert in Ihrem Magen und Darm. Jeden Tag. Beginnen Sie also, sich mehr und intensiver darum zu kümmern, was Sie verdauen. Wie heißt doch die bekannte Weisheit? «Der Tod sitzt im Darm.» Es ist in der Tat so, dass die überwiegende Zahl der körperlichen Krankheiten ihren Ursprung im Darm haben. Die wohl wichtigste Voraussetzung für eine gute Gesundheit ist, dass alles, was gegessen wird, ungestört und unbehindert durch den Magen und den Darm läuft. Jeden Tag. Die beste Kontrolle dafür ist der Stuhlgang. Wie er funktionieren sollte, zeigen uns Kleinkinder, die ausschließlich von Muttermilch ernährt werden. Für sie gilt die Regel: auf jedes «Bäuerchen» folgt ein «Stinkerchen». Wenn Ihr Stuhlgang nicht nach diesem Prinzip funktioniert, kann das auch damit zusammenhängen, dass Sie Ihrem Magen und Ihrem Darm Nahrungsmittel zumuten, die er nur mit allergrösster Mühe verarbeiten kann.

Die Verdauungszeit hängt vom Zustand des Magen-Darm-Traktes, der Speisenkombination und der Speisenqualität ab. Aus diesem Grund kann die Verdauungszeit nie ganz genau ermittelt werden. Die hier aufgeführten Werte sind ungenau. Trotzdem geben sie klare Fingerzeige.

Lebensmittel	Die Verdauung dauert zirka …
Reines, vitalisiertes Wasser (auf leeren Magen)	5-15 Minuten
Wassermelonen	20–30 Minuten
Früchte	30–40 Minuten
Kräuter, Urkräuter, roh	30–40 Minuten
Salate, Gemüse (roh bzw. mit Zitronensaft)	40–60 Minuten
Salat mit ölhaltigem Dressing	1–1½ Stunden
Gemüse gekocht	1–1½ Stunden
Brot, Teigwaren, Kuchen	1½–4 Stunden
Fleisch	4–5 Stunden
Milch, Käse, Joghurt	4–5 Stunden
Gutbürgerliche Mahlzeit	6–12 Stunden
Fett- und reichhaltige Mahlzeit	8–48 Stunden

Diese Verdauungszeiten sagen sehr viel darüber aus, wie viel Lebenkraft und Energie wir mit wenig geeigneten Lebensmitteln vergeuden.

Eine gestörte Verdauung ist der Ausgangspunkt vieler der heute weit verbreiteten Zivilisationskrankheiten. Sie beginnen meist als vermeintlich harmlose Verstopfung oder Verdauungsstörung und entwickeln sich zu ausgewachsenen Darmerkrankungen, Nieren- oder Gallensteinen, rheumatischen Erkrankungen, Stoffwechselkrankheiten, Gefäßerkrankungen, mangelnder Infektabwehr, Allergien und vielen Nervenkrankheiten. Ist die Funktion des Darms gestört, bleibt der ganze Organismus belastet, d. h. er wird ständig mit toxischen Stoffen überschwemmt.

Das bekannte Sprichwort, «Wir werden, was wir essen», stimmt leider nicht mehr, und zwar einfach deshalb, weil die Nahrung viel zu sehr verändert worden ist. Längst nicht alles, was wir essen können, können wir auch wirklich verdauen. Sonst würden nicht über neunzig Prozent der Bevölkerung unter Verdauungsproblemen und Verstopfung leiden.

Was passiert in unserem Magen und Darm eigentlich? Die Antwort darauf finden Sie in Anhang 2 «Die Reise der Nahrung durch den Körper».

Wollen Sie konkret wissen, ob sich das, was Sie gerade im Begriff sind zu essen, positiv oder negativ auf Ihren Organismus auswirkt? Dann führen Sie den einfachen Armtest durch. Bitten Sie einen Freund, Ihnen dabei zu helfen. Zuerst strecken Sie Ihren rechten Arm aus und wenden alle Kraft auf, ihn gerade ausgestreckt zu halten, während Ihr Freund versucht, ihn herunterzudrücken. Nun wissen Sie, wie stark sie sind. Jetzt können Sie das Lebensmittel testen, indem Sie es essen. Machen Sie beispielsweise einen Versuch mit Zucker. Nehmen Sie einen Würfel Zucker, lassen Sie ihn auf der Zunge zergehen, speicheln Sie die Masse ein, und schlucken Sie sie schließlich.

Strecken Sie den Arm jetzt wieder aus, halten Sie ihn mit aller Kraft, und stellen Sie sich die Frage: «Ist Zucker ein gutes Lebensmittel für mich, stärkt es mich?» Während Sie diese Frage in Gedanken bewegen, bitten Sie Ihren Freund, wieder zu drücken. Sie werden feststellen, dass der Arm wegklappt, als wäre er leblos.

Auf diese Weise können Sie jedes beliebige Lebensmittel zuverlässig testen.

Wasser ist zum Heilen da

«Was darf ich Ihnen zu trinken bringen?», fragte der Kellner. «Eigentlich will ich nichts trinken», antwortete ich. Offensichtlich die falsche Antwort, denn der Kellner war beleidigt und verzog sich mit einem säuerlichen: «Wie Sie wünschen, der Herr.»

Natürlich versucht jedes Restaurant, Getränke zum Essen zu verkaufen. Dabei belastet Trinken während des Essens unseren Organismus, denn die Flüssigkeit spült die für die Verdauung notwendigen Enzyme weg. Sie bläht zudem die Essensmenge auf. Der Magen muss dadurch erheblich mehr Verdauungssäfte produzieren. Nicht selten ist er dabei überfordert. So wird Speisebrei in den Darm weitergereicht, der ungenügend bearbeitet ist und zwangsläufig zu Schwierigkeiten führt.

Dabei ist das Trinken an sich überaus wichtig, denn unser Körpervolumen besteht zu mehr als zwei Dritteln aus Flüssigkeit. Unsere Zellen werden von Wasser umspült, es transportiert die Nährlösung an und nimmt Abfallstoffe mit. Da wir natürlicherweise laufend Wasser verlieren (Atem, Urin, Stuhl, Schweiß), müssen wir auch für ständigen Nachschub sorgen. Zwei bis drei Liter sollten es an einem gewöhnlichen Tag schon sein – an heißen Tagen, bei Stress, bei großer körperlicher Anstrengung und bei flüssigkeitsarmem Essen entsprechend mehr.

Die natürlichste Art, den Wasserbedarf zu decken, besteht aus stark wasserhaltigen Speisen, allen voran Früchte, Gemüse und Salate. Stehen (auch) andere Dinge auf Ihrem Speisezettel, benötigt Ihr Organismus zusätzlich reines Wasser. Kaffee, Cola, Alkohol sind wenig geeignet bzw. kontraproduktiv, denn der Abbau der im Wasser gelösten Substanzen benötigt seinerseits Flüssigkeit. Ebenso fragwürdig sind einige Mineralwasser, insbesondere wenn sie Kohlensäure enthalten, denn Kohlensäure ist ein Ausscheidungsprodukt des Körpers. Es einzunehmen ist denkbar unnatürlich. Dazu kommt, dass Mineralwasser genau wie Leitungswassser durch Bearbeitung, Lagerung und Transport totes Wasser ist.

Trinken Sie Ihr Wasser über den Tag verteilt. Beginnen Sie mit einem Glas lauwarmem (nicht kaltem!) Wasser nach dem Aufstehen und trinken Sie den Rest zwischen den Mahlzeiten, etwa eine Stunde nach jeder Mahlzeit und bis zu einer halben Stunde vor dem nächsten Essen.

Das beste Wasser ist reines Wasser bzw. Quellwasser. Da die wenigsten von uns es zur Verfügung haben, sollte das Wasser aufbereitet, genauer gesagt vitalisiert, werden. Quellwasser ist nicht bloß deshalb so wertvoll, weil es rein ist, sondern auch, weil es einen großen Sauerstoffanteil enthält. Diesen Anteil verliert es durch Lagerung, Reinigung und Transport. Neben vielen anderen haben sich insbesondere Johann Grander und Robert und Daniel Plocher mit Methoden und Geräten um die Vitalisierung des Wassers verdient gemacht.[*]

Weitere Ausführungen zum Thema Wasser und Aufbereitungsmethoden und -geräte finden sie in dem Buch *Wasser, die geheimnisvolle Energie* von Urs Honauer (siehe Literaturverzeichnis).

Wie wertvoll Wasser für uns Menschen ist, wussten insbesondere Johann Sigmund Hahn, Vinzenz Preissnitz, Sebastian Kneipp und Emanuel Felke. Obwohl diese Männer längst gestorben sind, haben ihre Lehren überlebt, denn sie sind trotz oder wegen ihrer Einfachheit an ewiger Gültigkeit nicht zu übertreffen. Sie haben uns Mittel und Wege gezeigt, die natürliche Heilkraft des Wassers auf einfachste Art und Weise zu nutzen, nicht zuletzt durch Trinken. Wird das Bild der im Wasser badenden Zelle weitergedacht, muss jeder Schmerz als Hilfeschrei der Zelle nach Wasser gesehen werden. Diese Zusammenhänge werden in der Naturheilkunde bestätigt. Sie sieht das Wasser als universelles Heilmittel, und zwar insbesondere für folgende Leiden:

---

[*] Grander Technologie, Wieningerstr. 9, A-4780 Schräding. Robert und Daniel Plocher, Penac AG, Kantonstr. 34, CH-6267 Nottwil

Krankheit	Wirkung des Wassers
Gastritis, Magengeschwür, Sodbrennen	Für die Verdauung und Neutralisierung der Magensäure wird viel Wasser benötigt. Bei zu wenig Wasser besteht die Gefahr, dass der Pförtner den Magen verschließt.
Asthma, Bronchitis	Über die Atmung geht Wasser verloren. Ist das Wasser im Körper knapp, kann der Körper als Notmaßnahme Lunge und Bronchien verkrampfen.
Verstopfung (Hämorrhoiden)	Im absteigenden Dickdarm wird dem verbleibenden Nahrungsbrei das Wasser entzogen. Wird zu viel oder zu lange eingedickt, entsteht Verstopfung.
Cholesterinspiegel zu hoch	Cholesterin schützt die Zellen vor Wasserverlust. Zu viel Cholesterin ist ein Hinweis auf Zellzerstörung.
Herzbeschwerden, Brustenge	Verengte, verkrampfte Haargefäße zwingen das Herz zu kräftigerem Druck. Kein Herz hält das ewig aus. Wasser wirkt besser als Digitalis.
Bluthochdruck	Bei Wasserknappheit ziehen sich die Wasserwege zusammen, allen voran die Kapillaren. Herz- und Hindurchblutung leiden zuerst.
Schlaganfall	«Halbseitige Lähmung nach Schlaganfall durch Wasser geheilt!», lautete eine Schlagzeile, die Aufsehen erregte. Wasser löst Blockaden auf, lockert Krämpfe, schafft freie Bahn.
Rheuma, Arthritis, Ischias, Gicht	Knorpel benötigen viel Flüssigkeit, um die geschmeidige Gleitfähigkeit aufrecht zu erhalten. «Eingedickte» oder «eingetrocknete» Knorpel reiben an den Nerven und verursachen große Schmerzen.

Krankheit	Wirkung des Wassers
Rückenschmerzen	Bandscheiben trocknen bei Wassermangel aus und fallen in sich zusammen. Wird genügend getrunken, saugen sie Wasser auf wie ein Schwamm.
Kalte Hände/Füße	Wasser steigert die Durchblutung, auch der Hände, Füße und des Gehirns.
Krebs, Brustkrebs	Wenn Säfte (Blut, Lymphe) nicht frei fließen können, erhalten die Zellen zu wenig Nahrung und Sauerstoff und können verbrauchtes Material nicht abtransportieren. Stress fördert Prolaktin, den (Mit-)Auslöser des Mamma-Karzinoms.

Diese Tabelle ließe sich fast beliebig erweitern. Wasser kann beispielsweise freie Radikale entsorgen («wegschwemmen»). Es hilft bei Osteoporose, Stress, Depressionen, Diabetes, Kopfschmerzen, Schwäche, Erkältungen, schlaffer Haut und Ohrensausen. Wasser ist eines der kostbarsten Güter dieser Erde. Es dient uns bei Spiel und Spass – und ist ein hervorragendes Heilmittel.

Loslassen ist eine Kunst

«Ich weiß, ich sollte weniger essen», sagte Marianne, «aber auf ein gutes Essen kann ich einfach nicht verzichten.»

«Wer sagt denn, dass Früchte oder Gemüse nicht gut schmecken?», fragte ich.

«Aber Gemüse schmeckt doch immer gleich.»

«Nein, das stimmt nicht. Jedes Gemüse hat einen ganz bestimmten Eigengeschmack. Wenn sie alle gleich schmecken, dann nur deshalb, weil das Gemüse gekocht wird und weil der Koch oder der Esser Salz verwenden. Salz ist ein Geschmacksräuber und lässt alle Speisen am Schluss gleich schmecken. Wenn Sie Gemüse roh essen oder mit Kräutern zubereiten, entdecken Sie ganz neue Gaumenfreuden.»

Wir Menschen sind sehr besitzergreifend. Dinge, die wir einmal haben, geben wir nur ungern wieder her. Dabei spielt es keine Rolle, ob es um eine Uhr, ein Auto, die Position innerhalb der Firma oder den Genuss guten Essens geht. Hier eine kleine Liste, die aufzeigt, wohin uns die lieb gewordenen Essgewohnheiten gebracht haben, die wir nicht aufgeben wollen:

- Um 1900 war ein Todesfall von hundert auf Krebs zurückzuführen. Heute ist Krebs die zweithäufigste Todesursache.
- Bis vor etwa fünfzig Jahren mussten Arbeitgeber mit durchschnittlich einer Woche Arbeitsausfall durch Krankheit pro Mitarbeiter und Jahr rechnen. Vor vier Jahren waren es durchschnittlich über zwei Wochen.
- Vor etwa dreißig Jahren war Aids so gut wie unbekannt. Heute ist es eine Geißel.
- CFS* und Burnout sind neue Krankheitsbilder.
- Die Anfälligkeit für Schnupfen, Erkältung und Grippe ist drastisch gestiegen.
- Rheuma, Gicht und Arthritis waren in den Kriegsjahren selten. Heute leidet etwa ein Drittel der Bevölkerung darunter.
- Magenprobleme wie Verstopfung, Aufstoßen, Blähungen usw. sind so verbreitet, dass sie für viele praktisch als normal gelten. Das Schlucken von Verstopfungs- oder Verdauungspillen gehört zum Essen wie der Nachtisch.

Diese Liste ist leider alles andere als vollständig. Sollten auch Sie von einem der aufgezählten Punkte betroffen sein, habe ich eine gute

---

* Constant Fatigue Syndrom, d. i. permanente Müdigkeit, auch «Erschöpfungs-Syndrom» genannt.

Nachricht: Unser Organismus verfügt über starke Regenerationskräfte. Ich staune immer wieder, wie viele Leiden spurlos verschwinden, wenn man beginnt, den Organismus mit einfacher, vitaler Nahrung zu unterstützen.

Irren ist menschlich

Marjenkas Tochter Sandra, zehn Jahre alt, lag mit Fieber im Bett. Bis jetzt war die Mutter nicht besonders beunruhigt, denn Kinder überwinden Krankheiten rasch. Sie brachte Sandra das Mittagessen ans Bett. Aber Sandra weigerte sich zu essen. Da bekam Marjenka Angst. «Sandra, du musst unbedingt etwas essen. Ich habe dir extra dein Lieblingsgericht gekocht. Komm, versuch wenigstens einen kleinen Bissen.» Als Sandra hartnäckig blieb, rief die Mutter voller Sorgen den Hausarzt an. Für Marjenka war die Essensverweigerung ein sicheres Zeichen dafür, dass Sandra todkrank war.

«Ein Kranker muss unbedingt essen, damit er wieder zu Kräften kommt.» Diese weit verbreitete Meinung ist falsch. Eine Katze, die sich den Magen verdorben hat, knabbert Gras und legt sich hin. Sie verweigert standhaft jede Nahrung, bis sich ihr Organismus erholt hat.

Irren ist menschlich, sagt man ... Das Thema Ernährung ist ein wahres Eldorado von Irrungen und Wirrungen, das durch unterschiedlichste Experten und Interessen laufend ausgebaut wird. Einige der bekanntesten falschen Ansichten lauten:

Falsch oder unsinnig	Richtig oder sinnvoll
Wir müssen jeden Tag regelmäßig drei Mahlzeiten einnehmen, sonst verlieren wir Gewicht oder sterben.	Gesunde Menschen können tagelang ohne feste Nahrung auskommen. Manche haben allerdings einen so labilen Blutzuckerspiegel, dass sie regelmäßig d. h. fast jede Stunde, etwas essen müssen.
Wer nicht tüchtig isst, kann auch nicht richtig arbeiten.	Es ist natürlich wahr, dass ein körperlich arbeitender Mensch mehr Kalorien verbraucht als ein Büroangestellter. Wer Kopfarbeit verrichtet, braucht dagegen Gehirnnahrung, also Früchte, Gemüse, Salate.
Schnelles Essen ist ein Zeichen dafür, dass auch tüchtig gearbeitet werden kann.	Ungenügendes Kauen hinterlässt halbverdaute Speisen, die im Magen gären. Vergiftung und Verstopfung sind die Folgen.
Jeder Bissen muss mit einem Schluck Wein oder Bier hinuntergespült werden.	Wer beim Essen trinkt, spült die verdauungsnotwendigen Enzyme weg, was die Verdauung erschwert. Das stresst den Magen, denn er muss mehr Säure produzieren. Alkoholische Getränke belasten die Leber unnötig.
Besprechen wir das doch bei Tisch, da haben wir genügend Zeit.	Hektik, negative Gefühle, Ablenkung, Stress, schwere Gedanken vor, während und nach dem Essen sind Faktoren, die unsere Verdauung erheblich stören.
Das Essen muss gut gekocht werden, um dem Magen die Arbeit zu erleichtern.	Kochen verändert die Speisen, macht sie nährwertlos(er). Ausgekochte Speisen werden meist nicht oder ungenügend gekaut, was zwangsläufig zu Verdauungsstörungen führt. Zudem: Der Magen ist ein Muskel. Wird er nicht gefordert, erschlafft er. Er kann dann selbst gekochte Nahrung nicht mehr genügend verarbeiten.

Falsch oder unsinnig	Richtig oder sinnvoll
Ein gutes Menü ist fein abgeschmeckt.	DasVerfeinern von Speisen führt zu einem Reizüberangebot, das unseren Verdauungsapparat aus dem Takt bringt.
Wenn der Bauch nicht richtig voll ist, bin ich nicht satt.	Die Essensmenge hat sehr wenig mit dem Sättigungsgefühl zu tun.Vielmehr sind die Qualität und die Zusammensetzung der Speisen wichtig. Eine rasche Sättigung wird mit Ballaststoffen und gutem Kauen erreicht.
Zu einem richtigen Essen gehören Fleisch, eine Beilage, Kartoffeln, Gemüse, eine Nachspeise usw.	Weniger ist erheblich mehr. Völker mit einfachem Speisezettel sind seltener krank und leben bedeutend länger. Die Trennkost nach Hay zielt in die gleiche Richtung. Die tibetischen Mönche aßen (angeblich) Monomahlzeiten (s. u.).
Fett baut Kraftreserven auf und schützt vor Kälte.	Fett ist besonders schwer verdaulich. Der Organismus läuft heiß, was das Trugbild des Kälteschutzes fördert.
Das Auge isst mit. Jedes Essen sollte also auch in allen Farben leuchten.	Eine besonders reizvolle Verführung, um uns ein möglichst bunt zusammengewürfeltes Menü zu servieren. Leider ist unser Magen blind. Ihm bleibt aber die Arbeit.
Essen ist Kultur.	Sicher, solange es Kultur bleibt. Aber sind Fressorgien Kultur?
Essen hat einen gesellschaftlichen Aspekt.	Ja, wenn das Essen zur Harmonie beiträgt. Leider resultieren oft Streit, Hohn, Ärger, Sorgen aus dem gemeinsamen Essen. Solche Gefühle lähmen dieVerdauung.

Falsch oder unsinnig	Richtig oder sinnvoll
Das Essen erhält uns, nicht die Arbeit.	Oft ist es genau umgekehrt: Das Essen macht unserem Bauch erheblich mehr zu schaffen, als uns lieb ist. So sind wir nach dem Essen nicht frisch, sondern todmüde und schlaff.
Viel essen macht groß und stark.	Groß und stark werden wir nur von dem, was wir verdauen können. Alles Unverdaubare belastet, hindert und schwächt uns. Nicht die Menge, vielmehr Frische, Natürlichkeit, Qualität und Zusammensetzung entscheiden.
Man gönnt sich ja sonst nichts. Mit einem üppigen Essen kann man sich etwas Gutes tun.	Den Magen mit nicht-artgerechten Lebensmitteln zu verderben oder zu belasten ist in etwa so, als wenn Sie unnötigerweise ständig mit 50 kg in einem Rucksack herumlaufen oder sich vorsätzlich mit einem Messer in die Hand schneiden.
Essen muss Freude machen.	Nein, Essen muss in erster Linie den Organismus stärken. Dabei darf es ruhig Freude machen. Reiner Gaumenkitzel führt rasch zu einer Belastung des Organismus.
Gute Lebensmittel sind teuer.	Qualität hat wenig mit dem Preis zu tun. Äpfel sind erheblich billiger und gesünder als Apfelriegel. Ob Kaviar wirklich gesund ist, sei dahingestellt. Teures Gemüse wie z. B. Spargel ist nicht das Nährwertreichste.
Früchte sind gut für Desserts (Nachspeisen).	Früchte werden erheblich schneller verdaut als alle anderen Speisen. Werden sie als Nachspeise genossen, liegen sie zu lange im Darm und beginnen zu gären. Früchte sollten immer als Vorspeise (genauer: auf leeren Magen) gegessen werden.

Alles Große in dieser Welt ist ganz einfach

Von den tibetischen Mönchen geht die Legende, dass sie einfache Monokost aßen, beispielsweise nur Gemüse oder Früchte, und zwar jeweils nur eine Sorte pro Mahlzeit. Natürlich erntefrisch und roh, soweit dies möglich war. Die Mönche hielten ihre Monomahlzeiten für eines der großen Geheimnisse eines langen, beschwerdefreien und leistungsfähigen Lebens. Mit der Einfachheit der Ernährung haben wir bereits vier Elemente, die sofort umgesetzt werden können und einen unmittelbaren Einfluss auf die Lebenserwartung haben, nämlich:

1. regelmäßige, artgerechte Bewegung
2. eine freiwillige Beschränkung der Nahrungsmenge (lieber Qualität als Quantität!)
3. möglichst viel natürliche, erntefrische, vitale Rohkost
4. eine Vereinfachung der Speisenfolge in Richtung Monomahlzeiten

Wie können Sie sich auf den Weg in Richtung Einfachheit machen? Lernen wir von den Experten! Ein Fachmann besonderer Art war Leonardo da Vinci. Von ihm wird gesagt, dass er sich einzig und allein von Früchten ernährte. Früchte mit ihrem natürlichen und sofort umsetzbaren Fruchtzucker sind die ideale Gehirnnahrung. Wir können heute nur vermuten, dass sie mit ausschlaggebend waren für seine vielen genialen Erfindungen.

Im Folgenden stelle ich Ihnen ein paar andere Experten und ihre Methoden vor.

Trennkost nach Hay

Da wäre beispielsweise Dr. Hay. Seine Trennkost ist zwar von der Monomahlzeit weit entfernt, aber er schraubt die überbordende, alles überwuchernde Vielfalt zurück. Wenn Sie, ausgehend von der üblichen Zivilisationskost, einen ersten Schritt in Richtung Einfachheit und Natürlichkeit tun wollen, hilft Ihnen die Trennkost. Sie hält Kohlehydrate und Proteine auseinander, macht also das, was wir in der Tierwelt gesehen haben. Sie erinnern sich: Es gibt nur ganz wenige Tiere, die wirklich alles fressen. Meist ist es so, dass Tiere entweder Gras *oder* Fleisch bevorzugen.

Nach Dr. Hay verarbeitet unser Verdauungssystem Kohlehydrate und Proteine auf ganz unterschiedliche Art und Weise. Es wird übermäßig belastet, wenn wir ihm bei einer Mahlzeit beides zumuten. Wir können unser System entlasten, indem wir die beiden Gruppen trennen. Nichts anderes taten die tibetischen Mönche mit Ihren Monomahlzeiten.

Eine kurze Vorstellung der Trennkost nach Dr. Hay finden Sie in Anhang 4, eine Zusammenfassung der Ernährung der tibetischen Mönche in Anhang 5

Einfache Ernährung nach Ehret

Ein etwas in Vergessenheit geratener Nahrungsexperte ist Prof. Arnold Ehret. Er war Arzt und leitete über Jahre eine Heilklinik in der Schweiz. Auch sein Maßstab war die Verdaubarkeit der Nahrung. Er empfahl einfache Mahlzeiten, bestehend aus Früchten, Rohkost und Gemüse. Mit dieser natürlichen Ernährungsweise, die in einer speziellen Übergangsphase eingeübt wurde, heilte er tausende von Patienten. Ein großer Vorteil seiner Empfehlungen ist die Regeneration der Darmzotten, die bei Zivilisationsnahrung nur allzu leicht geschädigt werden. Er legte großen Wert auf ein bakteriell intaktes Magen-Darm-Klima. Denn stimmt dieses Klima nicht, kann selbst die beste Nahrung nicht mehr verdaut werden. Angesichts der breiten Anwendung von Antibiotika beim Menschen und in der Tierzucht sind Schäden des bakteriellen Magen-Darm-Klimas leider häufig.

Eine Darstellung der Übergangsernährung nach Prof. Ehret finden Sie in Anhang 6.

Radikale Einfachheit mit Konz

Der heute wohl radikalste Vertreter in Sachen Einfachheit und Natürlichkeit in der Ernährung ist Franz Konz. Sein umfassendes Nachschlagewerk *Der große Gesundheits-Konz* ist in einer überaus deutlichen und schonungslosen Sprache geschrieben. Wer so schreibt, macht sich auch viele Feinde. Sein wichtigstes Argument ist die Wiederentdeckung der Urkräuter. Hätten Sie gedacht, dass man Ampfer, Ehrenpreis oder Ahornblätter essen kann? Man kann! Konz propagiert diese wohl urtümlichste menschliche Nahrung überzeugend. Er zeigt uns alle Vorteile auf: unveränderte, urtümliche Kraft, nicht gezüchtet, nicht kultiviert, nicht gedüngt, nicht gespritzt, nicht genmanipuliert: reinste Natur, nichts als konzentrierte Sonnenkraft.

«Also, wir sind doch keine Kaninchen oder Geißböcke!», rief Markus empört. «Ich meine, wenn ich krank bin, dann trinke ich Kamillentee oder einen Wermut.»

«Warum essen Sie die Kräuter nicht einfach so?», fragte ich.

«Kräuter zu trocknen und aufzubrühen oder sie in eine alkoholische Lösung zu geben ist doch ein Unding und ein Umweg. Dass die Kräuter aber selbst nach solchen Misshandlungen noch heilende Wirkung entfalten, ist ein schlagender Beweis für ihre Kraft. In ihnen liegt das Geheimnis der Gesundheit.»

In Anhang 7 finden Sie zwei Tabellen, die Ihnen roh genießbare Gemüse und Salate und jene heimischen Urpflanzen und Kräuter vorstellen, die Sie ohne weiteres essen können.

Viele Ernährungsexperten wurden heftig angegriffen, Ihre Lehre wurde so verwässert, umgebaut und angepasst, dass sie niemandem mehr gefährlich werden konnte. Dieses Schicksal erlitten:

- Hay (der Aspekt Frische und Natürlichkeit wurde fallen gelassen)
- Kollath (verlangte Natürlichkeit, übrig geblieben sind industriell hergestellte Flocken)
- Bircher-Benner (wird auf das Bircher-Müsli reduziert, das zudem meist falsch zubereitet wird)

- Wandmaker (Verfechter der Rohkost, wird als einseitig angeprangert)
- Ehret (Heilerfolge werden totgeschwiegen)
- Konz (wird heftig kritisiert)

Alle diese Experten verlangten im Grunde genommen nur eines: einfache, natürliche und vor allem naturbelassene Nahrung. Essen wir diese Art Nahrung, bleiben wir gesund. Weichen wir davon ab, in welcher Form auch immer, nehmen wir Schaden.

Sozusagen «Experten wider Willen» sind und waren Menschen in Notsituationen. Unsere Urahnen haben eher karg gelebt und sich von dem ernährt, was sie in ihrer Umgebung fanden. Trauben und Erdbeeren im Winter waren unvorstellbar. Italienische, chinesische und indische Restaurants fehlten. Es gab keine Hamburger, keine Kaugummis, keine Fertiggerichte, kein Coca-Cola, keine Instant-, Light- und Softprodukte. Viele Menschen lebten schlicht und einfach von Gemüse, Kartoffeln, Mais oder Reis. Sie praktizierten das, was wir heute vermissen, nämlich Monomahlzeiten und Einfachheit.

Überlegen Sie für einen kleinen Augenblick, was Sie alles einsparen würden, wenn Sie sich nach urzeitlichen Methoden von Früchten, Kräutern, rohem Gemüse und Salaten ernähren würden:

- Die ganze Kochkunst wird überflüssig, muss nicht mehr gelernt werden, die Kochzeit fällt weg.
- Kochbücher werden relativ überflüssig, denn einen Apfel essen und eine Banane schälen, kann jedes Kleinkind.
- Die Ausstattung der Küche kann auf ein Minimum reduziert werden.
- Geschirr, Besteck usw. können erheblich reduziert werden.
- Der Abwasch erledigt sich fast von selbst.
- Die Kosten für die Nahrungsmittel sinken drastisch, insbesondere wenn Urkräuter verzehrt werden.
- Die Abhängigkeit von Industrie und Handel wird reduziert.

Rohkost bzw. Urnahrung bringt einen erheblichen Zugewinn an Vitalität und Beschwerdefreiheit. Zudem steigern Sie Ihre Lebensqualität, denn Sie verlieren hartnäckige und lästige Leiden wie z. B. Magenbeschwerden, Aufstoßen, schlechten Mundgeruch, Blähungen, Winde, stinkenden Stuhl, Mattigkeit und Müdigkeit, Missmut und üble Launen, Stimmungsschwankungen, beißenden Achselgeruch, Hautausschläge, Kopfschmerzen, Migräne, Schwindel, Kreislaufprobleme und viele mehr.

«Das ist alles gut und recht», sagte Geraldine, «aber was tue ich, wenn ich Rohkost nicht mag?»

«Auch ich stand Rohkost skeptisch gegenüber, aber ich habe mich daran gewöhnt», erwiderte ich. «Mittlerweile ziehe ich einen knackigen Salat jedem Gourmet-Menü vor.»

«Aber es gibt doch so viele Küchen, die als gesund gepriesen werden, zum Beispiel die ajurvedische Küche.»

«Es gibt in der Tat fast jeden Tag neue Empfehlungen, beispielsweise die Theorie, dass Nordländer anders essen sollten als Südländer, oder dass wir das Essen abhängig von unserer Blutgruppe auswählen sollten. Die meisten dieser Ratschläge entpuppen sich als sehr kurzlebig. Wenn Sie also nach einer Methode außerhalb der Rohkost suchen, dann empfehle ich Ihnen, sich daran zu orientieren, was Bestand hat. Im Westen ist das die Trennkost, im Osten die Ernährung nach den Fünf Elementen aus der traditionellen chinesischen Medizin. Über allen Methoden und Ernährungsarten sollten immer Natürlichkeit und Naturbelassenheit der Nahrungsmittel stehen.»

Der geheime Pfad zurück

Unsere heutige Ernährungsweise ist derart weit von Natürlichkeit und Ursprünglichkeit entfernt, dass nur wenige Menschen den Weg zurück zur Natur in einem einzigen Schritt schaffen. Deshalb habe ich oben bewusst die Reihenfolge Hay, Ehrat und Konz gewählt.

Die Schwerpunkte, ergänzt Wandmaker um:

Lehre	Kurzbeschreibung	Beurteilung
Hay	Hay teilt die bekannten Lebensmittel in Kohlehydrate, Proteine und neutrale Lebensmittel ein. Ziel: bessere Verdaubarkeit. Siehe auch Anhang 4.	Ein einfacher Einstieg. Kann mit etwas Konsequenz ohne «Verlustgefühle» sofort umgesetzt werden. Gute Methode, um zumindest das Körpergewicht ohne Hungergefühle, Medikamente oder Spezialpräparate unter Kontrolle zu halten.
Ehrat	Weniger empfehlenswerte Nahrungsmittel werden bewusst weggelassen. Fasten und Darmsanierung als notwendige Vorbereitung für künftige gesunde Ernährung. Rohkost als Ziel. Siehe auch Anhang 3.	Erziehung zur Qualität. Lehrt uns, negative Lebensmittel zu meiden. Reinigung und Fasten als Mittel und Weg. Führt in einem mehrwöchigen Plan hin zur Rohkost. Gute Umstiegstherapie. Erprobt an tausenden von Patienten.
Wandmaker	Alles, was gekocht ist, ist nicht nur wertlos, sondern giftig. Gesundheit «enthält» nur die natürliche, naturbelassene Pflanze. Kompromissloser Vegetarismus.	Konsequenter Verfechter der Rohkost, die mit tausenden von Beispielen untermauert werden. Da viele Menschen einen belasteten, trägen Magen haben, gelingt die Umsetzung nicht ohne entsprechende Vorbereitung bzw. Darmsanierung.
Konz	Rohkost ist nicht gleich Rohkost. Die heutigen gezüchteten, veränderten Pflanzen haben zu wenig Saft und Kraft.	Urkräuter, Blätter, Knollen, Ranken, Blüten, Wildpflanzen sind jene Teile in unserer Natur, die noch so sind, wie Gott sie schuf. Wenn wir uns an sie halten, leben wir genau so vital wie die wilden Tiere: ohne Beschwerden und weit über 100 Jahre lang.

In dieser Zusammenstellung habe ich bewusst vereinfacht und zusammengefasst. Trotzdem ist die Steigerung von der nährwertlosen Mischnahrung über die Selektion der Trennkost und weiter über die Sanierung des Verdauungstraktes bis hin zu Rohkost und schließlich zur qualifizierten Rohkost gut ersichtlich. Wie notwendig eine konsequente Ernährung ist, zeigt auch unser Umfeld: Luft und Wasser sind verschmutzt, die Pflanzen durch Zucht, Dünger, Pestizide usw. verändert und verseucht. Wollen wir vital und gesund werden und bleiben, benötigen wir natürliche, naturbelassene Nahrung. Heute mehr denn je!

«Also, Salat ist alles andere als problemlos!», rief Bettina entsetzt. «Am Abend beispielsweise vertrage ich ihn gar nicht. Ich kann dann nicht ruhig schlafen.»

«Unser Magen muss Salat verarbeiten, wohingegen er Breie und ausgekochte Speisen mehr oder weniger einfach durchfließen lassen kann. Wenn Sie aber vorgehen wie vorgeschlagen, nämlich sich einer Reinigung und Entschlackung unterziehen und danach die Übergangskost über einige Wochen einhalten, dann hat sich Ihr Magen nicht nur regeneriert, sondern auch wieder genügend Muskeln angesetzt. Sollte Salat Ihnen dann immer noch Schwierigkeiten wie Aufstoßen oder Verdauungsstörungen bereiten, empfehle ich Ihnen einen Arztbesuch, denn Ihr Verdauungstrakt ist dann vermutlich ernsthaft aus dem Takt geraten. Sie leiden vielleicht unter Pilzbefall, oder Ihre gesunde, natürliche Darmflora ist zerstört und sollte wieder aufgebaut werden. Fasten ist eine Möglichkeit, die allerdings fachliche Führung verlangt.»

Keine Angst vor Rohkost

Werden Sie zum ersten Mal mit Rohkost konfrontiert? Dann haben Sie jetzt möglicherweise Bedenken. Sie führen vielleicht an, dass viele Rohköstler beängstigend blass und schwächlich aussehen. Dazu sind zwei Dinge zu sagen: Erstens wird hier nicht dem Vegetarismus das Wort geredet, sondern einer Ernährung, die artgerecht und gut zu verdauen ist und aus der wir optimalen Gewinn ziehen können. Zudem leben viele Vegetarier alles andere als konsequent:

- Sie meiden schwer verdaubare Nahrungsmittel nicht.
- Sie ersetzen ein problembehaftetes Produkt (z. B. Fleisch) durch ein anderes (z. B. Weißmehlprodukte) und handeln sich damit lediglich andere Schwierigkeiten ein.
- Sie befolgen den Vegetarismus nicht konsequent, essen also auch Mischkost, Eier, Milch, Käse.
- Sie hängen einer einseitigen Doktrin an, z. B. der Makrobiotik.
- Sie «bereichern» bzw. verunstalten gesunde Nahrungsittel um unqualifizierte Zutaten, so z. B. Salat durch vorgefertigte Dressings, Gemüse durch Käsegratin oder Panieren usw.
- Sie leben trotz gesunder Nahrung ungesund: Sie bewegen sich nicht regelmäßig, gehen nicht an die frische Luft, schlafen zu wenig und wissen nicht, wie Stress abgebaut oder vermieden wird usw.

Ein wesentlicher Bestandteil artgerechter Ernährung ist, nicht dazu passende Nahrungsmittel strikt zu vermeiden. Dazu gehören:

Zu vermeiden	Ersatz	Wirkung
Salz	Bester Ersatz: Kräuter, Gewürze, Salz reduzieren bzw. ganz weglassen.	«Versalzt» (übersäuert) den Organismus Mögliche Folge: Bluthochdruck

Zu vermeiden	Ersatz	Wirkung
Zucker	Früchte dämpfen den Heißhunger auf Süssigkeiten. Gutes Ersatzprodukt: natürliches Stevia. Ebenfalls empfehlenswerte Ersatzprodukte: Ahornsaft, Honig, Birnenkonzentrate	«Übersäuert» den Organismus. Mögliche Folgen: Übergewicht, Gicht, Arthritis, Rheuma
Fleisch, Fisch, Eier	Selbstbeschränkung ist angesagt. Fleisch galt bis vor wenigen Generationen als die große Ausnahme auf dem Speisezettel. Man aß es selten, höchstens bei Familienfesten oder an hohen Feiertagen. Wenn tierisches Protein, dann auf Qualität (fettlos, fettarm) achten.	«Übersäuert» den Organismus. Mögliche Folgen: Arthritis, Gicht, Rheuma
Getreide	Getreideprodukte weglassen oder ersetzen. Es gibt viele gute Alternativen. Die besten sind Hirse und Buchweizen. Danach folgen Mais, später Reis (Naturreis!), dann die weniger stark veränderten Getreidesorten wie Hafer, Dinkel und Roggen.	«Verschleimt» und «verharzt» den Organismus. Mögliche Folgen: Immunschwäche wie Erkältungen, Grippe usw. Schädigt die Darmzotten. Verursacht Allergien.
Milchprodukte	Milchprodukte (Milch, Käse, Butter, Rahm) meiden. Milch enthält das Protein Casein, aus dem auch Holzleim hergestellt wird. Ersetzen durch Sojamilch, Kokosmilch, Wasser, Tee	«Verkalkt» und «versteinert» den Organismus. Mögliche Folgen: Osteoporose und Allergien

Zu vermeiden	Ersatz	Wirkung
Fertiggerichte, Design-Food, Instant-, Light-Produkte	Kunstprodukte und wenig empfehlenswerte Zusatzprodukte meiden.	Mögliche Folgen: Allergien, Hautausschläge, Asthma, Migräne, Krebs usw.
Genussmittel	Alkohol, Tabak, Kunstdrinks, Kaugummi meiden.	Mögliche Folgen: Leberzirrhose, Raucherhusten, Krebs usw.

Ausführliche Begründungen und Erläuterungen zu dieser Liste finden Sie in Anhang 8.

Getreide, Milchprodukte, Fertiggerichte usw. zu reduzieren oder zu vermeiden erfordert zwar ein Umdenken. Aber es ist problemlos möglich, denn es gibt genügend Alternativen. Anders verhält es sich bei Genussmitteln wie Zigaretten, Alkohol, Kaffee, Schwarztee und Zuckerprodukten, denn sie machen abhängig. Auch Kunstprodukte wie z. B. Kaugummi und Energiedrinks sind nicht ohne. Sie loszuwerden setzt eigentlich eine Therapie voraus, denn es handelt sich nicht nur um eine rein körperliche, sondern auch um eine mentale Abhängigkeit.

«Gönnen Sie sich denn nie etwas?», fragte Christian bei einem Seminar und ergänzte: «Ich meine, keine Schokolade, keinen Kaffee, einfach nichts?»

«Schokolade hasse ich aus tiefster Seele. Sie hat mich beinahe das Leben gekostet. Ich habe Unmengen davon gegessen, aber erkannt, welche Schäden sie mir zufügt, und so habe ich mich umprogrammiert. Die Methode habe ich übrigens in meinem Buch *Nichtraucher in vier Tagen* dargestellt. Sie half mir auch dabei, mich von meiner Medikamentensucht zu befreien.»

«Aber was gönnen Sie sich dann?»

«Ich gönne mir Früchte. Zudem ist Essen primär nicht da, um Lust zu befriedigen, sondern um unseren Organismus und unsere Seele zu stärken. Das gelingt am besten mit natürlichen Lebensmitteln.» Ich sah in die Runde und bemerkte, wie entgeistert alle waren. Deshalb fuhr ich fort: «Ich gebe gerne zu, dass eine Umstellung Zeit benötigt. Aber es ist nur eine Frage der Gewöhnung.»

«Sind sie Vegetarier?»

«Nein. Ich versuche, mich so artgerecht wie möglich zu ernähren. Also Salate, Rohkost, Gemüse und viele Früchte.»

«Darf ich eine indiskrete Frage stellen?»

«Nur zu.»

«Dann will ich das ganz offen tun: Wie steht es um Ihr Sexualleben?»

«Ich sehe den Hintergrund Ihrer Frage. Von den Vegetariern sagt man ja, sie seien Sexmuffel. Sie möchten wissen, ob meine sexuelle Lust unter meiner Ernährungsform gelitten hat.»

«Ja, genau.»

«Da kann ich Sie beruhigen. Ich habe ein ausgeglichenes und sehr erfülltes Eheleben.»

«Stimmt es also nicht, dass vegetarische Kost die sexuelle Lust killt?»

«Wir sollten zwei Dinge unterscheiden, nämlich sexuelle Lust und Aggressivität. Der übermäßige Fleischkonsum macht aggressiv. Aggressionen müssen irgendwie gezähmt werden. Oft werden sie nicht beherrscht, sondern ausgelebt, unter anderem auch in ausschweifenden sexuellen Orgien. Für mich hat diese Art sexueller Betätigung nichts mit wirklicher Liebe zu tun. Sie ist aggressive, zerstörerische, brutale Gewalt und damit meilenweit entfernt von inniger Verbundenheit und Intimität.»

Ungebremste Leistungskraft

Unsere Lebenskraft ist Ausdruck der Vitalität, der verfügbaren Energie und der Spannkraft, mit der wir unseren Alltag meistern. Es liegt auf der Hand, dass jedermann gerne möglichst «viel» davon haben möchte. Doch es kommt nicht auf die «Menge», sondern auf die Nachhaltigkeit an. Bei einem Auto ist die eigentliche Leistungsfähigkeit auf der Straße das Resultat aus Motorkraft im Verhältnis zu Eigengewicht und den Reibungsverlusten. Die schiere Leistung des Motors allein sagt wenig oder nichts. Ähnlich ist es auch bei der Lebenskraft.

In einer Formel ausgedrückt, heißt das:

**Leistungsfähigkeit bzw. Lebenskraft =
Kraft abzüglich Belastung
L = K – B**

Wenig adäquate Lebensmittel wie z. B. Weißmehlprodukte führen zu hohen Reibungsverlusten. Mit ihren Verschleimungstendenzen lähmen sie die normale Funktion unseres Organismus. Die Belastung wächst. Ihr Motor muss extrem viel leisten, um diesen ständig vorhandenen, inneren Widerstand zu überwinden. Was Sie in dieser Situation noch auf die Straße bringen, steht in keinem Verhältnis zu den Anstrengungen, die Sie unternehmen müssen.

Es geht aber auch anders: Entschlacken Sie Ihren Organismus, schaffen Sie sich eine Karosserie aus Aluminium an, und sehen Sie zu, dass die Räder immer frei und reibungslos drehen. Dann kommen Sie mit der Hälfte der Kraft viel rascher vorwärts als bisher. Mit anderen Worten: Wählen Sie Lebensmittel, die *kräftigen*. Dann leisten Sie mit erheblich weniger viel mehr.

Realität und Utopie

Vielleicht werden Sie jetzt fragen, wie es kommen konnte, dass viele Menschen sich falsch ernähren. Das liegt daran, dass wir die wohl wichtigste Frage, nämlich die nach gesunden und natürlichen Lebensmitteln, der Industrie, den Chemikern und den Kaufleuten zur Beantwortung überlassen haben.

In der Tierwelt wird die Anzahl Lebewesen nach dem Futterangebot geregelt. Wir Menschen haben uns aus ethischen Gründen da keinerlei Beschränkung auferlegt. Also standen wir vor dem Problem, eine rasch anwachsende Bevölkerung mit Lebensmitteln versorgen zu müssen. Gesucht wurden Grundnahrungsmittel, die sich billig produzieren ließen und lange haltbar waren. Da kam z. B. Getreide gerade recht.

Doch was nützt ein gut haltbares Lebensmittel, wenn es schlecht zu verdauen ist oder Allergien verursacht? Leider wurden diese Nachteile erst viel später entdeckt. Unsere Lebensmittel heute sind zwar billig produzierbar, schädlingsresistent, stapelbar und sehr lange haltbar. Aber sie enthalten viele Fremdstoffe, sind unnatürlich, haben einen denkbar geringen Nährwert und verursachen eine Menge Probleme in unserem Verdauungstrakt.

Das Hungerproblem der Welt lösen wir mit Getreide auch nicht. Wenn wir Menschen das essen würden, was artgerecht ist, nämlich Grünzeug, hätten wir mehr als genug für alle Menschen. Mit Gräsern, Blättern, Blüten, Knospen usw. wäre das Problem schlagartig und billigst zu lösen.

Stellen Sie sich Folgendes vor: Jeder Mensch zieht in seinem Garten oder auf seinem Balkon Gras, Büsche und Bäume. Erstens wäre unsere Umwelt dann viel grüner und würde schöner aussehen, zweitens hätten wir ein erheblich besseres Klima, drittens müsste niemand mehr Hunger leiden, viertens wäre die Grundversorgung spottbillig, und fünftens würden wir eine Menge Krankheiten los. Denn das «Grünzeug» hat die Urkraft der Natur in sich. Es wird übrigens heute bereits als teures Mittel verkauft, nämlich z. B. als Grassaft. Findige Bio-Experten bauen Gras an und pressen es aus. Grassaft gilt als Wunderelexier – es baut auf, versorgt den Körper mit Vitaminen, spendet Energie und soll sogar Krebs heilen.

Die unterschiedlichen Gräser, Blätter, Blüten usw. haben übrigens durchaus interessante Geschmacksnoten. Einige Kenntnisse muss man sich aber schon aneignen, damit man keine giftigen Pflanzen isst. Doch das mussten Sie für Ihre derzeitige Ernährung auch tun.

Wenn Ihnen der Gedanke, «Grünzeug» zu essen, noch komisch vorkommt, dann machen Sie es wie Leonardo da Vinci. Beginnen Sie mit Früchten. Schwelgen Sie in diesen saftigen Vitaminbomben. Dabei werden Sie feststellen, wie viel praktischer diese Art Ernährung ist im Vergleich zur üblichen Mischkost. Keine lange Zubereitung, kein Kochen, kein Abwaschen. Eine schnellere und gesündere Küche gibt es nicht.

Wie frisch geschmiert

Vor zwei Generationen war in jedem Haushalt zu Beginn des neuen Jahres Frühjahrsputz angesagt. Dann wurden das Haus oder die Wohnung tüchtig durchgelüftet und gründlich gereinigt.

Auch wir Menschen benötigen Reinigung und Entschlackung. Sie ist deshalb wichtig, weil unser Wasser aufbereitet wird, also kein Quellwasser mehr ist, weil unsere Luft belastet ist und selbst die besten Lebensmittel nicht völlig frei von Belastungen sind.

In Anhang 6, «Die Übergangskost nach Ehret», werden verschiedene Methoden der Reinigung, Entschlackung und des Fastens erläutert. Vorab schon einmal ein Rezept:

- Pressen Sie 1½ Zitronen aus, und gießen Sie den Saft in 1 l Wasser.
- Geben Sie 3-5 Esslöffel Ahornsirup, Grad C, sowie eine kleine Prise Cayenne-Pfeffer dazu.
- Rühren Sie dieses Getränk gut um, und trinken Sie zwei Wochen lang jeden Tag einen Liter davon.

1.

Keine Angst vor «Übersäuerung»! Zum einen: Der Einteilung in Säuren und Basen begegnet man oft, aber sie ist eine grobe Vereinfachung. Um genau zu sein, müsste man präzisieren, was übersäuert ist: das Blut, das Gewebe, der Speichel, der Urin usw. Die Debatte um die Übersäuerung zeigt, wie «präzise» Ernährungsdiskussionen geführt werden.

Zum anderen: Früchte übersäuern *nicht*. Was Früchte unserem Organismus liefern, ist der natürliche Fruchtzucker. Sofern die natürliche Darmflora intakt ist, entsteht aus Früchten keine Säure, sondern reines «Superbenzin» für unsere Zellen. Früchte sind das Beste vom Besten! Werden sie allerdings als Nachspeise gegessen, und liegen sie damit unnatürlich lange im Darm, oder treffen sie auf ein verändertes Magen-Darm-Klima, können sie – wie andere Speisen auch – zu gären beginnen. So setzt ein Alkoholisierungsprozess ein, den man als Säure bezeichnen kann.

Früchte allgemein als Säureproduzenten zu bezeichnen, zeugt von wenig Sachkenntnis und ist eine einseitige, rein statische Beurteilung. Dabei ist gerade die Ernährung ein höchst dynamischer Prozess.

Viele Menschen nehmen periodisch oder regelmäßig Reinigungstees oder -getränke zu sich. So wichtig Entschlackung und Reinigung sind, Tees sind bei weitem nicht immer das Richtige. Oft ist die Störung bereits so weit fortgeschritten, dass eine Reinigung nicht mehr genügt. Die Abgrenzung zwischen Reinigung und Darmsanierung ist selbstverständlich fließend und kann nur anhand von Symptomen oder genauen Untersuchungen festgelegt werden. Trotzdem hier einige Anhaltspunkte:

Reinigung/ Entschlackung genügt	Darmsanierung notwendig
bei gelegentlichen, sporadischen Verdauungsstörungen und sonst normalem, geregeltem Stuhlgang	• bei unregelmäßigem Stuhlgang • bei ständigen oder dauernden Verdauungsproblemen wie z. B. Verstopfung und/oder Durchfall, Blähung, Gärung, saurem Aufstoßen usw.

Reinigung/ Entschlackung genügt	Darmsanierung notwendig
bei normalem Darmklima bzw. gesunder bakterieller Darmbesiedelung	• bei gestörtem Darmklima etwa nach Antibiotika-Einnahme • bei Pilzhefebefall, z. B. Candida albicans • bei Kopfschmerzen, Migräne, Allergien, Asthma usw. als Folge von Intoxikationen
bei einigen wenigen Kilo Übergewicht und normalem, geregeltem Stuhlgang ohne Verdauungsprobleme	• bei Übergewicht, verbunden mit Leistungsschwäche, Abgeschlagenheit, Stress • bei Übergewicht, verbunden mit gestörter Verdauung
bei einem ausgeglichenen Säure/Basen-Verhältnis und geregelter Verdauung	• bei ständiger Übersäuerung • bei anhaltender Nervenbelastung wie z. B. Stress, Aggression, Unruhe, Unsicherheit, Angst, Sorgen
bei einer freien, rosaroten Zunge	• bei belegter oder angeschwollener Zunge, verbunden mit erhöhter Infektanfälligkeit, Schnupfen, Grippe, Erkältung, Stirnhöhlenproblemen usw.
bei zu tiefem Blutdruck und geregelter Verdauung	• bei zu hohem oder zu tiefem Blutdruck, verbunden mit Magen-Darm-Problemen
Drehen und Walzer-Tanzen ohne Schwindel möglich	• bei Schwindelgefühlen, insbesondere wenn sie verbunden sind mit Ohrproblemen wie z. B. Tinnitus

Beide Methoden, also die Reinigung und die Sanierung, dürfen nach der Durchführung nicht einfach abgebrochen bzw. ad acta gelegt werden. Das Aufrechterhalten eines gesunden, normalen Darmklimas ist eine Daueraufgabe, die Sie am einfachsten bewältigen, wenn Sie

Ihre Ernährung konsequent in Richtung Früchte, Einfachheit, frische Produkte, Rohkost und Wildkräuter umstellen. Weitere Ausführungen dazu finden Sie, wie bereits erwähnt, in Anhang 6.

Die Haut isst mit

Wussten Sie, dass wir auch durch unsere Haut «essen»? Unser grösstes Organ, die Haut, ist nicht etwa aus Plastik oder sonstwie undurchlässig, sondern im Gegenteil ziemlich offen. So atmen wir zu einem gewissen Prozentsatz durch die Haut und sondern Schweiß durch sie ab. Es findet also ein ständiger Austausch zwischen allen Stoffen, die an die Haut kommen, und unseren inneren Organen statt.

Wenn Sie beginnen, die Ernährung umzustellen, sollten Sie sich deshalb auch Gedanken darüber machen, was Sie über die Haut aufnehmen. Kontrollieren Sie Ihre Parfüms, Cremes, Duftwasser, Deos usw. Sind sie pflanzlich und rein natürlich, oder enthalten sie Aromen, Zusatzstoffe, E-Nummer-Produkte, Fremdstoffe?

«Ohne Deos geht es doch nicht!», rief Regula. «Sonst würden wir ja stinken wie die Schweine!»

«Die übermäßige Schweißabsonderung hängt mit unserer Ernährung zusammen. Schweiß riecht nur dann eklig, beißend oder ätzend, wenn wir Fleisch oder stark gesalzene Speisen gegessen haben. Zudem gibt es ganz natürliche Deos, beispielsweise die Kristalle.»

«Kristalle, was für Kristalle?»

«Die chinesischen Deo-Kristalle, die ohne Duft und Konservierungsstoffe hergestellt werden. Sie neutralisieren den Schweiß hervorragend, so dass er garantiert nach nichts mehr riecht.»

«Da ist es doch viel besser, den Schweiß zu *verhindern*, so wie es Deos tun.»

«Das ist ganz im Gegenteil problematisch. Schweiß ist eine normale und notwendige Körperabsonderung im Zusammenhang mit der Atmung und dem Wärmehaushalt des Körpers. Ihn zu unterbinden, stört den normalen Ausscheidungsprozess.»

«Was kosten denn die Kristalle?»

«Die sind so gut wie gratis, denn sie halten ewig. Ein einziger Kristall hält gut und gerne ein halbes Jahr.»

«Warum sind sie so unbekannt?»

«Weil es sich nicht lohnt, für ein billiges Produkt zu werben, und weil viele Konsumenten glauben, Kosmetik, die nicht teuer ist und keinen großen Namen trägt, sei nichts wert.»

Dass Kosmetika nicht unbedenklich sind, zeigen Baby-Krankheiten, die auf Kosmetika-Rückstände zurückzuführen sind. Die armen Kinder werden von Geburt an mit Fremdstoffen belastet, die sie über die Muttermilch aufnehmen.

Bitte prüfen Sie auch die Kleider, die Sie tragen. Achten sie auf Naturfasern. Kleider liegen den ganzen Tag auf der Haut, und wir absorbieren alles, was diese Stoffe in sich tragen: Farben, Bleichmittel, Waschmittelreste usw. Das Gleiche gilt für Geschirr bzw. Geschirrspülmittel. Glauben Sie ja nicht, die frisch gewaschenen Teller seien rein. Sie enthalten Reste der verwendeten Geschirrspülmittel. Wir nehmen sie zusammen mit den Speisen auf. Verwenden Sie rein biologische, ess- und trinkbare Waschmittel. Das Gleiche gilt für Haarpflegemittel und Zahnpastas.

Achten Sie auch auf weitere Angewohnheiten, die gesundheitsschädigend und lebensverkürzend wirken, beispielsweise:

- Tragen Sie keine einengenden Kleidungsstücke. Sie behindern die normalen Körperfunktionen. Dazu gehören z. B. eng getragene Krawatten und Gürtel, einschneidende Gummizüge in der Wäsche, enge Stretch-Kleider, zu enge Unterwäsche, die die Geschlechtsteile einengt oder gar quetscht. Die Folgen solcher Kleider sind, neben Körper-Unterfunktionen oder -Fehlleistungen, Abschürfungen, Wundreiben, Hautausschläge usw.
- Haarbehandlungen wie z. B. Färben und Dauerwelle. Die chemischen Stoffe werden zwar ausgewaschen, aber ein Teil ist längst

über die Kopfhaut in den Körper gelangt – zu jenem Körperteil, der uns so viel bedeutet, dem Gehirn!

- Entfernen Sie unerwünschte Körperhaare, z. B. an den Beinen, nicht chemisch.
- Reinigen Sie die Zähne nicht mit aggressiven Mitteln oder giftig wirkenden Stoffen, wie z. B. Fluor.
- Verzichten Sie auf schönheitschirurgische Eingriffe.
- Verzichten Sie auf Implantierungen (von Schmuck, Haaren, in die Brust usw.)
- Nehmen Sie Abstand von Tätowierungen und Körperverstümmelungen, wie z. B. dem Piercing.
- Tragen Sie nicht permanent Make-up (enthält oft giftige und Krebs erregende Stoffe).

Selbstverstümmelung und -schädigung

Es ist beinahe unglaublich, auf welche Weise Menschen sich selbst verstümmeln – z. B. durch Tätowierung, Piercing, Branding, Implantierungen. Statistisch gesehen sind nur in 16 Prozent all dieser «Behandlungen» keine direkten Beschwerden nachweisbar. Mit anderen Worten: Alle zahlen für ihre «Verschönerungen» einen hohen Preis, bei 16 Prozent treten die Folgen nur nicht sofort in Erscheinung. Besonders kritisch sind Eiterungen, denn sie können auf das Herz übergreifen.

Zu den häufigsten Folgen gehören:

Piercing, Branding, Tätowierung Implantierungen usw.	Folgen
Ohr	Verwachsungen, Eiterungen
Bauchnabel	Allergien, Hautausschläge, Eiterung

Piercing, Branding, Tätowierung Implantierungen usw.	Folgen
Nase	Hautausschläge, Nasenfluss
Brustwarze	Stillprobleme, Vereiterungen, Verwachsungen
Geschlechtsbereich	Gefühlsverlust und Schmerzen beim Intimverkehr und/oder Urinieren
Zunge	Lähmungen
Lippen	Eiterungen, Verhärtungen, Lähmungen

Eine besonders fragwürdige Verstümmelung ist die Beschneidung. Sie wird immer noch als hygienische Notwendigkeit dargestellt. Die Beschneidung verursacht wiederkehrende Entzündungen, Schmerzen beim Urinieren und raubt den Beschnittenen mit die schönsten Momente im Leben, nämlich die tiefe sexuelle Erfüllung beim Geschlechtsverkehr. Wahrlich ein hoher Preis!

Neben Farb- und Sinnesüberreizung, die vor allem unsere Augen belasten, setzen wir auch unsere Ohren einer harten Belastungsprobe aus. Lärm ist leider allgegenwärtig geworden. Doch vielen reicht das offenbar noch nicht – sie besuchen Diskos mit ohrenbetäubendem Schallpegel. Wer sich oft in Diskos aufhält oder ständig am Walkman hängt, benötigt über kurz oder lang ein Hörgerät.

Alle diese Krankmacher sind längst bekannt. In Versicherungszeitungen erscheinen denn auch regelmäßig Artikel, die vor Disko, Walkman, Piercing usw. warnen. Leider fallen immer noch Millionen von Menschen auf die Werbung herein. Sie lassen sich von Modetrends verführen oder befürchten, sie könnten etwas verpassen. Einige Versicherungen haben deshalb begonnen, ihre Prämien auf die Lebensgewohnheiten abzustimmen, d. h. die Risikogruppen mit höheren Prämien zu belasten. Ob das hilft, bleibt dahingestellt. Ein Entkommen gibt es ohnehin nicht. Den Preis für sein Verhalten muss jeder Einzelne selbst bezahlen – mit Krankheiten und einer verkürzten Lebenserwartung.

Auch Schlafmangel, der oft eine Folge von Überaktivität, Stress und Nervosität ist, wirkt sich übrigens lebensverkürzend aus. Warum gehen die Menschen ein so hektisches Tempo? Warum pressen sie so viel in die Lebensjahre hinein? Wäre es nicht vernünftiger, das Leben natürlicher, entspannter anzugehen und dafür mehr Lebensjahre zu ernten?

Hundert Jahre sind möglich. Überlegen Sie einmal, was Sie in all den Jahren nach dem 78. Geburtstag noch alles tun könnten!

Nehmen Sie sich ab sofort Zeit für Ihr Leben. Gönnen Sie sich jeden Tag genügend Bewegung, gesunde Ernährung – und ausreichend Schlaf. Beobachten Sie Ihren Schlafrhythmus sorgfältig. Schlaf kann nur sehr beschränkt vor- oder nachgeholt werden. Verpasster Schlaf fehlt Ihnen am Lebensende!

Eine Verkürzung der Schlafzeit ist zwar möglich, aber sie setzt voraus, dass man den natürlichen Rhythmus von Anspannung und Entspannung kennt und beherrscht und zudem gelernt hat, die Schlafqualität so zu beeinflussen, dass die Tiefschlafphase rascher erreicht wird und länger dauert. Nur so kann der natürliche Schlafbedarf gefahrlos verkürzt werden.

Zusammenfassung

Hier noch einmal die wesentlichen Punkte des Kapitels «Artgerechte Ernährung»:

- Wir haben Ernährungslehre und -wissenschaft weitgehend der Industrie, der Chemie und dem Handel überlassen. Was wir über Ernährung wissen, ist dementsprechend beeinflusst oder manipuliert.
- Ein direkter Zusammenhang zwischen Ernährung und Krankhei-

ten wird von wissenschaflticher Seite oft bestritten, obwohl er, benützt man den gesunden Menschenverstand, mehr als offensichtlich ist.

- Ernährungslehre ist in der Ausbildung der Mediziner ein Stiefkind. Viele Ärzte wissen wenig über Ernährung.
- Für die Menschen gibt es, genauso wie für jede Tierart, eine artgerechte Ernährung. Wir werden krank, wenn wir in diesem Bereich von der Natürlichkeit abweichen.
- Die Zunahme der Krankheiten in den letzten Jahrzehnten und die stetig steigenden Kosten des Gesundheitswesens zeigen deutlich, wie weit wir von der artgerechten Ernährung entfernt sind.
- Artgerecht ist Rohkost, also Früchte, Kräuter, Gemüse, Salate und Nüsse.
- Artgerechte Ernährung fördert bzw. erhält ein intaktes Magen-Darm-Klima. Damit wird die Nahrung zur Quelle von Vitalität, Kraft, Energie und Lebensmut. Nicht angepasste Nahrung zerstört das Magen-Darm-Klima und öffnet damit Intoxikationen und unterschiedlichsten Krankheitskeimen Tür und Tor.
- Artgerechte Nahrung macht das Leben ganz einfach, denn sie ist rasch zubereitet und benötigt ein Minimum an Einrichtung und Hilfsmitteln.
- Reinigung und Entschlackung gehen der artgerechten Nahrung voraus. Die Umstellung erfolgt danach schrittweise.
- Zum artgerechten Verhalten gehört auch die Hochachtung vor dem eigenen Körper. Wir bevorzugen Kleider aus Naturfasern und verwenden biologische Waschmittel. Wir vermeiden jede Überbelastung oder Verstümmelung.
- Wann, wo, wie und was auch immer Sie essen, essen Sie es bitte mit Genuss und großer Freude. Unser Verdauungssystem ist wie ein feiner Seismograph: Jede negative Stimmung und jeder negative Gedanke bringen es aus dem Takt. Deshalb: Essen Sie mit Genuss!
- Genießen Sie die Leichtigkeit und Leistungsfähigkeit, die Ihnen ein artgerechtes Verhalten bringt!

Teil 3

Gesundes Gefühlsleben

Unnatürlich ist	Normal und natürlich ist
Wir leiden unter Sorgen.	Wir sind unbeschwert, sorgenfrei, heiter.
Wir sehen unsere Zukunft düster, uns fehlt die Zukunftsperspektive.	Wir stehen jeden Tag voller Erwartung und Interesse auf und starten freudig in den Tag.
Wir haben Angst, z. B. Prüfungsangst, Angst vor der Zukunft, Tunnelangst, Angst am Arbeitsplatz usw.	Wir sind mutig, furchtlos, unbefangen und glücklich, locker und natürlich.
Wir erleiden Stimmungsschwankungen, sind unausgeglichen und irgendwie unruhig.	Wir sind jeden Tag fröhlich, glücklich und gelassen.
Wir haben negative, düstere, depressive Gedanken.	Wir erleben Tag für Tag Zuversicht und Vertrauen und freuen uns auf alles, was da kommt.
Wir sind voller Hass und denken im Zorn zurück.	Wir lassen das Vergangene los, entschuldigen uns für Fehler, und legen sie ad acta. Sie sind vorüber, vergessen, unwichtig. Wir sind voller Nächstenliebe, Lob und Anerkennung.
Wir sind voller Aggressionen, können uns kaum beherrschen, fahren aus der Haut.	Wir sind die Ruhe selbst, stets ausgeglichen und voller Verständnis.
Wir sind wütend, rasend, spüren uns selbst nicht mehr.	Wir sind ruhig, besonnen, klug, gescheit, ausgeglichen, liebenswürdig, kompetent.
Wir sind eifersüchtig, besitzergreifend, beherrschend.	Wir sind tolerant, nachgiebig, großzügig, verständnisvoll, geben und teilen freiwillig.

Unnatürlich ist	Normal und natürlich ist
Wir sind jähzornig, das Feuer lodert sofort auf.	Wir sind ausgeglichen, besonnen, klug.
Wir sind ungeduldig und nervös.	Wir sind ruhig, ausgeglichen, überlegt.
Wir verhalten uns ablehnend und abwartend den anderen Menschen gegenüber.	Wir gehen offen auf unsere Mitmenschen zu, freuen uns, sie zu sehen, und bringen viel Mitgefühl, Verständnis und Nächstenliebe mit.
Wir sind unruhig, fahrig, unkonzentriert, flatterhaft.	Wir sind besonnen, konzentriert, leistungsstark, zuverlässig, denn wir handeln aus der Ruhe heraus.
Wir sind launenhaft.	Wir sind beständig, zuverlässig und glücklich.
Wir sind engstirnig, verbohrt und halten Altes krampfhaft fest.	Wir sind offen, frei und sehen allem Neuen interessiert entgegen.
Wir verhalten uns egoistisch, kommen ständig zu kurz, fühlen uns übervorteilt.	Wir sind großzügig, lassen den Nächsten leben, gönnen ihm seinen Ruhm und Reichtum.
Wir sind knauserig, geizig, geldgierig, haben und sehen nie genug.	Wir haben selbst genug, freuen uns an dem, was wir haben, gönnen dem Nächsten alles, was er hat, und wünschen ihm viel Erfolg.
Wir bedauern uns selbst, unser mieses Leben, unser Schicksal, unser Los.	Wir lieben uns selbst, gestalten unsere Zukunft aktiv und freuen uns am Leben.

Emotion ist, was man fühlt

Neben den körperbezogenen Bereichen Bewegung, Ernährung, Körperpflege usw. hat auch unsere Gefühlswelt einen direkten, sehr nachhaltigen Einfluss auf unsere Gesundheit und Lebenserwartung. Wie wichtig Gefühle für uns Menschen sind, betonte bereits Hippokrates, der Urvater aller Mediziner, der 460 v. Chr. geboren wurde. Er beschäftigte sich intensiv mit der Frage, was wir als Menschen tun könnten oder sollten, damit wir gesund und lange leben. Er formulierte sechs Regeln, die er als «Ordnungsprinzipien» bezeichnete. Sie lauten:

1. Beherrschung der Gemütsbewegungen
2. vernünftiger Umgang mit Speis und Trank
3. regelmäßige Entschlackung des Körpers
4. geordneter Umgang mit Licht, Luft, Wasser, Erde, Wärme und Kälte
5. Wechsel von Wachen und Schlafen
6. Rhythmus von Bewegung und Ruhe, von Arbeit und Freizeit

Die Regeln 2. und 3. befassen sich mit Ernährung, die Regeln 4. bis 6. kann man als körperliche Fitness zusammenfassen. Höchst erstaunlich ist die Nummer 1. Hippokrates weist darauf hin, dass es nicht gleichgültig ist, wie unser Gefühlsleben aussieht; er empfiehlt uns, die Emotionen zu «beherrschen».

Sehen Sie sich an, welche Reaktionen der Hinweis auf Hippokrates in einem meiner Seminare auslöste:

«Also, das ist unmöglich!», rief Helena aus. «Ich kann doch nicht auf Befehl fröhlich sein. Ich meine, wenn ich wütend bin, dann bin ich das eben, und zwar meist zu Recht. In einem solchen Moment kann ich einfach nicht lächeln.»

«Was Hippokrates von uns verlangt, mag neu oder ungewohnt sein. Aber haben wir nicht alle in der Schule Dinge gelernt, die auf den ersten Blick schwierig oder unmöglich schienen, etwa technisches Zeichnen oder Algebraformeln oder Fremdsprachen? Der Umgang mit unseren Gefühlen war nie Schulfach, wir haben ihn nie gelernt. Das heißt aber noch lange nicht, dass wir es nicht lernen könnten.»

«Das geht mir entschieden zu weit. Gefühle sind etwas sehr Persönliches und Intimes. Das geht niemanden was an.»

«Ich will Sie keineswegs kränken oder Ihre Gefühle verletzen.»

«Aber Sie möchten meine Gefühle manipulieren.»

«Ja und Nein. Ich möchte, dass Ihre Gefühle beeinflusst werden. Aber nicht durch mich, sondern durch *Sie*. Sie selbst sollten Ihre Gefühle kennen und lenken lernen. Wir können das Ganze auch anders ausdrücken. Was Hippokrates uns sagen will, ist eigentlich nur Folgendes: Aufregung, Unwohlsein oder Krankheit sollten immer Anlass dafür sein, das eigene Verhalten, die eigene Lebensweise kritisch zu überprüfen und sie zu korrigieren.»

Es gibt viele «gute» Gründe, Gefühle zu verdrängen, auf die lange Bank zu schieben, zu leugnen, sie nicht wahrhaben zu wollen, ihnen nicht in die Augen zu sehen. Hier einige typische Verhaltensweisen, von denen man unbedingt loskommen sollte:

Gefühle, ein Buch mit sieben Siegeln

Für viele Menschen ist die Gefühlswelt eine geheimnisvolle, verschlossene Welt, an deren Türe man am besten nicht rüttelt. Wer weiß, was sich da tief im Innersten versteckt? Wer weiß, zu was man fähig wäre, würde der Deckel gelüftet? Wut? Hass? Zerstörung? Gar Mord? Davor muss man sich dringend schützen. Die düstere, ungewisse Unterwelt bleibt am besten weggeschlossen!

Gefühle sind göttlich und deshalb unantastbar

Andere sehen die Gefühle als etwas Höheres oder gar Göttliches an. Gedanken und Gefühle sind für sie rein und unantastbar, und wir tun gut daran, sie genau so zu akzeptieren, wie sie sind. Sie kommen von oben. Sie werden uns gesandt, und wir versündigen uns, wenn wir daran rühren oder versuchen, sie zu beeinflussen.

Gefühle sind intim und gehen niemanden etwas an

Andere Menschen sehen die Gefühle als etwas höchst Persönliches, Intimes und Privates an, das niemanden etwas angeht. Sie verschließen sie – auch vor sich selbst.

Lasset uns leben und fröhlich sein!

Wiederum andere Menschen lassen sich von ihren Gefühlen treiben und tun immer nur genau das, worauf sie gerade Lust haben. Ob Dritte darunter leiden, ist ihnen egal, Hauptsache, sie haben Spass dabei. Wenn sie von jemandem in ihrem Ego-Trip gestört werden, werden sie ausfallend, denn sie fühlen sich eingeengt. Könnte es sein, dass die antiautoritäre Erziehung genau zu diesem Verhalten beitrug? Unsere Zivilisation hat sich wirklich verirrt, denn gesunder Menschenverstand entlarvt solches Verhalten rasch als Disziplinlosigkeit.

Alle diese Verhaltensweisen sind nicht besonders sinnvoll. Menschen, die so denken, könnte man mit Eisbergen vergleichen, deren große Masse bekanntlich unter der Meeresoberfläche liegt. Im Alltag zeigen sie nur einen kleinen Teil ihres Menschseins. Den grössten Teil halten sie verborgen. Sie versuchen, das Leben mit Verstand, Logik und Wissen zu meistern, und vergessen, verdrängen und verleugnen die Gefühlswelt. Dabei bestimmt sie unser Leben bis zu neunzig Prozent.

Fiktion und Realität

Hippokrates empfiehlt, dass man sich mit den eigenen Gefühlen auseinander setzt. Das ist eine lohnende Aufgabe:

- Erstens profitieren wir selbst davon. Etwa indem wir Angst, Stress, Kummer, Wut usw. erkennen, überwinden, weglegen und durch Vertrauen, Stärke, Klarheit usw. ersetzen und so unser Leben erheblich interessanter, schöner und erfüllender gestalten.
- Zweitens wird das Zusammenleben der Menschen einfacher und reibungsloser. Etwa indem Aggressionen, Neid, Hass usw. durch Toleranz, Verständnis und Nächstenliebe ersetzt werden.
- Drittens werden die Umwelt und die Erde geschont. Etwa indem wir Rücksicht auf die Vegetation, die Tiere usw. nehmen, die natürlichen Gesetzmäßigkeiten akzeptieren und pflegen und unseren blinden Fortschrittsglauben und jede Profitsucht aufgeben.

Seit 400 v. Chr. ist viel Zeit vergangen. Haben wir Menschen verstanden, was Hippokrates gesagt hat? Wohl kaum. Wir sind zwar außerordentlich stolz darauf, die höchstentwickelte Spezies dieser Erde zu sein. Aber wir verhalten uns nicht entsprechend. Zwischen der Fiktion «höchstentwickelte Spezies» und der Realität, die leider nur allzu oft aus Streit, Krieg, Vernichtung, Totschlag, Mobbing, Vergewaltigung, Erpressung, Entführung usw. besteht, klafft eine große Lücke. Was sind wir also wirklich? Eine Horde wilder Tiere, die ihre Triebe und Aggressionen frei auslebt?

«Gewalt und Verbrechen gab es zu jeder Zeit», sagte Walter ernst. «Sie brauchen nur ein Geschichtsbuch aufzuschlagen. Da lesen Sie von Kriegen, Piraten, Kreuzrittern, Glaubenskämpfern, der Mafia usw. Die menschliche Rasse ist durch und durch böse.»

«Wenn Menschen in der Vergangenheit ihre zerstörerischen Triebe und niedrigen Emotionen ausgelebt haben, heißt das doch noch lange nicht, dass wir ewig so weitermachen müssen.»

«Aber ich allein kann daran nichts ändern.»

«O doch, sehr viel sogar. Sie können bei sich selbst beginnen. Damit setzen Sie ein Zeichen für Ihre Umwelt. Aber die Frage, ob Sie dadurch die Welt ändern oder nicht, ist zweitrangig. Sie bewirken auf jeden Fall etwas überaus Positives: Sie ändern Ihr eigenes Leben. Und das allein ist jede Anstrengung wert.»

Warum ist der Umgang mit den eigenen Gefühlen so wichtig? Weil im emotionalen Feld eine ganz einfache Regel gilt: *Negative Emotionen belasten und verkürzen das Leben, positive Emotionen beleben und verlängern das Leben.*

Darüber gibt es Untersuchungen und Forschungen, deren Resultate an Deutlichkeit nichts zu wünschen lassen. So wurde beispielsweise wiederholt festgestellt:

- Sorgen machen krank.
- Angst frisst die Seele auf und verursacht auf der körperlichen Ebene Krebs.
- Stress bewirkt Bluthochdruck, was zu einer deutlichen Verkürzung der Lebenserwartung führt.
- Wer sich mit dem Ellbogen durchsetzt, verbraucht unnötig viel Energie und verkürzt ebenfalls seine Lebenserwartung.

«Sie meinen also, wir sollten lernen, unsere Gefühle zu steuern, statt sie einfach passiv über uns ergehen zu lassen?», fragte Veronika skeptisch.

«Ja, unbedingt. Überlegen Sie doch einmal: Wäre es nicht schön, wenn Sie statt Angst Freude erleben könnten?»

«Schön wäre es, ja. Aber auch unerreichbar. Jeder hat doch, wenn er ehrlich ist, vor irgendwas Angst. Und jeder hat Stress. Und jeder hat Sorgen. Denken Sie nur ans Geld, das nie reicht. Ich meine, Sorgen und Nöte sind so weit verbreitet, da kann ich mir einfach nicht vorstellen, dass man sie so ohne weiteres vergessen kann. Das ist doch reine Illusion.»

«Es geht nicht ums Vergessen, sondern ums Überwinden. Und: Niemand wird behaupten, Italienisch sei einfach. Man muss es lernen, wie den Umgang mit den Emotionen.»

Gefühle zum Anfassen

Was Gefühle sind und wie umfassend sie unseren Alltag beeinflussen, zeigen die folgenden Klassifizierungen:[*]

Einteilung nach Art der Gefühle

Jedes Gefühl löst entweder ein angenehmes oder ein unangenehmens Empfinden aus. Entsprechend lassen sich Gefühle einteilen.

Positive Gefühle (Lustgefühle)	Negative Gefühle (Unlustgefühle)
z. B. Freude, Liebe, Behaglichkeit, Entzücken, Herzlichkeit, Innigkeit, Wärme usw.	z. B. Angst, Ärger, Trauer, Horror, Phobie, Schreck, Beklemmung, Grausen, Kummer usw

Einteilung nach Intensität des Empfindens

Nicht jedes Gefühl wird gleich stark empfunden. Aus einer leichten, flüchtigen Empfindung kann ein wahrer Gefühlsausbruch entstehen.

Ausgangsgefühl	Steigerung 1	Steigerung 2	Steigerung 3
Zuneigung	Sympathie	Verliebtheit	Liebe, Begierde
leichte Verstimmung	Kummer	tiefe Trauer	seelischer Schmerz

[*] Teile dieser Aufstellungen sind dem Bertelsmann-Lexikon der Psychologie entnommen oder nachempfunden.

Ausgangsgefühl	Steigerung 1	Steigerung 2	Steigerung 3
Abneigung (Person)	Feindschaft	Hass	Mordgedanken
Abneigung (Nahrung)	Unappetitlichkeit	Ekel	Erbrechen
Zufriedenheit	Interesse	Überraschung	helle Begeisterung
Zurückhaltung	Schüchternheit	Angst	Panik

Einteilung nach der Ursache

Gefühle werden oft durch Ereignisse o. ä. ausgelöst. Unsere emotionale Reaktion auf ein bestimmtes Ereignis folgt nicht selten fest gefügten, überlieferten Schemata, beispielsweise:

Ursache	Löst meist folgende Gefühle aus
Todesfall	Trauer, depressive Anwandlung, Antriebsverlust, Einsamkeit, Gefühle der Verlassenheit, Trostlosigkeit
Geburtstag	Freude, Feiertagsstimmung, Nachdenklichkeit über die eigene Vergänglichkeit
Hochzeit	Lebenslust, rosarote Zukunftsträume
Anschaffung	Besitzerstolz, Selbstwertgefühl
Kündigung	Wut, Existenzangst
Wirtschaftskrise	Pessimismus, Existenzangst, passives Verhalten, Sparsamkeit

Ursache	Löst meist folgende Gefühle aus
Krankheit	Schmerz, Hilflosigkeit, Einsamkeit, Verzweiflung, Todesangst
Rüge	Trotz, Ärger, Wut, Selbstmitleid, Resignation, Minderwertigkeitsgefühl, Ekel vor sich selbst (oder Einsicht)

Einteilung nach Wirkung

Jedes Gefühl ruft Reaktionen hervor. Die Reaktionen werden immer ausgelöst, selbst dann, wenn wir sie nicht bewusst wahrnehmen.

Gefühl	Wirkung
Freude	Lachen, Bewegungsdrang, positive Lebenssicht
Trauer	Appetitlosigkeit, Schlaflosigkeit, Niedergeschlagenheit, Passivität, Interesselosigkeit, Frustration, Pessimismus, psychosomatische Krankheiten
Angst	Zittern, Schwitzen, Herzrasen, tiefe Beunruhigung, Zerfahrenheit, Denkblockaden, Flucht, psychosomatische Krankheiten
Ärger	Muskelverkrampfung, rotes Gesicht, Drohgebärden, innere Verletztheit, impulsive Reaktionen, Rachegefühle, Racheakte, psychosomatische Krankheiten
Stress	Anspannung, Muskelverkrampfung, Lähmung des vegetativen Nervensystems, Ausschaltung des Denkvermögens, psychosomatische Krankheiten

Einteilung nach Erregungszustand
(Anspannung und Entspannung)

Reaktionen können grob in zwei Gruppen eingeteilt werden, nämlich *Anspannung* und *Entspannung*.

Anspannung, Erregung	Entspannung, Beruhigung, Lösung
Last, Mühe, Empörung, Wut, Stress, Ärger, Hass, Hand zur Faust ballen, mit den Zähnen knirschen usw.	Ruhe, Ausgeglichenheit, Gelöstheit, Gelassenheit, die Seele baumeln lassen, Natürlichkeit, Harmonie usw.

Einteilung nach Hass und Liebe

Eine ganze andere Art, Gefühle zu sehen, ist, sie in die zwei Haupt-Ausdrucksweisen «Anziehen» und «Abstoßen» zu unterteilen. Alle unsere Gefühle, so diese Sichtweise, basieren auf dieser Zweiteilung. Die beiden großen Ausdrucksweisen Liebe und Hass können in je drei Richtungen weiter aufgegliedert werden:

anziehend = Liebe	abstoßend = Hass/Ablehnung
• Wunsch zu besitzen • das Bestreben, in Berührung zu kommen • erhaltende und integrierende Kraft • Freude bereitend	• Unlust hervorrufend • auseinander treiben • zerstörende und desintegrierende Kraft • unglücklich machend

Liebe, die herabblickt:	Liebe, die aufblickt:	Liebe unter Gleichen:	Hass, der herabblickt:	Hass, der aufblickt:	Hass unter Gleichen:
· Wohlwollen · Güte · Huld	· Verehrung · Ehrfurcht · Ehrerbietung	· Zärtlichkeit · Achtung · Rücksichtnahme · der Wunsch zu gefallen · Großherzigkeit	· Verachtung · Demütigung · Nichtanerkennung	· Furcht · Angst · Kleinmut	· Zorn · Streitsucht · Geringschätzung · Heftigkeit · Schadenfreude · Eifersucht · Trotz

Allen Stufen gemeinsam:	Allen Stufen gemeinsam:
Mitgefühl Selbstopfer Der Wunsch zu geben	Selbstsucht Egoismus Der Wunsch zu nehmen
Sympathie	Antipathie
Die Liebe stammt aus dem Geist.	Der Hass stammt aus der Materie.

Einteilung nach homöostatischen Trieben

Die Homöostase ist die Regelung der inneren Abläufe, also die Aufrechterhaltung und Sicherung des inneren Milieus, z. B. der Körpertemperatur, des pH-Wertes, des Wasser- und Elektrolythaushalts, des Hormonhaushalts usw.

Typische homöostatische Triebe sind beispielsweise das Hunger- und Durstgefühl, das Schlafbedürfnis, die sexuelle Lust und der Bewegungsdrang.

Überbordende, fehlgeleitete Gefühle

Gefühle können überborden oder vollständig außer Kontrolle geraten. Solche Gefühlsstörungen entstehen bei

- emotionalen Überreaktionen
- Fehleinschätzungen der Situation
- Einengung der eigenen Sicht
- Verzerrung der Wahrnehmung
- Realitätsflucht
- (Denk-)Blockaden

Ausgangslage	Steigerung 1	Steigerung 2	Steigerung 3
Unrealistische Freude	Euphorie	Manie	Selbstüberschätzung
Unrealistische, übertriebene oder nicht erwiderte Liebe	Fixierung auf einen Menschen	Quälende Leidenschaft	Eifersucht
Unrealistische Trauer	Verstärkte Verlustgefühle	Depression	Selbstmord
Angst	Angststörungen	Phobien wie z. B. Tunnelangst, Liftangst, Hypochondrie usw.	Allgemeine Angstneurose
Ärger	Ständige Gereiztheit	Paranoia	Gewaltausbrüche

Dass nicht alle negativen Gefühle zu Selbstmord, Paranoia oder tiefer Depression führen, verhindert im Normalfall unser gesunder Selbsterhaltungstrieb. Etwas anderes vermag er allerdings meistens nicht zu vermeiden: Negative Gefühle sind eine gut ausgebaute Schnellstraße zu psychosomatischen Leiden. Fachärzte schätzen, dass heute zwischen siebzig und neunzig Prozent aller Krankheiten auf psychische Ursachen zurückzuführen sind. Allein das ist Grund genug, sich intensiv mit der eigenen Gefühlswelt zu befassen.

Die Frage, wie Krankheiten und Gefühle zusammenhängen, ist so alt wie die Menschheit. Eine Liste solcher Verbindungen finden Sie in Anhang 9, «Zusammenhänge zwischen Gefühlen und Krankheiten».

Der Gefühlsspiegel

Die österreichische Psychologin und Schriftstellerin Annina Musil, Stieftochter von Robert Musil, hat in einer umfassenden Emotionsskala die unterschiedlichen Gefühlszustände aufgelistet. Gedacht war diese Skala als Möglichkeit der Selbsterkenntnis. Musil wollte aber noch etwas erreichen. Sie versuchte, die Menschen anzuspornen, die weniger empfehlenswerten Gefühlsebenen hinter sich zu lassen und sie gegen «edlere» und erstrebenswertere einzutauschen. Offenbar ist ihr das nicht gelungen, denn sie wurde stark angefeindet und wanderte schließlich in die USA aus. Die Menschen haben ihre Skala nicht als Aufforderung zum Nachdenken verwendet, sondern sie als Beleidigung aufgefasst. Schade.

Ich weiß, dass Sie es besser machen. Sie sehen sich diesen Emotionsspiegel vorurteilslos an. Dann hilft er Ihnen, Klarheit darüber zu erhalten, welche Gefühlslage Sie hinter sich lassen und was Sie anstreben möchten.

Emotionsskala nach Musil

Stufe	gelebte Emotion/emotionale Reife
15	**Enthusiasmus.** Frohsinn, Beschwingtheit, Aufgeschlossenheit, Flexibilität. Der lachende Sieger.
14	**Interesse.** Vergnügen, aktiv beteiligt an allem Positiven, liebesfähig, großzügig ohne Verschwendung. Toleranz.
13	**Konservatismus.** Zufriedenheit, geht konform, meidet das Außergewöhnliche, lehnt jede Änderung ab, unproblematisch.
12	**Langeweile.** Zuschauer, die ganze Welt ist seine Bühne, weder zufrieden noch unzufrieden. Nimmt die Dinge, wie sie sind. Ziellos und sorglos, löscht keine Lampen aus, zündet aber auch keine an. Unbeteiligter Fernsehzuschauer.
11	**Antagonismus** (Widerspruchsgeist). Muss unbedingt debattieren, unverblümt, ehrlich, aber taktlos. Schlechter Verlierer.
10	**Schmerz.** Empfindlich, reizbar, unkonzentriert. Wütet gegen Dinge, die ihm Schmerzen verursachen oder verursacht haben.
9	**Zorn.** Chronisch aggressiv und aufbrausend. Beschuldigt alle Welt. Ewig nachtragend, bedroht andere, besteht auf Gehorsam.
8	**Gefühllosigkeit.** Eisberg. Unterdrückt heftigen Zorn, grausam. Still, findig, frostige Höflichkeit.
7	**Versteckte Feindseligkeit.** Freundlicher Heuchler, Schwätzer, Schauspieler, witzelt auf Kosten anderer, lacht nervös, grinst.
6	**Furcht.** Feige, ängstlich, sorgenvoll, argwöhnisch. In seiner Unentschlossenheit gefangen, sucht ihr aber zu entrinnen.
5	**Mitleid.** Hat das zwanghafte Bedürfnis der Übereinstimmung mit anderen. Fürchtet, sich und anderen weh zu tun. Kümmert sich um alle, denen es dreckig geht. Hin und her gerissen zwischen selbstgefälliger Fürsorglichkeit und Tränenflut.

Stufe	gelebte Emotion/emotionale Reife
4	**Sich um Gunst bemühen.** Beschwichtigt gern. Möchte es jedem recht machen. Verteilt Gunstbeweise, um sich selbst vor schädlichen Folgen zu bewahren.
3	**Gram/Traurigkeit.** Jammerer. Klammert sich an alte Erinnerungen und sammelt Kümmernisse. Weiß alles Schlechte der letzten 1000 Jahre. Fühlt sich dauernd betrogen. Alles verursacht ihm Pein.
2	**Wiedergutmacher.** Der ständige Ja-Sager. Will alles tun, um Mitgefühl oder Hilfe zu erlangen. Ist anderen blind ergeben.
1	**Apathie.** Aufgegeben und abgeschaltet. Selbstmordkandidat. Rauschgiftsüchtiger, Alkoholiker, Spieler, Fatalist. Tut vielleicht so, als hätte er «den Frieden gefunden».

Wenn Sie die Liste durchsehen, werden Sie vermutlich einige Stufen finden, die Sie anders einteilen oder platzieren würden. Tun Sie es ruhig. Das Ziel ist, die eigene höchste Stufe zu finden, um sie mit allen Kräften anzusteuern. Das muss nicht unbedingt Nr. 15 sein.

Die eigene Persönlichkeit entwickeln

In der Psychologie gibt es eine ganze Reihe von Verfahren, um die Persönlichkeitsstruktur eines Menschen zu analysieren und darzustellen. Da sich seelische Vorgänge aber nicht beobachten lassen, bleiben die Erkenntnisse dieser Methoden letztlich Behauptungen oder Annahmen. Trotzdem ist es wichtig, sich selbst besser kennen zu lernen. Wie können wir lernen, mit unseren Gefühlen umzugehen, wenn wir sie nicht kennen? Wir alle möchten als Persönlichkeit angesprochen werden. Also ist es unabdingbar, an dieser Persönlichkeit zu arbeiten. Viele Erkenntnisse über uns können wir Beobachtungen im Alltag entnehmen. Etwa, indem wir uns bewusst machen, wie andere Menschen auf uns reagieren. Reaktionen sind wie ein Spiegel des eigenen Ichs.

Eine weit verbreitete Methode, die Persönlichkeit des Menschen darzustellen, entwickelte der Psychologe Hans Jürgen Eiseneck. Er arbeitete mit faktorenanalytischen Fragebögen und beschrieb die Persönlichkeit nach den Dimensionen extravertiert – introvertiert und stabil – instabil.

launisch **labil** empfindlich	
ängstlich	unruhig
rigide	aggressiv
bedrückt	reizbar
pessimistisch	wechselhaft
zurückhaltend	impulsiv
ungesellig	optimistisch
schweigsam	aktiv
introvertiert	**extrovertiert**
passiv	gesellig
sorgsam	aus sich
nachdenklich	herausgehend
friedlich	gesprächig
beherrscht	teilnehmend
zuverlässig	lässig
ausgeglichen	lebhaft
	sorglos
ruhig **stabil** tonangebend	

Persönlichkeitsbeschreibung nach H. J. Eiseneck.

Wichtig ist zu wissen, dass solche Darstellungen die eigene Persönlichkeit nicht genau und vor allem niemals abschließend darstellen. Unser Wesen ist keine einmal hergestellte, fertige, unveränderbare Schablone. Deshalb haben wir die Möglichkeit, die eigene Persönlichkeitsstruktur zu entwickeln. Und das ist genau das, was Hippokrates anstrebte.

«Die eigene Persönlichkeit ändern? Das erscheint mir sehr unwahrscheinlich!», rief Theobald. «Wir kennen doch alle den Vertretertyp. Er quasselt ununterbrochen, ist felsenfest von sich überzeugt, prahlt und fühlt sich als Sieger, selbst wenn ihn alle Welt zusammenstaucht. Daneben gibt es den typischen Duckmäuser, die graue Maus, den Buchhalter. Solche eindeutigen Persönlichkeitsstrukturen kann man nicht verändern.»

«Wir leben in einer Zeit, in der das Extrovertierte oft mehr gilt als das Introvertierte. Aber wenn wir beide Wesenszüge neutral beobachten, kann man den Extrovertierten keine sehr guten Noten geben. Sind sie nicht prahlerisch, oberflächlich, egoistisch-rüpelhaft?»

«Mag ja gelegentlich sein, aber wir brauchen solche Menschen. Sie bringen uns weiter.»

«Mit ihrer Oberflächlichkeit und Überheblichkeit stoßen sie mehr Menschen ab, als sie anziehen. Sie sind gut für das schnelle Geld. Aber würden Sie eine Firma aufbauen mit solchen Menschen? Lieben Sie einen Vertreter, der erst geht, wenn er einen Vertrag abgeschlossen hat?»

«Ok, einige mögen übertreiben. Aber Duckmäuser bringen uns auch nicht weiter.»

«Ich stimme zu. Ein Introvertierter kann zwar gut nachdenken, aber seine Meinung schlecht ausdrücken. Ein Extrovertierter dagegen spricht oft, bevor er denkt. Beide sollten dringend an sich arbeiten.»

Ich erinnere mich an Werner, einen Schulkollegen. In der Schule wurde er als introvertiert bezeichnet. Wohl auch deshalb wurde er Buchhalter. Doch in diesem Beruf fühlte er sich seit Jahren unwohl und missverstanden. Er brauchte Jahre, aber schließlich wagte er es, eine neue Stelle zu suchen. Irgendwann hatte er eine in Aussicht, doch sie war mit einem Lehrauftrag an einer höheren Fachschule verbunden. Er überlegte lange, ob er sich trauen würde, als stille, introvertierte Person vor ein großes, fachkundiges Publikum zu treten und sein Wissen unter Beweis zu stellen. Er kam zu mir und sagte: «Weißt du, auf der einen Seite reizt es mich schon, aber ich traue mich nicht so recht.»

«Hör auf dein Herz», sagte ich.

Er nahm die Stelle an. Gleichzeitig besuchte er regelmäßig Workshops. Drei Jahre später war aus dem kleinen, stillen Buchhalter ein begeisternder Redner geworden. Seine Studenten liebten ihn, denn er präsentierte den knochentrockenen Buchhaltungsstoff lebendig, anschaulich, begeisternd. Werner wurde ein gesuchter Referent und lebte zusehends auf. Er strahlte, genoss die Popularität und war glücklich.

Eine Einteilung der Menschen in Kategorien ist immer problematisch. Erstens ist sie unvollständig, und zweitens berücksichtigt sie das Entwicklungspotenzial nicht. Und damit sind wir bei einem großen Dilemma. Leider leben wir in einer Zeit, in der alles und jedes fein säuberlich etikettiert und «schubladisiert» wird. Dieser Klassifizierungswahn ist ein großer Nachteil unserer Zivilisation. Wir wissen alles, kennen alles und stehen jetzt mit Archiven voller fest zementiertem Wissen und erstarrtem Können da. Denken Sie beispielsweise an die Krebsbehandlung. Die Wissenschaft hat sich auf Operationen und Bestrahlung eingeschossen. Ist diese Behandlung nicht eine Tragödie für jeden, der sie erdulden muss? Trotzdem beharrt man auf dieser Behandlungsmethode als der «einzig richtigen», weil wissenschaftlich anerkannten. Daran zu rütteln, ist frevelhaft. Die wenigen, die versuchen, Krebs mit alternativen Methoden zu bekämpfen, werden ausgelacht und bisweilen sogar verfolgt. Dass sie oft erfolgreich sind, wird offiziell nicht zur Kenntnis genommen oder bestritten.

Drei Stufen für den Umgang mit Gefühlen

Ziel emotioneller Arbeit ist es, Angst, Wut, Sorgen, Hass, depressive Anwandlungen, Gleichgültigkeit usw. hinter sich zu lassen und sie durch Freude, Ausgeglichenheit, Zufriedenheit, Interesse und tiefe innere Ruhe zu ersetzen. Das erreichen Sie einfacher und schneller, wenn Sie planmäßig vorgehen.

Stufe 1: Machen Sie sich Ihre Gefühle bewusst

Wir sind es so gewohnt, unsere Gefühle zu verleugnen, zu unterdrücken oder beiseite zu schieben, dass wir sie oft nicht mehr bewusst wahrnehmen. Bei einem Lob oder einem Geschenk senken wir beschämt den Kopf und sagen: «Das wäre nicht nötig gewesen», statt uns offen und natürlich darüber zu freuen.

Bei negativen Gefühlen verhalten wir uns anders. Wir fressen die Wut in uns hinein oder machen ihr Luft, poltern, fluchen und rasten aus.

In dieser ersten Stufe geht es nicht darum, das eigene Verhalten zu ändern. Vielmehr beobachten wir uns selbst, als würden wir einen Fremden analysieren. Führen Sie Tagebuch darüber, wann Sie was gefühlt und wie Sie darauf reagiert haben. Jedes noch so banale Ereignis im Alltag löst Emotionen aus, auf die wir meist unbewusst reagieren. Nehmen Sie sich Zeit, und beobachten Sie sich Schritt für Schritt.

Ein Beispiel: Sie halten an der Tankstelle. Ein Auto steht verlassen vor Ihnen an der Zapfsäule. Sie warten. Niemand kommt. Sie werden ungeduldig. Hinter Ihnen stauen sich die Autos. Einer hupt. Sie fuchteln mit den Händen. Sie sehen zur Kasse. Dort steht eine junge, kesse Blondine und schäkert mit dem Tankwart. Ein zweiter Mann kommt mit einer Tasse Kaffee dazu.

Beobachten Sie sich und alle Emotionen, die in dieser einfachen Szene eine Rolle spielen. Während Sie und die anderen Autofahrer die Geduld verlieren, spielen an der Kasse die Geigen. Achten sie auf Ihre Gefühle. Werden Sie wütend, weil Sie warten müssen, oder gönnen Sie dem jungen Mädchen diesen kurzen Augenblick der Koketterie?

Es geht in dieser ersten Stufe auch nicht darum, Ihre Gefühle zu bewerten. Sie stellen lediglich fest, dass der Alltag aus einer ununterbrochenen Kette von sehr unterschiedlichen, oft rasch wechselnden Gefühlen besteht. Außerdem erkennen Sie, dass sie meist unbewusst ablaufen. Erst wenn Sie sich bewusst gemacht haben, dass Sie Emotionen haben und dass diese Gefühle Ihren Alltag beeinflussen, können Sie beginnen, Ihre Empfindungen zu steuern.

Stufe 2: Was bewirkt unser Verhalten?

Jetzt beginnen Sie, Ihre Reaktionen zu bewerten. Nein, Sie bewerten nicht Ihre *Gefühle*, sondern Sie beobachten, was sie bewirken. In unserem Beispiel merken Sie, dass Sie langsam nervös werden, sich von der Ungeduld der hinter Ihnen Wartenden anstecken lassen und dadurch immer gehässiger und zorniger werden. Beobachten Sie nun, was diese Gefühle bei Ihnen bewirken. Ist es nicht so, dass Ihr Blutdruck steigt, der Kopf rot wird, die Magenmuskeln sich verhärten, der Atem oberflächlich und kurz wird und Sie die Fäuste ballen? Sie verkrampfen körperlich, strengen Ihr Herz übermäßig an und blockieren Ihre Verdauung.

Wenn Sie das erkannt haben, stellen Sie sich folgende Fragen:

- Lösen Sie das Problem damit bzw. verkürzen Sie so die Wartezeit?
- Kommen Sie so schneller zu Ihrem Benzin?
- Lernen die junge Frau und die Herren etwas daraus?
- Hilft Ihre Wut den Autofahrern hinter Ihnen?
- Trägt Ihr Zorn dazu bei, zukünftig Wartezeiten zu vermeiden?

Wenn Sie alle diese Fragen mit Nein beantwortet haben, kommt die wichtigste Frage:

- Wem schadet dieses Verhalten – Ihnen oder der jungen Frau?

Wenn Sie mit Ärger und Wut ganz offensichtlich nicht mehr erreichen, als den eigenen Herzinfarkt zu beschleunigen, warum sollen Sie sich dann ärgern? Mit dieser Einsicht können Sie zukünftig gut argumentieren, etwa indem Sie sich in ähnlichen Situationen sagen: Ärger bringt nichts, außer Gesundheitsschäden.

Diese rationale Argumentation ist ein guter Schritt vorwärts. Leider hilft sie nicht immer. In vielen ähnlichen Situationen reagieren wir reflexartig aus dem Kleinhirn heraus. Bis unser Verstand nachgedacht und sich bewusst gemacht hat, dass die Reaktion eigentlich gesundheitsschädigend ist, ist der Schaden längst angerichtet.

Stufe 3: Ruhetönung

Im autogenen Training wird die so genannte «Ruhetönung» eingeübt. Der ganze Organismus – Muskeln, Adern, Herz, Atem usw. – wird auf Ruhe eingeschworen. Die Ruhe wird zur zweiten Natur und so normal, dass es in Zukunft erheblich mehr braucht als ein schäkerndes Mädchen, damit Sie aus der Haut fahren. Ein frühreifer Teenie bringt Sie nicht auf die Palme.

An sich ist diese Ruhe etwas ganz Natürliches. In der Schöpfung besteht zwischen Anspannung und Entspannung ein ausgeglichenes Verhältnis – denken Sie nur an Tag und Nacht, Ebbe und Flut, Sommer und Winter, Sturm und Flaute. Leider sind uns die Elemente Entspannung und Ruhe auf unserem Weg durch Schule, Berufsausbildung, Stress, Hektik, Anspannung, Alltagsbelastung usw. völlig verloren gegangen. Unsere Nerven liegen blank. Beim kleinsten Anlass sprühen wir Funken. Im Umgang mit anderen Menschen erwarten wir, wie rohe Eier behandelt zu werden. Wir sind hochsensibel, zerbrechlich, unberechenbar, explosiv oder nahe am Wasser gebaut. Auf der anderen Seite sind wir oft Weltmeister im Austeilen.

Ganz offensichtlich macht unser Lebensstil, der uns auf Leistung drillt, krank. Wir beweisen uns Tag für Tag, setzen uns durch – und erreichen nichts weiter als Herzinfarkt, Krebs, Rheuma und unheilbare Krankheiten wie z. B. Migräne. Haben Sie gewusst, dass Herzinfarkt eine Erfindung unserer Zeit ist? Der erste Herzinfarkt, so eine offizielle Darstellung, trat 1896 auf! Seither hat sich diese Krankheit zur modernen Seuche entwickelt. Heute sterben in Amerika eine Million Menschen an Herzinfarkt. Jedes Jahr! Völlig sinnlos, denn Herzinfarkte sind unnatürlich und können durch eine konsequente Verhaltensänderung leicht vermieden werden.

«Sie meinen also», sagte Hannelore und lächelte etwas herablassend, «wir Menschen sollen einfach nur da sitzen und uns ausruhen, dann haben wir auch keinen Herzinfarkt mehr.»

«Nein, natürlich nicht.»

«Aber Sie sagten doch gerade, uns fehlt die Ruhe.»

«Richtig. Und zwar die Ruhe als Ausgleich zur Leistung. Wir Menschen sind gebaut für Leistung. Nur verwechseln wir heute die Leistung mit Dauerleistung, d. h. uns fehlt das Element des Ausgleichs, eben die Ruhe. Dauernde Anspannung im Sinne von Stress, Hektik, Zerstreuung usw. ist eine Überforderung.»

«Höre ich da Zerstreuung? Zerstreuung ist doch Ruhe!»

«Ist sie leider schon lange nicht mehr. Ein TV-Krimi regt auf, Sport ist meist gleich Leistung oder Kampf. Von Spass, Spiel, Entspannung und Ruhe ist da leider wenig oder gar nichts zu spüren.»

«Wie soll das gehen, Leistung aus der Ruhe heraus?»

«In der Hektik können Sie keinen klaren Gedanken fassen. Sie erkennen Prioritäten schlecht, Sie können sich nicht auf ein Problem konzentrieren. Sie sind fahrig, beginnen tausend Dinge gleichzeitig und bringen nichts zu Ende. Sie stehen unter ständigem Druck, und je mehr Sie sich verkrampfen und bemühen, umso weniger gelingt es Ihnen. Wenn Sie aus einer Position der Ruhe heraus agieren, dann erledigen Sie einen Punkt nach dem anderen, konzentrieren sich ganz auf das jeweilige Problem, machen eine kurze Pause und gehen die nächste Aufgabe an. So schaffen Sie in der gleichen Zeit ein Mehrfaches von dem, was Sie in Hast, Betriebsamkeit und Unruhe erledigen könnten.»

Der Gefühlsgarten

Im Ordnungsprinzip Nr. 1 verlangt Hippokrates, dass wir unsere Gefühle beherrschen. Er meint damit auch, niedere Gefühle gar nicht erst aufkommen zu lassen.

Überlegen wir für einen Augenblick, woher die Gefühle eigentlich kommen. Auch wenn sie oft nach einem gewissen Schema ablaufen oder sich an der Umwelt orientieren, so steigen sie doch ursprünglich aus dem tiefsten Innern auf. Und von da nehmen sie einiges mit: Farbe, Geruch, Tönung, Wärme, Kälte, Atmosphäre, Stimmung, Kraft, Schnelligkeit, Schwingung usw. Wenn Ihr Inneres aufgewühlt ist, dann sind es auch Ihre Gefühle. Wenn Ihr Inneres unzufrieden ist, dann sind es auch Ihre Gefühle.

Die große Frage lautet also: Wie sieht Ihr Inneres aus? Ist da eine blühende Wiese mit duftenden Rosen oder ein wüster Hinterhof voller Gerümpel?

Gefühlsarbeit beginnt also immer als Arbeit an und mit der eigenen Persönlichkeit, denn Gefühle sind der Ausdruck der Person. Wie möchten Sie sich vor Ihrer Umwelt präsentieren? Als unzufriedener, explosiver Tyrann oder als ruhiger, besonnener Mann? Als launische Mimose oder als fröhliche, lebensbejahende Frau?

Wir alle sehnen uns danach, anerkannt, geliebt und bewundert zu werden. Diese Wünsche entsprechen einem Urbedürfnis jedes Menschen. Sie sind legitim – und mit großer Leichtigkeit zu erreichen. Es gibt nur eine Voraussetzung, damit sie in Erfüllung gehen: Jäten Sie Ihren Garten, entrümpeln Sie Ihren Hinterhof, pflanzen Sie Rosen an, und öffnen Sie die Tore, so weit Sie können.

Mit anderen Worten: Überlassen Sie Ihren inneren Garten nicht länger dem Zufall und den vielen Einflüssen von außen, sondern beginnen Sie, ihn gezielt zu bewirtschaften. Heben Sie die Steine auf, graben Sie die Erde um, säen Sie ganz bewusst das, was sie ernten möchten. Üppige Wildblumen, duftende Rosen, prachtvolle Oleander, kunstvolle Lilien, starke Eichen … Es ist Ihr Garten. Gefühle steigen aus den Tiefen auf. Aus diesem Grund ist es wichtig, den Boden, auf dem sie wachsen, zu pflegen. Werden Sie aktiv!

Natürlich können Sie Profis hinzuziehen. Ich habe nichts gegen Psychologen, Theologen, Soziologen und die vielen anderen Berater und Helfer. Sehen Sie aber zu, dass die Ihren «Garten» so gestalten, wie Sie es gerne möchten. *Sie* sollen sich darin wohl fühlen. Starre, aufgezwungene Dogmen oder Religionen helfen da nicht. Hüten Sie sich also davor, irgendeinem Guru – gleich welcher Couleur – Macht über Sie zu geben. Ihr Innerstes gehört allein Ihnen. Wehren Sie sich gegen jede Beeinflussung von außen! Dazu gehört jede Art von Indoktrination, seien es Fernsehen, Zeitungen, Nachrichten, Wissenschaft, religiöse Lehren, gesellschaftliche Usancen, Traditionen, politische Thesen usw. Sie sind nur sich und Ihrem Gewissen Rechenschaft schuldig.

Vergessen Sie allerdings nicht, Ihren «Garten» für Besucher zu öffnen. Wenn er einmal Form angenommen hat und zu blühen beginnt, dann heißen Sie all jene willkommen, denen Sie etwas Gutes tun möchten.

Wenn Sie sich weiter mit Ihrem inneren Garten befassen möchten, finden Sie in Anhang 10 eine Anleitung für eine kleine Reise durch diesen Garten und in Anhang 11 eine Wanderung zum Berg-Regenbogen.

Stress – die älteste Fremdsprache der Menschheit

Stress ist ein wahres Sammelsurium an Verhaltensweisen, Gefühlen und deren Folgeerscheinungen. Er verursacht Nervosität, Sorgen und Angst und führt zu Muskelverspannung, zu hohem Blutdruck und Herzstolpern. Bei Stress schüttet der Körper Adrenalin aus, pumpt die Muskeln voll auf, beschleunigt den Herzschlag, legt Druck auf die Adern und schaltet die Verdauung, die Gefühle und das Denken ab.

Zwar gibt es Beruhigungsmittel, aber die meisten Menschen

stehen Stress verhältnismäßig hilflos gegenüber. Anders als bei Kopfschmerzen gibt es gegen Stress auch keine Medikamente. Stress ist in diesem Sinne eine Aufforderung, selbst aktiv zu werden. So lange man nichts unternimmt, ist und bleibt Stress wie eine Fremdsprache. Als würden Sie nach Peking versetzt, ohne die Schrift und Sprache zu verstehen.

Manche Menschen sehen Stress zwar als elitäres Statussymbol an, aber für die meisten ist er nicht nur eine Belastung, sondern Geißel und Qual. Sie würden diesen Krankmacher liebend gerne los werden. Es gibt allerdings auch positiven Stress, die Anregung. Ohne sie wäre unser Leben mehr als fade, und die Langeweile würde wiederum zu belastendem Stress. Die große Kunst besteht also darin, den negativen, belastenden Stress in positive Anregung umzumünzen. Gelingt dies, vollbringen wir nicht nur Höchstleistungen, sondern wahre Wunder, und zwar quantitativ und qualitativ, im Sinne von Einfallsreichtum und Innovation.

Wie weit Stress heute verbreitet ist, zeigt die Tatsache, dass selbst Ärzte ihn als Krankmacher Nummer eins unserer Zivilisation vermuten. Damit haben Sie einen wichtigen weiteren Grund dafür, an und mit Ihren Gefühlen zu arbeiten. Sollten Sie das bis jetzt als wertlose Gefühlsduselei angesehen haben, möchte ich noch einmal betonen, dass es um sehr viel mehr geht. Ihre Gesundheit steht auf dem Spiel. Es geht buchstäblich ums Überleben!

Stress löst, wie wir wissen, Reaktionen aus, die sowohl den Körper als auch Seele und Geist betreffen. Das zeigt, dass zu seiner Bewältigung ganzheitliche Methoden notwendig sind. Methoden also, die die Muskeln lösen, das Herz beruhigen, die Gefühle harmonisieren und – nicht ganz unwichtig – das Denkvermögen wieder in Betrieb bringen oder schärfen.

Dass nicht nur unsere Generation unter Stress leidet, zeigt ein Blick in die Geschichtsbücher. Von großen Feldherren wie z. B. Karl dem Großen wissen wir, dass er spezielle Stressbewältigungstechniken erforschen ließ. Je nach Charakter mussten seine Krieger Pflichtprogramme in Bogenschießen, Boxen, Laufen usw. absolvieren. So beugte er z. B. dem Belagerungskoller vor.

Körperliche Betätigung, sei es Laufen, Radfahren, Fechten oder

was auch immer, ist auch heute noch ein probates Mittel, Stress abzu-
arbeiten. Aber da sind zwei Punkte:

1. Wer hat in unserer Zivilisation Zeit und die Möglichkeit, nach
   jedem Ärger ausgiebig zu joggen?
2. Wer geht dafür in einen Wald, wo die Vögel zwitschern, das Bächlein rauscht, die Sonne durch die Äste bricht, das Reh friedlich äst?
   Wer lässt die Atmosphäre auf sich wirken, damit sich die Gefühle
   harmonisieren und der Kopf klar wird?

Untersuchen wir die möglichen Stressbewältigungsmethoden unter
dem ganzheitlichen Gesichtspunkt:

Technik	Kurzbeschreibung	Kommentar
Arbeit mit dem Körper	Intensives Körpertraining wie z. B. Boxen, Joggen, Radfahren, Schwimmen	Körperliche Stressablagerungen wie z. B. Muskelverschlackung können gut abgearbeitet werden. Mentale Erholung erfolgt gleichzeitig, sofern das Körpertraining in angenehmer Umgebung (freie Natur, Wald, Meer) ausgeführt wird. Sehr zeitintensiv (30–60 Minuten!) Setzt körperliche Fitness voraus. Bei einmaliger Anwendung besteht Gefahr von Überbelastung, Muskelkater usw.
Fernöstliche Praktiken wie z. B. Yoga	Ganzheitliche Techniken, die Körper, Seele und Geist gleichzeitig ansprechen	Verschiedene Techniken wie Yoga, Taiji, Rolfing usw. Sehr positive Wirkung. Sowohl als Prävention als auch als Training. Abhängig von der Methode langer Lernprozess und sehr zeitintensive Anwendung. Guter Kompromiss in Bezug auf Lernzeit, Anwendungszeit und Erfolg: die Fünf »Tibeter« (s. Anhang 1).

Technik	Kurzbeschreibung	Kommentar
Auto-genes Training (AT)	Konzentrative Selbstentspannung. Sich selbst in Ruhe versetzen.	Autosuggestiver Auftrag an Muskeln, Gefäße, Herz, Atmung, Verdauung und Kopf, sich zu entspannen. Keine aktive Muskeltätigkeit.
Atem-therapien	Durch den Atem werden Körper, Seele und Geist aktiv beeinflusst.	Große Vielfalt an Methoden. Sauerstoff klärt die Lebensgeister, erhöht das Denkvermögen, fördert Verdauung. Je nach Methode außer Atemmuskulatur keine aktive Muskeltätigkeit.
Positives Denken (im AT: individuelle Vorsatz-bildung)	Positive Sätze werden immer und immer wieder repetiert.	Setzt konsequente Anwendung und Vermeidung von negativen Gedanken jeder Art voraus. Die Sprache und Logik wird bevorzugt angesprochen, somit nur eine Gehirnhälfte. Zudem geht auch der Körper leer aus. Gute Ergänzung z. B. zu Joggen oder den Fünf »Tibetern«.
Visuali-sierungen	Sich selbst in ein Bild vertiefen. Verschiedene Techniken, z. B. Bild malen oder gestalten (Mandala) oder auch reine Gedankenarbeit.	Setzt konsequente, kontinuierliche Anwendung und Vermeidung negativer Gedankenassoziationen voraus. Die rechte Gehirnhälfte (Bilder) wird bevorzugt angesprochen. Das Sprachzentrum kann durch Bildbeschreibungen mit aktiviert werden. Keine aktive Muskeltätigkeit.
Entspan-nungs-bilder	Durch Worte werden eigene positive Erinnerungen wach.	Verbindung beider Gehirnhälften, Umsetzen der Sprache in eigene Bilder, bewusstes Durchleben eige-

Technik	Kurzbeschreibung	Kommentar
Fantasie-reisen	Empfindungen wachgerufen und durchlebt.	ner positiver Lebensmomente. Alle Sinne können angesprochen werden, insbesondere bei Kombination mit Musik, Gerüchen, Edelsteinen, Bachblüten. Anregung und Harmonisierung der Gefühlswelt. Keine aktive Muskeltätigkeit. Muster von Entspannungsbildern finden Sie in den Anhängen 10 und 11.
Medi-tation	Sich in einen Zustand ruhevoller Wachheit versetzen. Rückbezug auf den Ursprung.	Unterschiedlichste Formen (inhaltlich, öffnend, passiv, aktiv usw.). Althergebrachte Methoden z. B. Zazen und neu entwickelte wie z. B. Body-Scan. Oft keine oder wenig aktive Muskeltätigkeit. Ein Beispiel einer kleinen Meditation finden Sie im nächsten Kapitel.
Psycho-logie	Wissenschaftliche Methoden.	Oft lange Behandlungszeiträume. Abhängigkeit vom Therapeuten. Meist keine aktive Muskeltätigkeit.

Vergegenwärtigen wir uns noch einmal, was zur Stressbewältigung notwendig ist:

- Die Muskeln sollten bewegt, gelockert und entschlackt werden.
- Die Herztätigkeit muss normalisiert, der Kreislauf beruhigt werden.
- Das vegetative Nervensystem muss gelockert, beruhigt, harmonisiert und reaktiviert werden.
- Das Denkvermögen muss aktiviert und geschärft werden.
- Die Gefühle müssen beruhigt, geläutert und harmonisiert werden.

Wenn Sie diesen «Anforderungskatalog» mit den obigen Methoden vergleichen, werden Sie rasch feststellen, dass wohl keine der aufgezeigten Techniken alle Punkte erfüllt. Am besten schneiden noch die fernöstlichen Praktiken ab. Aber sie kosten Zeit. Die löbliche Ausnahme bilden – wieder einmal – die Fünf »Tibeter«. Stress zu bewältigen heißt somit, mehrere Methoden kennen zu lernen und sie im Alltag so zu kombinieren, dass die erhoffte Wirkung eintritt.

Der Atem klärt den Geist

Dass wir lernen können, die eigenen Gedanken zu lenken, ist bei uns im Westen leider viel zu wenig bekannt. Buddhisten üben mit ganz einfachen Methoden, Ihre Gedanken zu beruhigen und zu kontrollieren. Das Erstaunliche daran ist, dass es gar nicht so schwierig ist. Wenn wir uns erst einmal an die Vorstellung gewöhnt haben, dass wir unsere Gedanken lenken können, ist bereits viel gewonnen. Das versuchen wir jetzt einmal. Ziel dieser kleinen Übung ist es, Ablenkungen zu stoppen und den Geist klarer und heller werden zu lassen.

Vorbereitung

Achten Sie auf bequeme und warme Kleidung und einen absolut ruhigen Ort. Sitzen Sie im Lotussitz oder auf einem Stuhl. Entspannen Sie sich so vollständig wie irgend möglich. Kontrollieren Sie Ihre Stirn (keine Runzeln), Ihren Mund (Kiefer ist locker, leicht geöffnet, Zunge ruht gelöst mit der Zungenspitze am oberen Gaumen, Lippen sind lose geschlossen). Lockern Sie Ihren Hals und Ihre Schultern. Halten Sie den Rücken gerade. Wenn Sie Ihren Körper so entspannt haben, dann schließen Sie Ihre Augen sanft und fast ganz, aber ohne Sie zusammenzupressen.

Die Vorstufe zur buddhistischen Meditation

Richten Sie Ihre Aufmerksamkeit auf den Atem. Atmen Sie ruhig durch die Nase, ohne dabei den Atem willentlich zu steuern oder zu kontrollieren. Lassen Sie ihn fließen, und betrachten Sie ihn wie ein Außenstehender. Versuchen Sie, sich die Gefühle, die der Atem hervorruft, bewusst zu machen. Wie fühlt es sich an, wenn die Luft durch die Nase bis tief in den Körper ein- und ausströmt? Konzentrieren Sie sich einzig und allein auf dieses Empfinden, diesen Ablauf des Atmens, und versuchen Sie, nichts anderes mehr wahrzunehmen.

Zuerst ist Ihr Geist aufgewühlt, nervös, fahrig und beschäftigt, und viele Gedanken schießen Ihnen durch den Kopf. Ihnen wird bewusst, wie aktiv, unruhig und angespannt Ihre Gedankenwelt ist. Sie bemerken, dass die Versuchung groß ist, einzelnen Gedanken zu folgen, sobald sie auftauchen. Widerstehen Sie dem Impuls, und richten Sie Ihre volle Aufmerksamkeit auf das Gefühl des Atems. Sobald Sie entdecken, dass der Geist abwandert, lassen Sie diese fremden Gedanken ziehen und kehren zur Beobachtung des Atems zurück. Das wiederholen Sie so oft, wie es notwendig ist, bis der Geist also auf dem Atem verweilt. Versuchen Sie auch nicht, den Atem zu steuern oder zu beeinflussen, sondern beobachten sie lediglich, wie Sie atmen.

Während Sie üben, werden die ablenkenden Gedanken allmählich weniger, und Sie empfinden ein Gefühl von innerem Frieden und Entspannung. Der Geist ist klar und weit, und Sie fühlen sich erfrischt. Verweilen Sie einige Zeit in diesem Geisteszustand der absoluten Ruhe.

Führen Sie diese Übung, die insgesamt etwa drei bis fünf Minuten dauert, täglich durch, und Sie werden rasch feststellen, dass Sie den Zustand der inneren Ruhe und des Friedens im Alltag jederzeit abrufen und nachempfinden können, unabhängig von den Umständen.

Vermeiden Sie Flickwerk

Sie kennen das sicher: Eine Straße wird aufgerissen, die Leitungen werden erneuert. Dann schüttet man das Loch zu und legt einen neuen Belag. Nach kurzer Zeit rückt ein anderer Bautrupp an, die Bohrhämmer dröhnen, der Teer wird wieder aufgerissen, andere Leitungen werden gelegt, das Loch wird geschlossen, ein neuer Belag kommt darauf. Niemand weiß, wie lange es dauert, bis der nächste Bautrupp anrückt. Die Straße mutet an wie ein Flickenteppich.

Genau so sieht es im Leben vieler Menschen aus. Gegen Migräne, Asthma, Heuschnupfen usw. werden Tabletten geschluckt, gegen Angst eine Psychotherapie gemacht. Für Rückenschmerzen geht man zur Massage oder zum Chiropraktiker und bei Trauer zum Pfarrer. Am Schluss ist unser Körper eine ständige Baustelle, die Seele eine wüste Kraterlandschaft und unser Geist ein scheues, abgemagertes und ausgehungertes Reh, das sich tief im Wald versteckt. Kein Wunder, dass viele Menschen depressive Phasen, Alterskrankheiten und einen frühen Tod erleiden!

Alle Welt spricht von Ganzheitlichkeit, aber die Umsetzung erscheint problematisch. Nehmen wir beispielsweise die Beeinflussung unseres «Steuersystems», der endokrinen Drüsen. Forscher haben herausgefunden, dass wir Menschen gut und gerne 140 Jahre alt werden könnten, wenn es gelänge, die endokrinen Drüsen optimal anzuregen. Diese an sich sehr wertvolle Erkenntnis wird leider in der Praxis torpediert, denn statt alle Drüsen harmonisch anzuregen, werden nur einzelne stimuliert. Ein solcher mehr oder weniger willkürlicher Eingriff in ein zusammenhängendes System bringt möglicherweise kurzfristige Teilerfolge, verursacht aber langfristig zwangsläufig Schäden. Wie nahe hier Licht und Schatten beieinander liegen, zeigt die Hormonbehandlung bei Wechseljahresbeschwerden.

Es ist eine statistisch untermauerte Tatsache, dass Frauen eine längere Lebenserwartung haben als Männer. Forscher schreiben diesen Umstand der Tatsache zu, dass die meisten Frauen Hormone einnehmen, um die Beschwerden der Wechseljahre zu überbrücken. Sie argumentieren, dass auch die Männer in die Wechseljahre kämen, bei ihnen aber die entsprechende endokrine Drüse nicht angeregt werde. Deshalb lasse beim Mann die Funktionalität der Drüse rascher nach, was zu einem früheren Tod führe.

Diese Argumentation zeigt das bekannte Reparaturdenken. Eine Drüse lässt erkennbar nach, also wird sie auf Vordermann gebracht. Bei den Frauen verlängert diese Maßnahme sogar das Leben. Welch ein Erfolg! Wenn man bedenkt, dass Frauen eine durchschnittliche Lebenserwartung von rund 79 Jahren haben, unsere biologische Uhr aber 140 Jahre liefe, relativiert sich dieser Erfolg drastisch.

Zumal es für das längere Leben der Frau auch eine natürliche und damit ganzheitliche Erklärung gibt. Aus meiner Sicht werden Frauen heute älter als Männer, weil sie ihre natürliche Bestimmung genauer leben als Männer. Was ist das primäre, natürliche Ziel einer Frau? Kinder zu gebären und sie als Mutter liebevoll zu umsorgen. Wenn eine Frau diese Aufgabe übernimmt, lebt sie ein weit harmonischeres Leben als ein Mann, der sich mit Ellbogen seinen Platz im Leben erkämpft.

Worauf kommt es also an? Auf die Art und Weise, wie das Leben gelebt wird. Auch die Frau erlebt in der Kindererziehung Stress, Angst und Sorgen. Aber sie wird durch diese Spannungen erheblich weniger belastet, weil sie in dieser Tätigkeit eine erfüllende, sinnvolle, natürliche Aufgabe sieht. Und genau das wirkt sich lebensverlängernd aus.

Wenn es also gelänge, statt nur einzelne Drüsen anzuregen, das ganze System zu stützen, zu harmonisieren und zu stärken, könnten wir durchaus länger und gesünder leben. Genau das erkannten die Tibeter, und darauf zielen die Bewegungsabläufe der Fünf »Tibeter« ab – auf die Anregung der Energiepunkte. Und zwar *aller* Energiepunkte. In Indien heißen diese Energiepunkte Chakren.

«Damit sind wir doch bei der Esoterik gelandet!», rief Anita.

«Wenn Sie so wollen, ja. Aber was heißt Esoterik eigentlich? Sie wird oft als ‹geheimes Wissen› bezeichnet. In unserer Zivilisation haben wir sehr viel ‹Geheim›-Wissen. Ein Segler beispielsweise ist für alle Landratten ein Esoteriker, denn er hat Wissen, das andere nicht haben. Jeder Beruf setzt heute ‹Esoterik› bzw. Fachwissen voraus. Dass Esoterik nichts Gefährliches, Geheimes oder Verbotenes ist, kann jeder erfahren, der sich damit befasst. So wie man Berufswissen lernen kann, kann man sich auch esoterisches Wissen erarbeiten. Doch zurück zu den Energiepunkten, den Chakren: Ist es nicht fantastisch, dass wir mit einfachen Bewegungsabläufen, Entspannungsübungen usw. unsere Lebensvorgänge aktiv stimulieren können?»

Fundamente für Gesundheit und Lebenskraft

Eine erste Aufstellung der Chakra-Zusammenhänge folgt unten, zwei weitere, ergänzende Aufstellungen mit Lagen, körperlicher Zuordnung, Hormonen, Grundprinzipien, Mantren, Lauten, Elementen, Lebensthemen usw. finden Sie in den Anhängen 13 und 14.

Nr.	Name	Endokrine Drüse	Musik	Farbe	Aroma	Edelstein
1	Wurzel-chakra	Neben-nieren	· monoton · Natur-völker-Tänze	· klares, leuchten-des Rot · Sonnauf-/ -untergang	· Zeder · Nelke	· Achat · Hämatit · Rubin · Blutjaspis
2	Sakral-chakra (Milz-chakra)	Keim-drüsen (Gonaden) (Milz)	· fließende Rhyth-men · Volks-musik · Paartänze	· Orange · Wasser und Vollmond	· Ylang-Ylang · Sandel	· Karneol · Mond-stein

Nr.	Name	Endokrine Drüse	Musik	Farbe	Aroma	Edelstein
3	Solar-Plexus-chakra (Nabel-chakra)	Pankreas	· feurige Rhyth-men · Orches-termusik	klares Gelb	· Lavendel · Ros-marin · Berga-motte	· Tigerauge · Bernstein · Zitrin · Edeltopas
4	Herz-chakra	Thymus	jede klassische Musik	· grüne Natur · Farben und For-men der Sonne · Rosa	Rosenöl	· Jade · Smaragd · Kunzit · Rosen-quarz · Turmalin
5	Kehlkopf-chakra (Hals-chakra)	Schild-drüse (Neben-schild-drüse)	· oberton-reiche Musik, · Gesang · sakrale, medita-tive Tänze	helles Blau	· Salbei · Eukalyp-tus	· Aqua-marin · Türkis · Chalcedon
6	Stirn-chakra (Drittes Auge)	Hypo-physe	· alle Klänge · Klassische, östliche und westliche Musik	· Indigo-blau · Tief-blauer Nacht-himmel	· Minze · Jasmin	· Lapislazuli · Indigo-Saphir
7	Kronen-chakra (Scheitel-chakra)	Zirbel-drüse	· Stille · Musik, die zur Stille führt	· Violett · Weiß	· Lotus · Oliba-num	· Berg-kristall · Amethyst

Werden die Zusammenhänge zwischen Gesundheit und Lebenskraft etwas genauer dargestellt, ergibt sich das Bild der Fundamente wie auf S. 143 dargestellt:*

Die Gesundheit, das Heil- und Ganzwerden, entspricht einer Entfaltung des Bewusstseins und einer Balance all dieser fundamentalen Kräfte.

Zudem wirken die soziale, geistige und natürliche Umwelt auf uns ein.

Soziale Umwelt	Geistige Welt	Natürliche Umwelt
· Nachbarschaft, Bekanntschaft, Freundschaft · Partnerschaft, Familie, Verwandtschaft · Arbeits-, Freizeit-gemeinschaften, Menschheit	· Engel, Gott, Heilige · Urkraft · Christus, Buddha · Geistwesen, Geistführer, Schutzengel	· Mineralreich, Pflanzenreich, Tierreich · Naturgeister, Erde, Wasser, Feuer, Luft · Sonne, Mond, Sterne, Himmel, Universum

* Die Tabelle auf S. 143 ist einer Aufstellung in *Natürlich heilen* Nr. 10 von Dr. phil. Peter Gilgen nachempfunden und wird hier mit freundlicher Genehmigung abgedruckt.

Ernährung	Sexualität	Bewegung	Entspannung	Atmung	Wahrnehmung	Denken	Fühlen	Glauben	Bewusstsein
· Stoffwechsel · physische Anpassung · Funktion	· Fortpflanzung · Lustbefriedigung · Zärtlichkeit · Ekstase	· Tat · Halt · Flexibilität · Stabilität · Ausdruck · Sammlung	· Regenerierung · Gelassenheit · Ruhe · Stille · Loslassen	· EnergieAustausch · Lebendigkeit · Vitalität	· Empfindung · Sinnliche und übersinnliche Wahrnehmung	· Logik · Imagination · Intelligenz · Vernunft · Erkenntnis	· Emotion · Spürsinn · Ahnung · Gemüt	· Vertrauen · Hingabe · Demut · Dankbarkeit	· Aufmerksamkeit · Geist(igkeit) · Erleuchtung · Freiheit

Gesundheit	*Vereinigung*	*Schöpfertum*	*Frieden*	*Lebenskraft*	*Subjektive «Wahrheit»*	*Weisheit*	*Liebe*	*Seligkeit*	*AllEinheit*
· Ernährungslehren · Fasten · Diät · Kuren	· Sexualtherapie · Tantra · »Tibeter«	· »Tibeter« · Taiji, Tanz · Feldenkrais · AlexanderTechnik · AltaMajor · Innerfitness	· Autogenes Training · »Tibeter« · Progressive MuskelEntspannung	· AtemTherapien · InnerFitness · »Tibeter« · Rebirthing · Pranayama	· Innerfitness · NLP · SensualAwareness · Trancearbeit · Lichtarbeit	· Innerfitness · LogoTherapie · MentalTraining · JnanaYoga	· BachBlüten · Körperorientierte PsychoTherapie · »Tibeter«	· Innerfitness · Gebet · Christian Science · Geistheilung	· Meditation · Innerfitness · Zen · Sufismus · Psychosynthese

143

Äußere Fitness führt zu innerer Fitness

«Das wird ja immer komplizierter», sagte Gerlinde und seufzte tief. «Etwas Bewegung und zudem auf die Ernährung achten, das ist ja gerade noch zu schaffen. Aber jetzt kommen Sie mit Fasten, Tantra, Trancearbeit, Atemtherapie, NLP, Geistheilung, Psychosynthese und so. Wie soll ich das jemals alles lernen? Wann, bitte schön, soll ich dann noch arbeiten? Ich meine, ich habe weder Zeit noch Geld für Dauerferien. Ganz abgesehen davon, dass es auch Dinge gibt, die mich überhaupt nicht interessieren.»

«Als ich begann, Englisch zu lernen, dachte ich, das ist eine ziemlich einfache Sprache. Als ich Englisch aber vermehrt in meinem Beruf benötigte, also z. B. Vertragsverhandlungen führen musste, wurde mir bewusst, dass ich meine Kenntnisse erheblich vertiefen musste.» Ich machte eine kleine Pause und fuhr dann fort: «Die Tabelle der Fundamente habe ich hier der Vollständigkeit halber eingefügt für alle, die gern den Überblick bewahren. Ich zeige Ihnen nun, wie Sie mit ganz einfachen Methoden alle Aspekte abdecken können bzw., genauer gesagt, in sie hineinwachsen können.»

Stufe 1: Selbst ist der Mann/die Frau!

Der Einstieg beginnt mit der Erkenntnis, dass wir Menschen, wollen wir glücklich, schmerzfrei und lange leben, unser Leben selbst in die Hand nehmen müssen. An dieser Grundvoraussetzung führt kein Weg vorbei. Wir können niemals innerlich glücklich und frei werden, solange wir in irgendeiner Abhängigkeit stehen.

Wir dürfen ohne weiteres von den Segnungen unserer Zivilisation profitieren, aber wir sollten uns nicht auf sie verlassen. Ein jeder von uns ist für sein eigenes Leben selbst verantwortlich. Je genauer Sie diesen Grundsatz leben, umso freier werden Sie.

Die Realisierung dieser ersten Stufe kostet weder Geld noch Zeit. Sie setzt lediglich ein Umdenken und Konsequenz in der täglichen Praxis voraus.

Stufe 2: Man lernt nie aus

Wie könnten Sie Ihr Leben selbst in die Hand nehmen und unabhängig werden? Durch Lernen! Die Menschen im Mittelalter konnten nur deshalb in Knechtschaft gehalten werden, weil ihnen Wissen vorenthalten wurde. Nehmen Sie als Beispiel die damalige Kirche, die von den Gläubigen bibelgetreues Verhalten erwartete, ihnen die Bibel aber vorenthielt!

Die heutigen Methoden der Beeinflussung heißen politische Meinungsbildung, Berufskartelle, Fachwissen, wissenschaftliche Objektivität, Werbung, Trendsetzung und Medien. Anders als im Mittelalter sind wir heute aber nicht mehr verpflichtet, uns knechten zu lassen. Wir können an sich jederzeit aussteigen. Einfacher als im Mittelalter ist es trotzdem nicht, denn die Methoden sind erheblich subtiler geworden. Statt mit roher Gewalt werden wir heute nach allen Regeln psychologischer Kunst in Abhängigkeit gehalten. Man suggeriert uns: Modeströmungen und Trends mitzumachen ist viel einfacher, bequemer und ungefährlicher, als sich eine eigene Meinung zu bilden.

Berufskenntnisse und wissenschaftliche Meinungen sind für viele Menschen sakrosankt. Dabei gibt es nichts Unbeständigeres! Wäre dem nicht so, gäbe es keine berufliche Weiterbildung, müssten keine Gesetze geändert werden, und die Fachpresse hätte nichts mehr zu schreiben, denn es wäre alles schon gesagt. Auf dem Gebiet der Ernährung beispielsweise wären all die neuen und ach so sensationellen Erkenntnisse über Vitamine, Schlankmacher, Hormone usw. längst ein alter Hut.

Tatsache ist, dass wir Menschen nach wie vor erbärmlich wenig über uns, die Natur und die hinter ihr stehenden ewigen Kräfte wissen. Wäre dem nicht so, dann wäre unsere Umwelt noch intakt.

Wie können wir diesen Notstand beseitigen? Ganz einfach: durch Lernen. Da wir im Informationszeitalter leben, ist dies erheblich einfacher und billiger als jemals zuvor. Wir müssen keine Hochschule besuchen, wenn wir uns Naturheilkunde-, Medizin- oder Psychologiekenntnisse aneignen möchten. Diese Kenntnisse sind nicht verboten und hochinteressant.

Sehen Sie noch einmal bei Musil nach. Sie bewertete das Interesse als eines der höchsten Lebensprinzipien. Das Leben ist Evolution und ein kontinuierlicher Lernprozess. Jeder Mensch, der nicht ständig lernt, bleibt stehen und verknöchert. Denken Sie an Lots Weib. Sie sah zurück, versuchte das Alte zu bewahren, trauerte der Vergangenheit nach – und versteinerte.

Beginnen Sie diesen zweiten Grundsatz vorerst gedanklich umzusetzen. Wie das geht? Ganz einfach: Fragen Sie sich ab heute bei allem und jedem, was Sie sehen und anpacken: «Wie könnte ich es einfacher, billiger, rascher, interessanter machen?» Sie werden staunen, wie viele Ideen und Lösungsansätze sozusagen aus dem Bauch aufsteigen. Haben Sie das erst einmal erlebt, beginnen Sie viel öfter auf Ihre innere Stimme, Ihren Instinkt, Ihr Gefühl und Ihre Intuition zu vertrauen. Und damit sind Sie jedem starren Dogma haushoch überlegen.

Stufe 3: Erkennen Sie Ihre Bestimmung

Ein ewiges Gesetz besagt, dass alle Energien im Fluss sind. Wenn Sie einen großen Rückfluss erwarten, müssen Sie zuvor einen entsprechend hohen Abfluss in Gang setzen. Wie könnte das gelingen? Indem Sie sich, Ihre Fähigkeiten und Ihre Talente besser kennen lernen und Ihrer Persönlichkeit gemäß einsetzen.

Es gibt viele Methoden, sich besser kennen zu lernen: Persönlichkeitstests, psychologische Analysen, Berufsberatung, Farbberatung, Astrologie und Horoskope, Tarotkarten, Handlesen, medizinisch-psychologische Typen- und Charakterlehren usw. Viele dieser Verfahren mögen berechtigt sein, einige sind auch recht unterhaltend, aber leider führen sie nur selten zu wirklicher Lebensweisheit. Sie glauben mir nicht? Dann stelle ich Ihnen eine Frage: Kennen Sie (und leben Sie) Ihre wirkliche Aufgabe in diesem Leben?

Vorsicht, antworten Sie nicht vorschnell. Vordergründig lauten die Antworten meist: «Meine Kinder, meine Familie, mein Beruf.» Das sind zweifelsohne achtenswerte Ziele. Aber ist es Ihre *tatsächliche* Bestimmung, Ihre Berufung in diesem Leben?

Wenn Sie sich wirklich kennen lernen möchten, sollten Sie sich dafür etwas Zeit nehmen und systematisch vorgehen. Nehmen Sie das Bekannte, und erforschen Sie dann das Unbekannte. Beginnen Sie also nicht mit der Erforschung Ihrer Psyche oder Ihrer Seele, sondern starten Sie mit etwas Handfestem, mit Ihrem Körper. Er ist sichtbar, fassbar, begreifbar. Starten Sie mit einem körperbetonten Programm, sei es Joggen, ein Fitnesstraining, die Fünf »Tibeter«. Wichtig ist, dass Sie es jeden Tag tun, denn Sie wollen Reaktionen spüren und Rückschlüsse ziehen.

Sie werden rasch feststellen, dass Sie zwar einen Körper haben, ihn auch jeden Tag duschen, waschen und schminken, aber seine natürlichen Bedürfnisse so gut wie überhaupt nicht kennen. Lassen Sie sich nicht irre machen. Fahren Sie fort mit Ihrem täglichen Körperprogramm, und Sie werden rasch Fortschritte machen und bald eine erhebliche Zunahme Ihrer Vitalität und Leistungskraft spüren. Damit haben Sie ein Fundament gelegt, von dem aus Sie auch in Richtung geistig-seelische Zusammenhänge vorstoßen können. Wenn Ihr tägliches Fitnessprogramm auf einer ganzheitlichen Praxis basiert, läuft Ihr Weg ohnehin genau in diesen Bahnen. Das Resultat ist mehr Selbstständigkeit, innere Ruhe und Selbstsicherheit. So helfen Sie sich auch, die Stufen 1 und 2 leichter zu realisieren.

Stufe 4: Lernen Sie Ihren Körper lieben

Je genauer Sie Ihren Körper kennen lernen, umso wichtiger wird auch die Ernährung. Es fällt Ihnen immer leichter, belastende Nahrung wegzulassen und durch artgerechte, nährende und frei machende Lebensmittel zu ersetzen. Warum sollten Sie Ihren Körper mit minderwertigen Lebensmitteln voll stopfen und danach mühsam Pfunde abhungern? Erheblich einfacher ist es doch, den Speisezettel umzustellen! Das erfordert zu Beginn zwar etwas Kopfarbeit und Disziplin, aber der Zugewinn an Vitalität und Lebensmut und die Befreiung von vielen lästigen Zivilisations-Zipperlein sind mehr als lohnende Ziele.

Gehen Sie diesen Prozess langsam und kontinuierlich an. Hören Sie immer und immer wieder auf Ihren Organismus, und lassen Sie sich von der Werbung nicht irre machen. Bleiben Sie auf Ihrem Weg, und ernten Sie Gesundheit und Freiheit. Sie haben nur diesen einen Körper – lieben Sie ihn!

Stufe 5: Öffnen Sie sich der Welt

Durch Ihr wachsendes Körperverständnis gewinnen Sie an Verantwortungsbewusstsein sich selbst gegenüber, an Selbstständigkeit und an Selbstsicherheit. Damit sind Sie bereit für den nächsten wichtigen Schritt: Sie lösen sich aus der Innenschau und treten hinaus ins Leben. Und zwar offen und natürlich, nicht unter einem Deckmantel oder einer Maske.

Die Art, wie wir uns in der Welt bewegen, spiegelt unsere innere Reife und Selbstständigkeit wider. Viele Menschen stellen ein großes Fachwissen zur Schau. Das ist an sich nicht falsch, aber angelerntes und aufgehäuftes Wissen wirkt professoral, unecht und unnahbar. Bleiben wir allein vom Verstand gesteuert, wirken wir kühl und überheblich. Im Geschäftsalltag mag dieses Verhalten als cool und businesslike, als sachlich und diszipliniert durchgehen, menschlich ist es nicht. Denn zum Menschsein gehören Wärme, Herz, Toleranz und Nächstenliebe. Fehlen sie, leidet die Seele. So wird der Grundstein für psychosomatische Krankheiten gelegt.

Stufe 6: Handeln Sie aus dem Bauch heraus

«Nach dem Gefühl handeln», wird im Volksmund oft als «aus dem Bauch heraus handeln» bezeichnet. Ich möchte diese Art zu leben und zu handeln lieber als «ganzheitlich» oder «aus dem Innern heraus» bezeichnen. Gemeint ist eine Übereinstimmung von Gefühl und Verstand, eine Kombination von Logik und Herz.

Das erscheint auf den ersten Blick schwierig. Bei näherem Hinsehen ist es ganz natürlich. Es äußert sich beispielsweise darin, dass man sich überlegt, wie man etwas anfängt oder sagt. Das weiß der Franzose seit langem, wenn er sagt, «*C'est le ton qui fait la musique.*» (Frei übersetzt: «Die Art und Weise, wie man etwas sagt, macht die Musik bzw. die Wirkung aus.») Mit anderen Worten: Statt mit dem Kopf durch die Wand zu gehen, sollte man zuerst überlegen, ob es nicht einen anderen Weg gibt. Statt den Gegner zu bekämpfen, lädt man ihn zur Kooperation ein. Statt Hass und Wut mit gleicher Münze heimzuzahlen, wandelt man diese Energie um und setzt sie bei nutzbringenden Aktionen ein.

Gefühle leben – die Praxis

Das emotionale Wachstum ist mit dem körperlichen Wachstum bzw. der körperlichen Fitness vergleichbar. Gefühle betreffen die emotionale Ebene, die Muskeln, Bänder, Sehnen und Gelenke die physische. Auf beiden Ebenen bauen wir rapide ab, wenn wir nicht täglich trainieren. Wachstum und Fitness im emotionalen Bereich erreichen wir also, indem wir ein emotionales Trainingsprogramm praktizieren.

Wie könnte das aussehen? Im Prinzip spiegelbildlich wie irgendein Programm auf der körperlichen Ebene. Gehen wir die notwendigen Schritte auf beiden Ebenen durch. Als Vergleich nehmen wir ein aktives, körperbetontes Spiel – Tennis.

Schritt	Körperliche Ebene	Emotionale Ebene
Ziel	Der Wunsch, Tennis spielen zu lernen. Vorsatz: «Ich spiele Tennis.».	Der Wunsch, positive Gefühle zu leben. Vorsatz: «Ich lebe meine positiven Gefühle.».
angestrebter Nutzen	(Körperliche) Beweglichkeit, Kraft, Ausdauer und Spass am Spiel.	(Emotionale) Beweglichkeit, Ausdauer, Kraft und Ausbau der Lebensfreude.

Schritt	Körperliche Ebene	Emotionale Ebene
Neben-effekt	Auflösung und Beseitigung von Unbeweglichkeit und Starrheit, insbesondere von verhärteten, verkrampften und eingerosteten Muskeln.	Auflösung und Beseitigung von Vorurteilen, Befangenheit, Intoleranz, Schwarzmalerei, überkommenen Ansichten, Starrheit, negativen Gedanken.
Ziel beim Training	Den Ball genau platzieren bzw. präzise zurückschlagen.	Positive Gedanken im Leben platzieren. Positives aufnehmen und ausleben.
zu vermeidende Fehler	Konzentrationsschwäche. Den Ball verpassen, ins Netz oder aus dem Feld schlagen.	Konzentration aufs Positive verlieren oder das Spielfeld verlassen, d. h. Negatives zulassen. Positive Gedanken verpassen, sie verlieren, in die falsche Richtung denken bzw. negativen Gedanken Raum geben.
mental-geistige Vorbereitung	Mentales und geistiges Einstimmen. Muskeln mental lockern und entspannen.	Mentales und geistiges Einstimmen. Gedanken- und Gefühlswelt lockern und entspannen.
physische Vorbereitung	Aufwärmphase. Muskeln durchbluten.	Einstimmen. Geistige Muskeln durchbluten.
Training	Regelmäßiges, aufbauendes Training.	Regelmäßiges, aufbauendes Training.
Dehnung	Dehnen zu Beginn/Ausklang jedes Trainings.	Flexibilisierung und Vertiefung der Gedanken- und Gefühlswelt.

Schritt	Körperliche Ebene	Emotionale Ebene
Beweglichkeit halten	Pflegeprogramm zum Erhalt der Muskeln, Kraft, Beweglichkeit.	Pflegeprogramm für jeden Tag.
Notprogramm	Notprogramm für alle Fälle oder für unterwegs.	Grundgedanken und Grundgefühle als eiserne Reserve für jeden Tag bzw. für Notzeiten.

Huna – gelebte Emotionalität

Um sich und seine Gedanken besser kennen zu lernen, muss man nicht Psychologie studieren. Es gibt einfachere Möglichkeiten und Quellen, z. B. *Huna*. Huna ist eine uralte, gelebte Lebensethik, deren Wurzeln angeblich bis ins sagenumwobene Atlantis zurückreichen. Offenbar wurde es weltweit gelebt, denn es taucht in Ägypten, Griechenland, Polynesien, Indien und China auf. Große Teile der Huna-Lehre werden auch heute noch in Berberstämmen gepflegt. Huna wird oft mit Hawaii in Verbindung gebracht, denn das Huna Research Center befasst sich insbesondere mit den in Hawaii praktizierten Methoden. In den Grundzügen stimmt Huna erstaunlich genau mit den Erkenntnissen der modernen Psychologie überein.

Psychologie	Huna-Beschreibung	Huna-Name	
Hohes Selbst (Schutzengel)	**Überbewusstsein** Älterer, elterlicher, absolut vertrauenswürdiger Geist. Kennt Vergangenheit, Gegenwart und den bereits kristallisierten Teil der Zukunft.	*Aumakua*	
Mittleres Selbst (Ego)	**Bewusstsein** Der urteilende Geist: Logik, Verstand, Urteilskraft, Wille. Das Gewissen (Gefühl für richtig oder falsch). Ein sonderbar hilfloses Wesen, wie ein Gast im Hause. Kann aus sich heraus wenig tun. Hat kein Erinnerungsvermögen.	*Lono/Uhane*	**Physischer Körper**
Niederes Selbst (Anima)	**Unterbewusstsein** Kontrolle der (unbewussten) Körperfunktionen. Gedächtnis, Gedanken, Erinnerungen, Emotionen, Eindrücke, Programme. Empfänglich für Suggestionen.	*Ku/Unihipili*	

Eine Besonderheit der Huna-Lehre ist, dass das Unterbewusstsein weder als böse noch als animalisch, triebhaft, sündig oder sonstwie mysteriös oder gefährlich gilt. Es ist vielmehr wie ein Kind, das Erziehung und Führung benötigt.

Wie wichtig diese Erziehungsarbeit ist, wird deutlich, wenn man die Funktionen des Unterbewussten auflistet:

- Hauptfunktion: Gedächtnis.
- Es kontrolliert außerdem alle Bewegungsabläufe des physischen Körpers, wobei diese Kontrolle teilweise mit dem Bewusstsein geteilt wird.
- Es ist die Quelle aller Emotionen und Gefühle.
- Es ist die Quelle aller geistigen und körperlichen Angewohnheiten und allen Verhaltens.
- Es ist das Medium, mit dem das Bewusstsein Erlebnisse wahrnimmt und auf sie reagiert.
- Es ist Empfänger und Sender aller übersinnlichen Phänomene.
- Die wichtigste Verhaltensmaßregel besteht darin zu wachsen.
- Es lässt sich leicht beeindrucken und beeinflussen.
- Es richtet sich nach Befehlen.

Um die Bedeutung des Unterbewusstseins zu unterstreichen, liste ich im Folgenden Details zum Punkt Körperfunktionen auf. Das Unterbewusstsein regelt und steuert:

- den Herzschlag, den Kreislauf
- Hunger und Durst
- die Verdauung
- die Körpertemperatur
- das Körpergewicht
- die Versorgung der Organe und der Zellen mit Lebensenergie
- den Tag- und Nachtrhythmus, den Schlaf
- das Immunsystem
- das endokrine Drüsensystem
- den Hormonhaushalt
- pH-, Cholesterin-, Blutwerte usw.
- die Funktion der inneren Organe generell (Leber, Pankreas, Niere, Milz usw.)
- den regulären Ablauf aller körperlichen Funktionen und damit die physische, körperliche Gesundheit und das Wohlbefinden im weitesten Sinne
- die Menstruation, das Sexualleben, den sexuellen Trieb und die Intensität des sexuellen Erlebens

Gemäß Huna arbeitet das Unterbewusstsein immer dann störungsfrei, wenn es keinerlei Behinderungen unterliegt. Es ist von Gedanken, Gefühlen und Erinnerungen umgeben. Sind sie negativ, schuldbeladen, erstarrt oder blockiert, ist das Unterbewusstsein gestört. Ohne gezielte Arbeit am und mit dem Unterbewusstsein wird dessen Zustand pathologisch. Psychosomatische Krankheiten sind die Folge. Die Störfelder heißen: erstarrte Traditionen, alte Gedankenmuster, Vorurteile, schlechte Erinnerungen, seelische Wunden, Schuldgefühle.

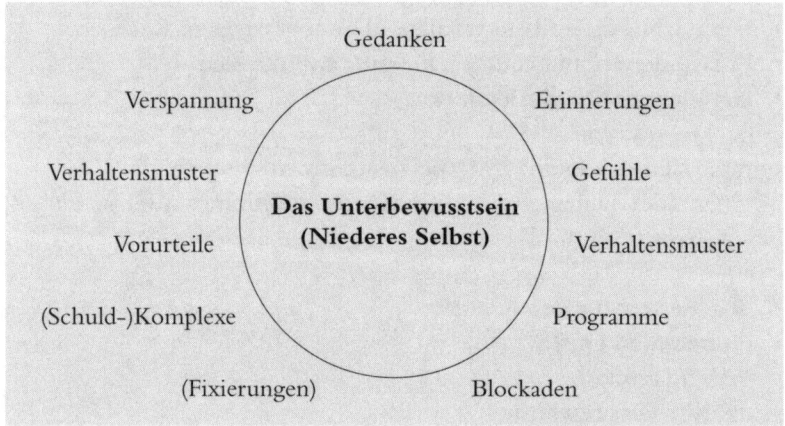

Jeder nicht verdaute, unbereinigte Gedanke, jede unversöhnte Erinnerung, jedes schlechte Gefühl, jede Fixierung, jeder Komplex, jede Blockierung, jede Verspannung usw. wird als «gesetzlose Erinnerung» bezeichnet. Gesetzlos, weil eine solche Erinnerung nicht unter der Kontrolle des Bewusstseins steht. Huna lehrt, dass unbereinigte Gedanken viel Lebensenergie kosten. Die Arbeit am und mit dem Unterbewusstsein ist somit die primäre Aufgabe auf dem Weg zu Gesundheit und langem Leben.

Gedanken sind wie kleine Kinder

Die Gedanken können mit verschiedenen Bildern beschrieben werden. Sie sind beispielsweise

- wie Wasser: Sie breiten sich fließend und flächendeckend überall da aus, wo sie hinfließen können. Sie bedecken rasch den ganzen Fußboden, sammeln sich in Untiefen zu Pfützen und sind so lange in Bewegung, wie sie sich ausbreiten können oder bis sie auf ein Hindernis stoßen, das sie langsam aushöhlen.
- wie junge Hunde: Sie laufen jeder Spur hinterher, schnüffeln und schnuppern hierhin und dorthin, sind unruhig, laufen ohne erkennbares Muster oder Ziel vor und zurück.
- wie kleine Kinder: Sie sind verspielt und lassen sich ablenken oder richten ihre Aufmerksamkeit auf Dinge, die uns unwichtig erscheinen.
- wie Hühner oder Enten: Sie laufen und watscheln. Dabei gackern und schnattern sie ununterbrochen vor sich hin.

Alle diese Bilder zeigen deutlich, dass die Gedanken keiner klaren Linie folgen. Das Erste, was wir somit tun müssen, ist, sie liebevoll an die Hand zu nehmen, um sie zu lenken. Genau so, wie wir es mit unseren Kindern tun.

Ein großer Teil unseres Lebens spielt sich im Tagesbewusstsein ab, d. h. im Ich-Verständnis. Es ist im Gehirn zu Hause und steuert unsere willentlichen Aktivitäten.

Über dem Tagesbewusstsein ist das höhere Bewusstsein angesiedelt. Es ist jener Teil, der die Verbindung zur übergeordneten, göttlichen Macht hält. Sie kann uns Führung, Leitstern, Hilfe, Schutzengel, Weisheit, Intuition und höheres Selbst sein, sofern wir sie erkennen und annehmen.

Unterhalb der Schwelle des Bewusstseins liegt das Unterbewusstsein, das für unseren Verstand nicht frei zugänglich ist. Es enthält das Selbst, die eigentliche Wesenheit. Das Unterbewusstsein ist leichtgläubig und vorbehaltlos wie ein Kind und nimmt unbekümmert erst einmal alles auf, was kommt. Es unterscheidet nicht zwischen Gut und Böse und kennt keinen rationalen Filter.

Aufgabe des Tagesbewusstseins ist es, das Unterbewusstsein so zu lenken, dass aus dem tiefsten Innern jene Gefühle und Gedanken aufsteigen, die wir gerne erleben möchten. Damit sind wir wieder bei der hippokratischen Forderung, den Umgang mit den Gefühlen zu lernen, und auch bei der Tabelle von Musil und der altbekannten Tatsache, dass wir alle viel lieber Freude als Wut, Sorgen, Trauer oder Hass erleben.

«Ist das nicht langweilig?», so Sandra. «Ich meine, jeden Tag nur Friede, Freude, Eierkuchen. Das wird doch eintönig.»

«Eigentlich habe ich Lebensfreude noch nie als langweilig empfunden. Aber sehen wir uns einmal an, was passiert, wenn wir Spielball der Gefühle sind und bleiben. Wir alle kennen den Zustand eines verliebten Jungen. Was passiert mit ihm? Statt das Gefühl der Liebe intensiv durchleben und auskosten zu können, verliert er den Kopf und macht sich zum Trottel. Oder nehmen wir einen Menschen in tiefer Trauer. Trauer ist ein legitimes Gefühl, aber irgendwann sollte jeder Mensch ins Leben zurückkehren. Oder nehmen wir einen Mann, der von seiner Frau verlassen worden ist. Seine Gefühle schwanken zwischen Wut, Selbstmitleid, Verlassenheitsgefühlen, Minderwertigkeitskomplexen, Depressionen, Hass auf die Frauen im Allgemeinen und Rachegedanken gegen die eigene Frau im Besonderen. Jeden Monat, wenn er Alimente bezahlen muss, kommt der ganze Schwall von abgrundlosem Selbstbedauern und rabenschwarzen Rachegedanken unweigerlich wieder hoch.»

Wir alle haben die Wahl, unser Leben als Spielball von Gedanken, Emotionen und Fremdeinflüssen zu leben oder es *selbst* zu gestalten. Dazu eine kleine Aufgabe: Überlegen Sie, was Sie heute Morgen beim Erwachen als Erstes gedacht haben. Waren es Gedanken der Freude (Sonnenschein), der Sorge (Geldnot), des Hasses (gegen den Chef, den Lebenspartner), der Trauer (über den verstorbenen Freund), des Überdrusses («Das ganze Leben ist sinnlos!»), der Pflichterfüllung («Jeden Tag die gleiche Tretmühle!»), des Selbstmitleids («Bin ich ein armer Kerl, ich muss arbeiten gehen, warum bin ich nicht reich geboren worden?»)?

Den Schwung des Angreifers nutzen

Wenn Ihnen dies alles zu umfassend und komplex erscheint, sehen Sie sich die folgende Übersicht an. Die negativen Emotionen lassen sich grob in drei Gruppen einteilen:

Gruppierung der negativen Emotionen

Angst	Kummer	Zorn
Furcht	Sorge	Erbostheit
Bangen	Gram	Empörung
Grausen	Pein	Entrüstung
Horror	Qual	Unwille
Phobie	Schmerz	Feindseligkeit
Schreck	Trauer	Groll
Panik	Trübsal	Ärger
Verfolgungswahn	Unglück	Hass
Kleinmut, Mutlosigkeit	Melancholie	Wut
Feigheit	Misere	Tobsucht
Entsetzen	Schwermut	Raserei

Das Erste, um diese unerwünschten Gemütszustände zu überwinden, ist, sich darüber klar zu werden, wodurch wir sie ersetzen wollen. Was also ist das Gegenteil von Angst, Kummer und Zorn?

Negativer Gemütszustand	Zu ersetzen durch
Angst	Furchtlosigkeit, Vertrauen, Mut, Glaube, Hoffnung, Zuversicht, Selbstliebe
Kummer, Sorgen	Zuversicht, Unbeschwertheit, Freiheit, Sorglosigkeit, Mut, Selbstliebe
Zorn, Hass, Wut	Friedfertigkeit, Liebe, Toleranz, Geduld, Langmut, Milde, Nachsicht

Das Interessante an dieser Tabelle ist, dass sich die positiven Emotionen stark gleichen. So unterschiedlich die negativen auch sind, wenn sie ins Gegenteil umgedreht werden, beginnen sie zu verschmelzen. Wenn Sie zuversichtlich sind, verschwinden Angst und Sorgen. Liebe und Vertrauen zu sich selbst überwinden sowohl Hass als auch Kummer und Angst. Sehen Sie nun, wie der ganze Wust von negativen und belastenden Emotionen auf einen Schlag in sich zusammenfällt? Die Aufgabe, die negativen Gefühle in positive zu verwandeln, wird dadurch erheblich einfacher.

Der zweite Schritt besteht darin, mit Hilfe des Positiven das Negative zu überwinden. Die einfachste und gleichzeitig klügste Taktik nutzt die Kraft des Gegners. Übernehmen Sie den Schwung und die Energie, die das Negative hat, und lassen Sie diese Kraft ins Positive einfließen. Wenn ein «Angriff» auf Sie gestartet wird, treten Sie einen kleinen Schritt neben sich, so dass der Stoss an Ihnen vorbeigeht, sie aber gerade noch streift, so dass sie um die eigene Achse gedreht werden. So werden Sie nicht verletzt, und der Angriff verliert seine zerstörerische Wirkung. Trotzdem haben Sie die Energie des Angriffs für sich genutzt, nämlich indem Sie herumgedreht wurden. So stehen Sie jetzt nicht mehr mit Sicht auf das Negative da, sondern haben das Positive vor sich. Statt vor Angst zu zittern, stehen Sie nun frontal zur Zuversicht und dem Vertrauen. Herrlich, nicht wahr?

Die Technik kommt natürlich aus den östlichen Kampfsportarten. Dort funktioniert es bekanntlich hervorragend. Die Geschmeidigkeit der Bewegungen, die Eleganz und insbesondere das Ausnützen des gegnerischen Schwungs verblüffen immer wieder.

Die Analogie zu den Kampfsportarten macht einen wichtigen Punkt deutlich: Der Angriff ist tödlich. Wenn es mir nicht gelingt auszuweichen, sterbe ich. Ausweichen und den Angriffsschwung mitnehmen hilft mir nicht nur dabei, mich zu schützen, sondern gibt mir gleichzeitig den Schwung für die Verteidigung.

Das gilt auch auf der geistig-emotionalen Ebene. Angst, Sorgen und Wut wirken tödlich. Angst frisst die Seele auf, Sorgen und Stress führen zum Herzinfarkt, und Hass erzeugt Verbitterung und Magenkrebs. Zuversicht dagegen gibt uns innere Stärke und Ruhe, aus denen heraus höchste Leistung möglich ist.

Das «emotionale Tennisstadion»

Führen wir den Gedanken des «emotionalen Sportlers» für einen Augenblick weiter. Sie erinnern sich an das Beispiel des Mannes, den seine Frau verlassen hat. Er steckt in einem wahren Wust von negativen emotionalen Einflüssen:

- Selbstmitleid («Ich bin ein armer Kerl.»)
- Hass auf seine Frau
- Wut über die Ungerechtigkeit der Welt, dass es ausgerechnet ihn trifft
- Probleme und Sorgen des Alltags wie z. B. Wohnen, Kochen/Essen, Waschen, Putzen usw.
- finanzielle Sorgen
- Demütigungen aller Art, weil ihm seine Frau weglief
- ständige Angst, das Gesicht zu verlieren
- sexuelle Fragen und Nöte
- Minderwertigkeitskomplex (gescheiterte Beziehung)
- womöglich polizeiliche Ermittlungen (Anzeige der Frau)

Stünde unser Mann in einem Tennisstadion, dann hätte er nicht nur einen Gegner, sondern Tausende. Jeder der vielen tausend Zuschauer hat einen Ball und wirft ihn auf den Mann. In dem Ball-Hagel geht er in die Knie und wird schließlich unter lauter gelben Bällen begraben.

Ihm bleibt nur eine einzige Chance: Er braucht einen Schutzschild, der so groß und stark ist, dass der Ball-Hagel daran abprallt. Dieser Schutzschild ist die Selbstliebe.

Wenn er sich selbst liebt,

- braucht er sich nicht zu bedauern. Er ist kein armer Kerl, sondern ein wertvoller Mensch.
- verschwindet der Hass auf seine Frau, denn Liebe löst Hass auf. Möglicherweise versteht er sie nicht, aber es bleibt kein Hass oder Groll zurück. Vielmehr die Einsicht, dass seine Frau ein selbstständiger Mensch ist und das Recht auf eigene Entscheidungen hat.
- schwindet die Wut auf die Welt, denn er hat an sich selbst genug. Auch hier gilt: Liebe löst Wut auf.
- lernt er die notwendigen Dinge des Lebens (Waschen, Kochen, Putzen), denn er ist es sich wert.
- überwindet er finanzielle Sorgen. Er weiß um seinen Selbstwert, findet ein ihm entsprechendes Einkommen und löst so die Geldprobleme.
- treffen ihn Demütigungen nicht. Er ist ein wertvoller Mensch und lebt genau das Leben, das ihm entspricht.
- kann er sich selbst und damit auch aller Welt jederzeit in die Augen sehen.
- liebt er auch seine eigene Sexualität und lernt damit umzugehen, denn sie gehört primär ihm, nicht seiner Frau.
- sieht er in der Trennung die Chance, genau das Leben zu führen, das ihm persönlich entspricht, und zwar unabhängig von Einflüssen seiner Frau.
- sieht er allen Ermittlungen ohne Furcht entgegen, denn er ist offen und ehrlich.

Gut möglich, dass unser Freund diese Selbstliebe nicht allein aufbauen kann und Hilfe von außen benötigt, vielleicht in Form einer neuen Beziehung. Das kann in der Tat Wunder wirken – aber nur, wenn er Folgendes beachtet.

Die neue Beziehung

Die Beziehung zu einer «neuen» Frau kann helfen, die emotionalen Probleme abzubauen. Aber sie ist von Anfang an belastet:

- Die «neue» Frau fühlt sich möglicherweise als Lückenbüßerin.
- Der Mann kaut schwer an seinem Versagen. Deshalb wird er überkompensieren («Dieses Mal muss ich alles richtig machen!») oder sich gleichgültig geben («Frauen sind ohnehin rätselhafte Wesen.»).
- Der Mann wird vermutlich jene Fehler, die zum Bruch der ersten Beziehung beigetragen haben, wieder machen, so dass die neue Beziehung von Anfang an gefährdet ist.

Das, was eigentlich notwendig wäre, nämlich der Aufbau des Selbstvertrauens und der Eigenliebe, kann in einer Beziehung gefördert werden. Doch das hängt in unserem Beispiel zu einem großen Teil davon ab, wie sich die neue Freundin verhält. Lobt sie ihn? Unterstützt sie ihn? Steht sie in jeder Situation an seiner Seite? Hilft sie ihm zu vergessen? Unterbleiben jegliche Anspielungen auf früher, auf das Versagen, auf die Vergangenheit? Vermeidet sie jede Kritik und Ablehnung?

Leider ist es oft so, dass in einer Beziehung das Selbstwertgefühl der Partner nicht gestärkt, sondern vielmehr *geschwächt* wird. Dazu tragen auch Gesellschaftsnormen bei, geht es in einer Ehe doch oft um die Vorherrschaft, um den Kampf der Geschlechter, den Besitz des Partners und eheliche *Rechte* und *Pflichten*.

Ist das in unserem Beispiel der Fall, entpuppt sich die vermeintliche Hilfe von außen, also eine neue Beziehung, als Trojanisches Pferd. Der Mann geht unter. Er versinkt immer tiefer in seinem emotionalen Sumpf.

Die Zauberwörter heißen selbstlose Liebe und Selbstliebe. Menschen in Not benötigen absolut vorrangig eine Stärkung des Selbstwertgefühles. Die einfachste, schönste und tiefste Möglichkeit der Stärkung ist die vorbehaltlose und selbstlose Liebe.

Was haben Sie als Kind getan, wenn sie traurig, verzweifelt, aufgewühlt waren? Sie flüchteten zur Mutter und verlangten einen Liebesbeweis. Solche Gefühle ließen sich am einfachsten und sichersten besänftigen, wenn die Mutter Sie auf den Schoß nahm und tröstete. Der Körperkontakt, die Wärme, die Innigkeit der Umarmung, das angenehme Schaukeln, die ruhige Stimme, all das half Ihnen, Ihren Seelenfrieden wiederzufinden.

Da unsere Gefühle wie Kinder sind, hilft auch uns Erwachsenen nichts auf der Welt so nachhaltig wie die Liebe eines anderen Menschen. Doch Vorsicht: Sie muss vorbehaltlos, rückhaltlos, selbstlos, rein, ehrlich und umfassend sein. In einer Partnerschaft ist sie das leider nicht immer. Und außerhalb der Partnerschaft stehen Gesellschaftsnormen als Sittenwächter am Wegrand. Ist diese Art von Liebe also Utopie?

Sehen wir uns einmal an, wie sie wirkt. Versetzen Sie sich für einen Moment in die Situation unseres verlassenen Mannes. Versuchen Sie, sich in seine Lage einzufühlen, die Einsamkeit, die Verzweiflung, den Spott, die Minderwertigkeitsgefühle nachzuempfinden. Nun stellen Sie sich vor, dass da eine Frau ist, die seine Lage kennt und ihn vorbehaltlos, und ohne Fragen zu stellen, herzlich und lange in die Arme schließt, ihn fest hält, tröstet, streichelt und liebkost. Sie erwartet nichts dafür, hat keinerlei Hintergedanken und handelt völlig selbstlos und aufrichtig. Sie schenkt diesem Menschen in Not sich und ihre Liebe in diesem Augenblick einzig und allein deshalb, weil sie ihm zeigen und beweisen möchte, dass er ein wertvoller und liebenswerter Mensch ist. Alles, was sie sagt und tut, läuft auf dieselbe Botschaft hinaus: *Du bist ein hoch geschätzter, einmaliger und sehr liebenswerter Mensch.*

Eine solche Liebe anzunehmen setzt ebenfalls Selbstlosigkeit, Reinheit und Freiheit von jeglichen Hintergedanken voraus. Wichtig ist zudem, dass keine Erwartungen oder sonstigen Forderungen daran geknüpft werden. Gelingt das, kann sich der Mann an diesem Geschenk, das ein Geschenk des gelebten Augenblicks ist, freuen wie ein kleines Kind. Er schöpft eine gehörige Portion Selbstvertrauen, Mut und Zuversicht daraus. Damit ist der Grundstein zum weiteren Ausbau der Eigenliebe gelegt.

Der Sportler in der Arena

Die selbstlose, reine und bedingungslose Liebe hilft beim Aufstehen nach einem Sturz. Sie entbindet den «Sportler» aber nicht von seinem Training. Die sportliche Auseinandersetzung und das tägliche Training müssen in jedem Fall praktiziert werden. Wie geschieht das? Begleiten wir unseren Mann auf den Tennisplatz, und gehen wir mit ihm alle notwendigen Schritte durch. Dazu sehen wir uns die Tabelle mit dem Trainingsprogramm noch einmal an, nun aber mit dem konkreten Verhalten.

Schritt	Mein Verhalten
Ziel	Das Ziel ist Eigenliebe, Selbstvertrauen, Lebensbejahung.
Ausrüstung	Was dem Tennisspieler der Ball, ist dem emotionalen Tennisspieler der Satz: «Ich liebe mich.» (Oder «Ich bin ein wertvoller Mensch.»)
angestrebter Nutzen	Eigenliebe und Selbstvertrauen sollen so stark werden, dass uns nichts und niemand umhaut. Keine Demütigung, kein Selbstmitleid, keine Sticheleien, keine Vorwürfe. Weder von Dritten noch vom bisherigen Partner, noch vom neuen. In jeder Lebenssituation bleiben wir Sieger und freuen uns unseres Lebens.

Schritt	Mein Verhalten
Nebeneffekt	Wir erkennen die Dinge, die auf uns zukommen, als das, was sie sind: Negative Emotionen etwa in Form von Selbstmitleid, Hass, Wut, Sorgen, Minderwertigkeitskomplexen, depressiven Anwandlungen, Furcht, Feigheit, Trübsal, Ärger usw. Jedes Mal, wenn so etwas auf uns zukommt, nehmen wir den Schwung auf und verwandeln es in Eigenliebe.
Ziel beim Training	Wir konzentrieren uns hundertprozentig und ununterbrochen auf unseren «Ball», also den Satz: «Ich liebe mich.» Diesen einen Ball platzieren wir so kräftig, präzise und unermüdlich, dass wir immer punkten.
zu vermeidende Fehler	Unsere Wachsamkeit lässt niemals nach. Wir werden nicht mehr überrannt vom Negativen, sondern antworten auf jede negative Anwandlung hartnäckig: «Ich liebe mich.»
mental-geistige Vorbereitung	Wir stimmen uns jeden Morgen ein, sagen z. B. vor dem Badezimmerspiegel: «Ich liebe mich.» Wir gestalten ein Bild dazu, das wir uns intensiv in Formen, Farben und vielen Details ausmalen. Wir streicheln und pflegen uns. Wir genießen Sonne, Wärme, Liebe und lassen sie tief durch den Körper ins Innerste einsickern. Wir genießen Kraft und Ruhe.
physische Vorbereitung	Wir üben nicht nur auf dem Tennisplatz, sondern überall, z. B. bei jedem Schritt beim Joggen. Unsere Füße klopfen den Takt: Ich – liebe – mich.
Training	Wir schlagen jeden Ball zurück, immer mit der Botschaft: Ich liebe mich. Wir sind unermüdlich, hartnäckig und wiederholen millio-

Schritt	Mein Verhalten
	nenfach, unterbrochen, ausdauernd: «Ich liebe mich.» Die Rückschläge kommen aus der Vor- oder Rückhand, sie sind direkt, kraftvoll, präzise platziert oder auch trickreich, reichen knapp übers Netz. Wir tun alles, um dem Gegner nicht die geringste Chance zu lassen. Wir demoralisieren, verwirren, tricksen, und zwar den ganzen Tag, vom Aufstehen bis zum Einschlafen.
Dehnung	Der ganze Körper, alle Organe und Zellen singen das Lied: «Ich liebe mich.» Es geht in Fleisch und Blut über, es ist zweite Natur, Wesensheit, Lebensart: «Ich liebe mich.»
Beweglichkeit halten	Wir bleiben im Training, üben jeden Tag mit viel Freude: «Ich liebe mich.» Und zwar selbst dann, wenn wir nicht angespielt werden, also wenn nichts Negatives an uns herankommt.
Notprogramm	Die ganze Apotheke des Selbstliebeprogrammes mit dem Satz: «Ich liebe mich.», dem Bild, dem physischen Einarbeiten dieses Satzes in den Körper – all das ist stets griffbereit und in jeder Sekunde des Lebens verfügbar.

«Ist diese Eigenliebe nicht sehr egoistisch?», fragte Gerda.

«Danke für die Frage, denn sie berührt einen wichtigen Punkt. Nein, Eigenliebe ist nicht egoistisch, ganz im Gegenteil. Es gibt einen wesentlichen Unterschied zwischen Selbstliebe und Egoismus: Der Egoismus kümmert sich nicht darum, was Dritten passiert. Ein egoistischer Mensch ist rücksichtslos und unachtsam. Er verschafft sich seinen Vorteil selbst dann, wenn er damit einen Dritten verletzt oder belastet. Die Selbstliebe verschafft uns zwar auch Vorteile, aber die gehen nie zu Lasten eines Dritten. Selbstliebe und Selbstachtung basieren auf echter zwischenmenschlicher Liebe, auf Liebe zu sich selbst und zu jedem anderen. Damit können wir uns selbst jederzeit in die Augen sehen und trotzdem die Liebe in vollen Zügen genießen.»

Sorgen entsorgen

Frühere Generation neu hatten es in einer Hinsicht manchmal einfacher: Der Pfarrer predigte, was man zu denken und zu glauben hatte, d.h. die Kirche gab die Lebensweise vor.

Wir finden in der Bibel tatsächlich viele Lebenshilfen, denken Sie beispielsweise nur an das Wort: «Alle eure Sorgen werfet auf Ihn, denn er sorgt für euch.» Wenn ein gläubiger Mensch sich wirklich an dieses Wort hielt, konnte er sich vor negativen Gedanken bewahren.

Da heute nur noch wenige Menschen regelmäßig zur Kirche gehen, gerät diese Art der Lebenshilfe zunehmend in Vergessenheit. Das ist schade, denn die Bibelworte sind so treffend und bildhaft, dass sich daraus ohne weiteres eine gute «Verteidigung» gegen Negatives aufbauen lässt. Gerade die oben zitierte Aufforderung ist dafür ein gutes Beispiel.

Einen ähnlichen Rat finden wir übrigens auch in einer östlichen Meditationslehre. Dazu ein Dialog:

Der Meditationsschüler zu seinem Lehrer: «Ich bin innerlich aufgewühlt.»
Lehrer: «Das ist nur eine Reaktion auf einen flüchtigen Gedanken. Vergiss ihn.»
Schüler: «Aber ich kann ihn nicht vergessen.»
Lehrer: «Dann lass ihn los.»
Schüler «Ich kann ihn auch nicht loslassen.»
Lehrer: «Dann lass ihn einfach fallen.»
Schüler: «Ich kann ihn nicht fallen lassen!»
Lehrer: «Tja, dann bleibt dir wohl nichts anderes übrig, als ihn hinauszuwerfen.»

Wie oft kommt es vor, dass wir aufgewühlt, unzufrieden, unruhig und unglücklich sind. Unser Wesen und unser Denken wehrt sich gegen die Umstände. Die Bibel rät uns in einem solchen Moment, unsere Aufmerksamkeit auf Gott zu richten. Meditationslehren raten, die Aufmerksamkeit auf die innere Mitte und das eigene Lebensziel zu richten.

Bibelworte haben noch einen Vorteil, nämlich die bildhafte Sprache. Der Aufforderung, «die Sorgen zu werfen», kann sich so leicht niemand entziehen. Wie treffend dieses Bild ist, weiß jeder, der einmal versucht hat, immer wiederkehrende hartnäckige Sorgen und Gedanken loszuwerden. Da hilft in der Tat oft nur, sie mit aller Entschiedenheit und Gewalt «von sich zu werfen».

Wollen wir mit Methoden wie positivem Denken gleiche Erfolge erzielen, sollten die Sätze entweder ebenso bildhaft sein oder mit Bildern kombiniert werden. Da man kurze Sätze besser behält und öfter und vielfältiger denken und anwenden kann, bevorzuge ich sie. Besonders wirkungsvoll werden sie in der «Ich bin»-Form. Kombinieren Sie jeden Satz mit einem Bild.

«Sie meinen, wir sollen uns Poster kaufen?», fragte Sybille.

«Poster, Postkarten, Bilder aus Kalendern und Illustrierten. Die hängt ihr am besten an den Badezimmerspiegel, den Arbeitsplatz und überall dorthin, wo ihr sie zwangsläufig immer wieder seht. Schreibt euren positiven Satz dazu, und schon habt ihr eine gute Stütze für euer tägliches Training.»

«Was mache ich, wenn ich keine Bilder oder nur ungenau passende Bilder finde?»

«Die stärkste Beeinflussung durch Bilder sind eure Erinnerungen. Erinnert euch an schöne Momente, an wunderbare Stimmungen, an Freude, Unbeschwertheit und Glück. Lasst solche Erinnerungen vor eurem geistigen Auge wiedererstehen. Wo war es? Wie war das Wetter? Wie habt Ihr euch gefühlt? Wie waren die Farben, der Wind? Welche Stimmung herrschte? Nehmt all das (sofern positiv!) intensiv wahr. Lebt in diesen Bildern und Sequenzen. Beschreibt die Erinnerung vor eurem inneren Auge, wie ihr es bei einem Fremden oder einem Blinden machen würdet. So kann das positive Denken im tiefsten Innern verankert werden.»

Entspannende, aufbauende, positiv wirkende Bilder sind insbesondere:

Bild	Symbolik
Baum	Schutz, Kraft, Kraftort
Berg	Vater, Autorität, Stärke
Fluss	Lebensfluss, Vorwärtsstreben
Flussmündung	Kontaktfreudigkeit, Verbindung
Haus (mit Gartenzaun)	Ausdruck der Persönlichkeit
Licht	Erkenntnis, Intuition
Meer	Unermesslichkeit des Universums und des Lebens
Quelle	Mutter, Mama, Urquell
Sonne	Kraft, Leben, Vitalität
Strand	Bild der Zukunft
Weg	Lebensweg, Fortschritt
Wiese	Wohlbefinden, Natürlichkeit
Brücke	verbindendes Element
blühender Garten	blühendes Leben, Lebensfreude
Regenbogen	Vielfalt des Lebens
ungepflügter Acker	Fruchtbarkeit, Ertrag, Ergiebigkeit, Erfolg

Zusammenfassung

Hier noch einmal die wesentlichen Punkte des Kapitels «Gesundes Gefühlsleben»:

- Gefühle sind etwas ganz Normales und Alltägliches. Wir alle haben und leben Gefühle. Ob wir das wollen oder nicht, sie sind einfach da.
- Gefühle stärken, erfreuen und bereichern oder belasten und vermiesen unser Leben. Eine positive Gefühlswelt verlängert, eine negative verkürzt unsere Lebenserwartung.
- Ein erster Schritt ist, sich intensiv mit den Gefühlen auseinander zu setzen. Sie wahrzunehmen und sich darüber klar zu werden, welche Art von Gefühlen man gerne erleben möchte.
- Wie eminent wichtig der richtige Umgang mit Gefühlen ist, zeigt z. B. Stress, diese Geißel unserer modernen Gesellschaft, mit der leider nur wenige Menschen wirklich umgehen können.
- Der Wunsch, Gefühle zu beeinflussen, ist so alt wie die Menschheitsgeschichte. Die angewandten Methoden reichen vom einfachen Atmen bis hin zu ausgeklügelten psychologischen Methoden.
- Selbstliebe und Nächstenliebe sind hervorragende Methoden, aufgewühlte Gefühle rasch und effizient zu beruhigen.
- Eine der einfachsten und umfassendsten Methoden, sich mit unbereinigten Gefühlen auszusöhnen, ist Huna.
- Ein harmonisches Gefühlsleben vermittelt nicht nur ein ganz neues Lebensgefühl, es ist gleichzeitig auch ein Garant für ein langes Leben.

Achte auf deine Gedanken, denn sie werden Worte.
Achte auf deine Worte, denn sie werden Handlungen.
Achte auf deine Handlungen, denn sie werden Gewohnheiten.
Achte auf deine Gewohnheiten, denn sie werden dein Charakter.
Achte auf deinen Charakter, denn er wird dein Schicksal.

Anhang

Anhang 1:
Artgerechte Bewegung mit den Fünf »Tibetern«

Die Fünf »Tibeter« sind ein Energie- und Fitnessprogramm, dessen Ursprung bei tibetischen Mönchen vermutet wird. Es besteht aus fünf einfachen Bewegungsabläufen.

Der erste »Tibeter«, der Kreisel

Der erste »Tibeter« ist eine einfache und ungezwungene Drehbewegung. Wie natürlich sie ist, sehen wir an Kindern, die sich oft und immer wieder um die eigene Achse drehen. Wir Erwachsenen haben uns diese fröhliche Bewegung erhalten, wenn wir ein großes Glücksgefühl ausdrücken wollen. Dann beginnen wir zu tanzen und uns zu drehen.

So einfach das Drehen ist, vielen Menschen wird dabei schwindlig. Das deutet darauf hin, dass die Körpersäfte nicht ungehindert zirkulieren können. Aus diesem Grund ist es wichtig, vor der Drehbewegung die Haltung zu kontrollieren. Richten Sie beide Füße parallel aus, vermeiden Sie X- oder O-Beine. Halten Sie die Knie leicht gebeugt, und richten Sie die Wirbelsäule gerade auf, d. h. vermeiden Sie ein Hohlkreuz oder einen Rundrücken. Im Idealfall stehen Sie so gerade, als wären Sie am Scheitel an einem unsichtbaren Faden aufgehängt.

Aus dieser Grundhaltung heraus heben Sie beide Arme hoch, bis sie mit den Schultern eine waagrechte Linie bilden. Die Hände und Finger sind die Fortsetzung dieser Linie. Die Finger liegen locker aneinander, die Handflächen zeigen nach unten. Atmen Sie jetzt aus, und beginnen Sie dann, sich, während Sie einatmen, im Uhrzeigersinn zu drehen. Atmen Sie während der Drehung ruhig und gleichmäßig weiter. Regulieren Sie die Drehgeschwindigkeit so, dass Ihnen möglichst nicht schwindlig wird. Schließen Sie die

Drehung ab, indem Sie beide Hände etwa auf Augenhöhe zusammenführen und den Blick auf die zusammengehaltenen Daumen richten. Kontrollieren Sie Ihre Haltung: Stehen die Füße hüftbreit und parallel?

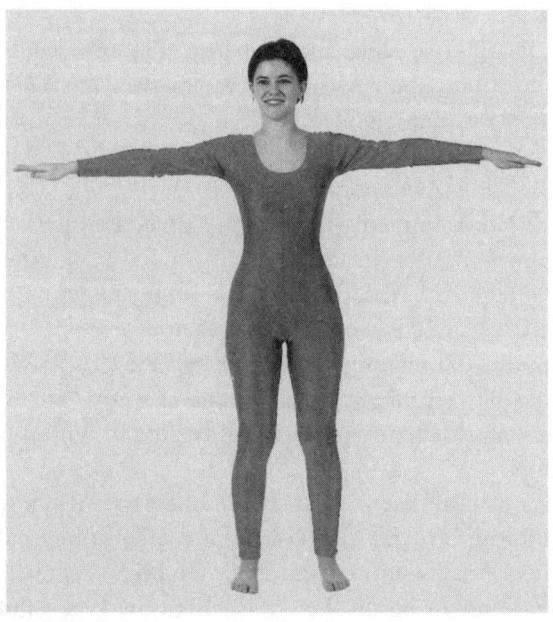

Ausgangshaltung Kreisel: Stehen Sie gerade, heben Sie die Arme und Hände hoch, bis sie eine waagrechte Linie bilden, und beginnen Sie, sich rechtsherum zu drehen.

Der zweite »Tibeter«, die Kerze

Der zweite »Tibeter«, die Kerze, ist eine effektive Muskelübung, insbesondere für die Bauch- und Rückenmuskulatur. Er macht schlank und verleiht ein dynamisches, vitales Auftreten.

Legen Sie sich ganz entspannt auf den Rücken. Die Arme kommen, mit den Handflächen nach unten, neben den Körper. Die Füße sind flach, das Becken ist so gekippt, dass die Wirbelsäule den Boden berührt, die Schultern sind locker, die Halswirbelsäule ist lang. Bitte achten Sie genau auf Ihre Wirbelsäule: Sie liegt vom Kreuz bis zu den Schultern ganz flach am Boden. Es bildet sich auch während der Übung weder ein Hohlkreuz noch ein Rundrücken.

Die Kerze besteht aus Kopf- und Beinbewegungen, die miteinander koordiniert werden. Der Kopf wird aus der Ruheposition hochgehoben und ans Brustbein gezogen und danach wieder abgelegt. Die ausgestreckten Beine werden miteinander langsam und kontinuierlich hochgehoben, so weit es geht, im Idealfall, bis sie senkrecht stehen und damit einen rechten Winkel zu der am Boden liegenden Wirbelsäule bilden. Mit dem Anheben des Kopfes beginnen sich auch die Beine zu heben. Kopf und Beine verharren gleichzeitig einen minimalen Augenblick lang in der angehobenen Position und kehren danach langsam und gleichmäßig in die Ausgangslage zurück.

Achten Sie auf runde, weiche Bewegungen. Lassen Sie die Beine nicht zurückfallen, sondern heben und senken Sie sie mit der Kraft Ihrer Muskeln.

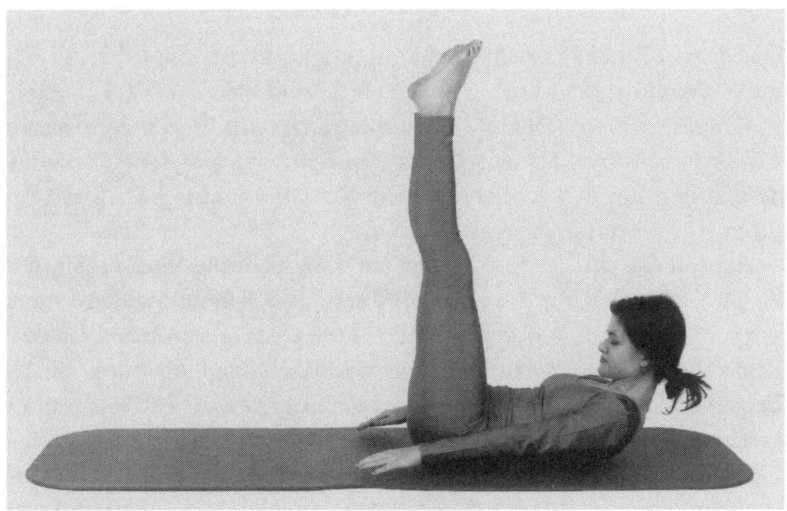

Die Kerze: Kopf und Beine sind angehoben.

Sollten Sie am Anfang Ihres Trainings mit der Beinbewegung Schwierigkeiten haben oder unter Rückenschmerzen leiden, gibt es eine Alternative: Ziehen Sie die Füße bis zum Po, indem Sie die Knie anwinkeln. Heben Sie jetzt die Beine hoch, so weit es geht – im Idealfall, bis sie eine schöne, aufgerichtete Kerze bilden. Falten Sie nun die Beine in den Knien zusammen, und stoßen Sie die Füße vom Gesäß weg, d. h. legen Sie die Beine wieder flach auf den Boden.

Achten Sie auch auf Ihren Oberkörper. Nicht die Schulter, sondern nur der Kopf wird angehoben. Vermeiden Sie einen Rundrücken, reduzieren Sie, falls notwendig, die Kopfbewegung, und halten Sie Ihre Wirbelsäule von den Schultern an flach am Boden.

Die Kerze beginnt mit einem tiefen Ausatmen. Gleichzeitig mit dem Einatmen beginnen Sie, den Kopf und die Beine langsam zu heben. Sie atmen so lange ein, bis die Hebe-Bewegungen den Höhepunkt erreicht haben. Diese Position halten Sie einen minimalen Augenblick, dann beginnen Sie auszuatmen und dabei gleichzeitig Kopf und Füße abzusenken.

Der dritte »Tibeter«, der Halbmond

Der dritte »Tibeter« ist ein Stretchingprogramm für den Oberkörper, für Wirbelsäule, Brustkorb, Schulterpartie und Hals.

Für den dritten »Tibeter« richten Sie sich vom Liegen zum Knien auf. Bitte benutzen Sie dabei nicht den Beinschwung der Kerze, sondern rollen Sie sich seitlich auf eine Schulter, und hebeln Sie dann Ihren Körper mit den Armmuskeln hoch.

Achten Sie auch beim Knien auf Ihre Haltung: Stellen Sie die Zehen auf, halten Sie die Knie hüftbreit, und richten Sie den Oberkörper gerade auf, so dass er einen rechten Winkel zum Boden bildet. Kontrollieren Sie jetzt die Becken- und Wirbelsäulenhaltung: Ist das Becken gerade gekippt, die Wirbelsäule aufgerichtet? Ist die Schulter locker, der Hals lang?

Damit das Stretching des Oberkörpers gelingt, bilden wir im Beckenbereich eine solide Basis. Wir legen die Hände auf die Pobacken und unterstützen so das Kreuz, das die Wirbelsäule trägt.

Beginnen Sie die Übung, indem Sie den Kopf auf das Schlüsselbein senken. Dann führen Sie den Kopf langsam über den Scheitel etwas in den Nacken. Gleichzeitig beginnen Sie, langsam den ganzen Oberkörper nach hinten zu dehnen, indem Sie sich aus dem Kreuz heraus vorsichtig Wirbel um Wirbel nach hinten biegen. Halten Sie die Gesäßbacken fest zusammengepresst, und unterstützen Sie diese Haltung durch beide Hände. Öffnen Sie beim Rückwärtsbiegen den Mund, damit der Bereich der Stimmbänder und der Schilddrüse nicht unangenehm spannt.

Halten Sie auch beim Halbmond die Anspannung nicht an, sondern kehren Sie nach einem minimalen Verharren zurück in die Ausgangslage. Richten Sie den Oberkörper wieder gerade auf, und führen Sie den Kopf nach vorne auf das Brustbein.

Mit dem Absenken des Kopfes auf das Brustbein atmen Sie kräftig aus. Mit dem Aufbau der Bewegung beginnt auch das Einatmen, das so lange dauert, bis die Rückwärtsbewegung abgeschlossen ist. Ist sie vollständig ausgeführt, beginnt das Ausatmen, das so lange dauert, bis der Oberkörper wieder gerade aufgerichtet und der Kopf auf das Brustbein gesenkt ist.

Auch beim Halbmond atmen wir somit in die Spannung hinein und mit der Entspannung aus.

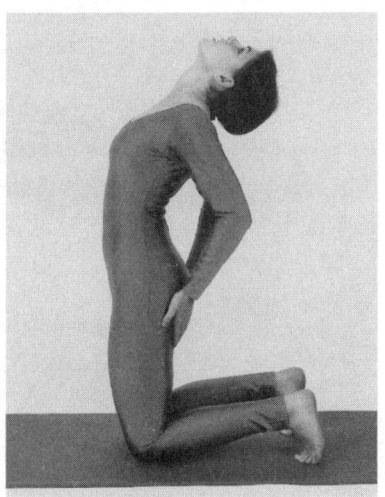

Der Halbmond: Der Rücken ist nach hinten gestretcht, der Mund steht leicht offen.

Der vierte »Tibeter«, die Brücke

Der vierte »Tibeter«, die Brücke, wirkt, neben dem rein körperlichen Training, gezielt und wohltuend auf die Verdauungs- und Ausscheidungsorgane.

Setzen Sie sich mit hüftbreit ausgestreckten Beinen hin. Halten Sie den Oberkörper aufrecht, möglichst im rechten Winkel zu den am Boden ruhenden Beinen. Achten Sie auf die Haltung: aufgerichtete Wirbelsäule, langer Hals, gerader Kopf, lockere Schulter. Legen Sie die Hände auf den Boden neben Ihr Gesäß, mit den Handflächen nach unten. Die Finger sind in Richtung Füße ausgerichtet.

Wie beim Halbmond führen wir zu Beginn der Übung den Kopf nach unten, also das Kinn auf das Brustbein. Nun heben wir das Gesäß mit den Armmuskeln vom Boden ab und beginnen, das Gesäß in Richtung Füße zu schieben. Beugen Sie die Knie, und stellen Sie die Fußsohlen auf den Boden. Beginnen Sie nun, das Gesäß durch die Kraft der Wirbelsäule so weit hochzuheben, bis der ganze Körper eine gerade, parallel zum Boden verlaufende Linie bildet.

Die Brücke: Der Körper wird auf Händen und Füßen gehalten und bildet eine parallele Linie zum Boden.

Während Sie den Körper hochheben, führen Sie den Kopf vorsichtig nach hinten und öffnen dabei den Mund. Sie halten den Körper jetzt auf den Händen und den Füßen und bilden so eine schöne, rechteckige Brücke. Beide Pfeiler (Arme und Beine) stehen senkrecht.

Der Bewegungsabbau erfolgt in umgekehrter Reihenfolge. Senken Sie das Gesäß ab, ziehen Sie den Po zurück zwischen die Hände und stellen Sie ihn ab. Gleichzeitig führen Sie den Kopf zurück, schließen den Mund und ziehen das Kinn auf das Brustbein. Wichtig ist, dass Sie am Schluss die Hände vom Boden lösen und Arm-, Bein- und Rumpfmuskeln lockern.

Auch die Brücke beginnt mit einem kräftigen Ausatmen bei gleichzeitigem Absenken des Kinns auf das Brustbein. Beginnen Sie, während Sie die Bewegung aufbauen, mit dem Einatmen. Es dauert so lange, bis die Brücke steht. Sofort danach beginnt das Ausatmen, das mit dem Bewegungsabbau einher geht.

Auch bei der Brücke gilt: Dauert die Bewegung am Anfang zu lange für einen einzigen Atemzug, dann nehmen Sie zwei oder drei. Wenn Sie die Bewegung sicher und geläufig ausführen können, beginnen Sie, sie mit der Atmung zu koordinieren. Brücke aufbauen = einatmen, Brücke abbauen = ausatmen.

Der fünfte »Tibeter«, der Berg

Der Berg, der fünfte »Tibeter«, schließt den Reigen der Übungen würdig ab, denn er aktiviert den Kreislauf. Durch die Auf- und Abbewegungen wirkt er wie eine mächtige Energiepumpe, die Schwung in alle Körperfunktionen bringt.

Legen Sie sich auf den Bauch. Halten Sie die Füße etwas mehr als hüftbreit auseinander, die Hände liegen angewinkelt, mit den Handflächen nach unten, Finger nach vorne, links und rechts neben den Schultern. Stellen Sie die Zehen auf und heben Sie den Körper auf Hände und Zehen. Biegen Sie den Kopf und den Oberkörper, ähnlich wie beim Halbmond, vorsichtig nach hinten. Der Mund ist leicht geöffnet. Die Beine sind durchgestreckt und parallel zum Boden einige Zentimeter in der Luft. Die Gesäßmuskeln werden, wie beim Halbmond, maximal angespannt, um eine solide Basis für das Rückwärtsbiegen der Wirbelsäule zu bilden. Diese Stellung wird auch «Kobra-Stellung» genannt. Achten Sie auf guten Stand und absolut rutschfeste Sohlen.

Aus dieser Stellung heraus wird der Berg aufgebaut. Heben Sie das Gesäß kontinuierlich, bis Sie ein umgedrehtes V erreichen. Gleichzeitig führen Sie das Kinn auf das Brustbein. Kehren Sie zurück, senken Sie den Po, und dehnen Sie den Oberkörper rückwärts, nehmen Sie den Kopf zurück, öffnen Sie den Mund. Stellen Sie den Körper nicht ab, sondern halten Sie ihn auf Händen und Zehen in der Kobra-Haltung, und beginnen Sie die nächste Wiederholung.

Der Berg: Das Gesäß ist hochgehoben, der Kopf liegt auf dem Brustbein.

Sie atmen beim Zurückbiegen des Kopfes und des Oberkörpers aus und beginnen einzuatmen, sobald der Körper die Bergbewegung beginnt. Ist die Spitze des Berges erreicht und das Kinn an das Brustbein gezogen, beginnt das Ausatmen und damit das Abbauen der Übung, also das Rückwärtsbiegen.

Der Name *Fünf »Tibeter«* ist geschützt. Er wird hier mit freundlicher Genehmigung der Inhaber der Rechte benutzt. Das Programm der Fünf »Tibeter« ist an sich einfach – trotzdem ist es empfehlenswert, es in einem Seminar zu lernen, um denkbare Missverständnisse auszuräumen und dadurch verursachten Gesundheitsschäden vorzubeugen. Achten Sie bitte darauf, dass der Seminarleiter ein ausgebildeter, autorisierter »Tibeter«-Trainer ist.

Weitere Ausführungen zu den Fünf »Tibetern« finden Sie in meinem Buch *Fitness und Entspannung mit den Fünf »Tibetern«* (Scherz Verlag).

Anhang 2:
Die Reise der Nahrung durch den Körper

Das bekannte Sprichwort, «Wir werden, was wir essen», stimmt leider schon lange nicht mehr, und zwar einfach deshalb, weil die Nahrung viel zu sehr verändert worden ist. Lange nicht alles, was wir essen, können wir auch wirklich verdauen. Könnten wir es, würden nicht über 90 Prozent der Bevölkerung unter Verdauungsproblemen und Verstopfung leiden.

Was passiert beim Verdauungsprozess eigentlich?

Kauen und Schlucken

Der grösste Teil unseres Verdauungssystems, des vegetativen Nervensystems, ist unserem bewussten Zugriff entzogen. Alles, was mit Verdauung zu tun hat, wird «vollautomatisch» gesteuert und läuft autonom ab. Einzig das Kauen und Schlucken können wir willentlich beeinflussen und steuern. Auch das ist nicht immer leicht, wie Sie vielleicht beim Selbstversuch mit dem Apfel bemerkt haben. Der Schluckreiz ist groß und kann nicht immer überwunden werden.

Die Anregung der Mundspeicheldrüsen ist sehr wichtig. Nehmen Sie sich genügend Zeit vor dem Essen, d. h. stimmen Sie sich und Ihren Körper auf das Essen ein. Man mag über das Tischgebet denken, was man will, aber es hatte, rein körperlich gesehen, einen großen Vorteil: Die Mundspeicheldrüsen konnten ihre Arbeit aufnehmen. Diese Drüsen wirken sozusagen als Startmotor für den Magen, die Bauchspeicheldrüse und die Galle, die ihrerseits Säfte zu produzieren beginnen.

Das Kauen der Speisen ist der nächste wichtige Punkt, und zwar nicht nur wegen der Zerkleinerung. Die im Mundspeichel enthaltenen Verdauungssäfte sind zum großen Teil einmalig, sie können weder vom Magen noch von einer anderen Drüse produziert werden. Gerade Getreideprodukte (Brot, Teigwaren, Kuchen usw.) müssen unbedingt gut eingespeichelt werden, sonst beginnen Sie im Magen zu gären. Beim Gärprozess entstehen als Endprodukt Alkohol bzw. toxische Stoffe, die die Leber belasten. Migräne, Asthma und Allergien sind mögliche Folgen.

Der Magen

Durch das Schlucken wandert die Nahrung in den Magen. Er hält eine Lösung aus Schleim, Salzsäure und einem eiweißspaltenden Enzym (Pepsin) bereit. Im Magen werden Proteine (Eiweiß) aufgespalten, indem die chemischen Bindungen, die die Bestandteile des Proteins (die Aminosäuren) zusammenhalten, zerlegt werden. Das Hormon Gastrin, das in den Zellen des unteren Magenabschnittes gebildet wird, gelangt über das Blut zu den salzsäure- und pepsin-bildenden Zellen der Magenschleimhäute und regt die Magentätigkeit weiter an, schließlich ist der Magen auch ein Muskel.

Peristaltische Wellen durchlaufen den Magen etwa alle zwanzig Sekunden. Sie bewirken vorrangig das kräftige Durchmischen des Speisebreies. Diese mechanische Verdauung kann durch Körperbewegungen oder auch gezielte Bauchatmung unterstützt werden.

Es liegt auf der Hand, dass die Muskelarbeit des Magens Energie verbraucht. Interessant ist, dass Fleisch fressende Tiere ganz offensichtlich langsamer und mühevoller verdauen als Gras fressende. Elefanten grasen den ganzen Tag und ziehen dabei immer weiter. Löwen, Tiger und Katzen legen sich nach dem Fressen hin – sie müssen sich erholen. Beobachten Sie sich selbst: Welche Speisen verdauen Sie ohne Probleme, und nach welchen fühlen sie sich müde und abgeschlafft?

Trinken ist selbstverständlich wichtig. Man sollte es nur nicht unmittelbar vor und schon gar nicht während einer Mahlzeit tun. Wenn Sie beim Essen trinken, bringt das die Magendrüsen in Stress. Da durch das Trinken das Speisevolumen aufgebläht wird, müssen sie erheblich mehr Säure produzieren, um die für die Verdauung notwendigen Enzyme herzustellen. Deshalb sollte erst etwa eine Stunde nach dem Essen getrunken werden.

Die Trinkmenge ist übrigens abhängig von der Zusammensetzung der Speisen: Wenn Sie Früchte, Salate und Gemüse essen, dann haben Sie bereits sehr viel natürliches Wasser zu sich genommen. Wenn Sie dagegen Fleisch, Teigwaren, Reis, Brot, Kuchen usw. essen, benötigen Sie unbedingt mehr Wasser. Trinken Sie ausschließlich reines Wasser, denn Wasser kann durch nichts ersetzt werden, auch nicht durch Tee, erst recht nicht durch Cola, Kaffee oder Alkohol.

Der Magen reagiert äußerst sensibel auf Emotionen. Aggressionen steigern die Säureproduktion, Angst, Sorgen, Stress und Trauer wirken dagegen hemmend. Schmerzen, Unruhe, Unrast, Erschrecken und Streit während des Essens lassen den Magen buchstäblich erstarren; er streikt. Wenn am Esstisch Streit ausbricht, wird das Problem vermutlich nicht gelöst, indem Sie aufstehen und weggehen. Aber Sie ersparen zumindest Ihrem Magen einiges an Qual …

Der Dünndarm

Die nächste Verdauungsstation ist der Dünndarm. Er gleicht einem Knäuel, das locker befestigt ist und in Falten im Bauchraum liegt. Hier herrscht ein alkalisches (basisches) Klima, das durch die stark alkalischen Säfte der Galle und der Bauchspeicheldrüse produziert wird. Auf dem etwa fünf Meter langen Weg des Speisebreis durch den

Dünndarm werden eine ganze Reihe Enzyme eingesetzt. Deren Aufgabe ist es, ihn in kleinste Bestandteile zu zerlegen, so dass er durch die Dünndarmzotten aufgenommen werden kann.

Die Zotten sind fingerförmige Ausstülpungen der Dünndarmschleimhaut. Einfache Zucker und Aminosäuren sowie einfache Fettsäuren gelangen durch die Dünndarmzotten ins Blut, das sie zur Leber transportiert. Die Leber ist das große Abbau-, Umbau- und Entgiftungsorgan. Längerkettige Fettsäuren gelangen nicht zur Leber, sondern durch die Lymphgefäße bis auf Brusthöhe, wo sie dem Blut zugeführt werden.

Der Dünndarm arbeitet ebenso wie der Magen mit peristaltischen Bewegungen. Sie gleiten über den ganzen Darm und befördern den Speisebrei weiter. Dazu kommen rhythmische Einschnürungen wie im Magen sowie Pendelbewegungen, die der weiteren Durchmischung dienen.

Galle und Bauchspeicheldrüse

Die Galle bzw. der Gallensaft wird nicht in der Galle, sondern in der Leber hergestellt. Die etwa 0,75 Liter pro Tag werden in der Gallenblase gesammelt und eingedickt. Die aggressive alkalische Flüssigkeit ist wichtig für die Fettverdauung. Fette sind nicht wasserlöslich und müssen daher emulgiert, d. h. in kleinste Teilchen zerlegt werden. Erst dann können die fettspaltenden Enzyme des Darms und der Bauchspeicheldrüse die Fettnäpfchen aufspalten. Dadurch entstehen Monoglyceride, die als Fettsäuren bezeichnet werden und sich mit fettlöslichen Vitaminen und der Gallensäure verbinden. Erst so aufbereitet, können sie durch die Dünndarmschleimhaut resorbiert (aufgenommen) werden.

Der Saft der Bauchspeicheldrüse ist besonders enzymreich und alkalisch und dient maßgeblich der Zuckerverwertung. Wie der Mundspeichel enthält der Bauchspeichel Alpha-Amylase, die als Fermente Zucker zu einfacher Glukose, Fruktose und Galaktose abbauen.

Der Dickdarm

Vom Dünndarm gelangt der Speisebrei in den Dickdarm. Er umrahmt den Dünndarm und ist aufgeteilt in einen aufsteigenden, einen quer liegenden und einen absteigenden Ast. Im Dickdarm werden dem Speisebrei Wasser, Mineralstoffe und Salze entzogen. Das Volumen wird eingedickt und als Stuhlgang ausgeschieden.

Die Verdauung im Darm wird durch physiologisch nützliche Bakterien unterstützt. Der Körper bildet mit diesen Darmbakterien eine Lebensgemeinschaft, eine Symbiose. Es sind Nützlinge, die helfen, den Speisebrei zu zersetzen und gleichzeitig Gärung und Fäulnis zu verhindern. Diese Zusammenarbeit mit den Bakterien ist allerdings in einem labilen Gleichgewicht. Eine Vielzahl von Einflüssen kann es stören. Falsche Nahrungsmittel, Medikamente (insbesondere Antibiotika) und psychische Einflüsse (Stress, Trauer, Sorgen) rufen unweigerlich Fehlfunktionen hervor.

Bei einseitiger Ernährung beispielsweise können Nahrungsbestandteile nicht mehr optimal abgebaut werden. Das Darmklima ändert sich. Gase entwickeln sich und gelangen in die Blutbahnen. Unverdaute Nahrungsbestandteile, meist Stärkekörner, Fettsäurekristalle, Muskelfasern (Fleischteile) und Pflanzenfasern gelangen bis in den Stuhl. Neben den Gasen entstehen alkoholhaltige Lösungen, Fäulnisgifte (z. B. Ammoniak und Phenole) in größeren Mengen. Eine intakte Darmschleimhaut vermag diese Gifte zu halten. So können sie letztlich ausgeschieden werden, was sich durch streng riechenden Stuhl und üble Winde bemerkbar macht.

Ist die Darmschleimhaut nicht mehr vollständig intakt oder geschwächt, können Gifte in unseren Körper gelangen. Sie belasten die Blutbahnen und die Leber. Man spricht von Intoxikation, d. h. Selbstvergiftung. In krassen Fällen kommt es zu Lebensmittelvergiftungen. Tückisch sind die leichten, toxischen Störungen. Wir nehmen Sie als Krankheiten wahr, oft ohne zu wissen, wo der Krankheitsherd ist. Typische Krankheitsbilder sind so genannte unheilbare Krankheiten wie z. B. Kopfschmerzen, Herz- und Kreislaufprobleme, Migräne, Asthma, Allergien aller Art, Hauterkrankungen, Depressionen, Schlafstörungen, dauernde Müdigkeit, Burnout und viele mehr.

Eine geregelte Verdauung ist zwingend wichtig für unsere Gesundheit. Die Verdauungszeit hängt vom Zustand des Magen-Darm-Traktes und auch davon ab, in welcher Kombination und Qualität die Speisen gegessen werden. Aus diesem Grund kann man darüber streiten, wie lange einzelne Speisen benötigen, um den Verdauungstrakt zu durchlaufen. Die im Kapitel «Wir werden, was wir verdauen, nicht, was wir essen» aufgeführten Werte sind also in diesem Sinne ungenau. Trotzdem geben sie klare Fingerzeige.

Anhang 3:
Das Bewegungsprogramm nach Morehouse

Das Programm des Nasa-Experten Morehouse besteht aus fünf Schritten:

1. Strecken, Dehnen und Drehen des Körpers

Morgens nach dem Erwachen eine Minute am geöffneten Fenster stehen gibt den Lungen frischen Sauerstoff und weckt wesentlich besser und gesünder als Kaffee. Ganz Eilige können das morgendliche Strecken auch unter der Dusche erledigen, wenn sie es nicht am Fenster tun wollen.

2. Zwei Stunden stehen

Vielleicht haben Sie einen «stehenden» oder «gehenden» Beruf, dann ist dieser Punkt natürlich ganz einfach. Wenn Sie zu jenen bedauernswerten Menschen gehören, die einen «sitzenden» Beruf haben, müssen Sie etwas Gedankenarbeit aufwenden.

Verzichten Sie für kurze Strecken auf das Auto. Holen Sie sich Ihre

Materialien, Werkzeuge, Akten und Ihren Kaffee selbst. Stehen Sie beim Telefonieren auf. Erheben Sie sich, unterbrechen Sie Ihr Sitzen immer wieder, werfen Sie einen Blick aus dem Fenster. Statt die Angestellten Besorgungen machen zu lassen, tun Sie Ihrer Gesundheit einen Gefallen und gehen selbst.

Es versteht sich von selbst, dass hier von einem aufrechten, körperfreundlichen Stehen und Gehen gesprochen wird.

3. Schwere Last heben

Mit etwas Überlegung werden Sie jeden Tag irgendeinen Gegenstand finden, den Sie heben, verrücken, zurechtstellen, halten, auflesen, versorgen, stemmen oder sonstwie bewegen können. Was hindert Sie daran, die Schreibmaschine, den Bildschirm, den Aktenstapel hochzuheben und zu verschieben?

Achten Sie darauf, dass Sie beim Heben und Halten wirbelsäulenfreundlich vorgehen: Beugen Sie die Knie, gehen Sie in die tiefe Hocke, nehmen Sie die Last auf, und lassen Sie die Beine die Hebearbeit verrichten. Der Rücken bleibt die ganze Zeit gerade und gestreckt.

4. Rasches Gehen

Diese Forderung können Sie ohne zusätzliche Zeitaufwendung leicht einbauen. Keine Idee? Wie wäre es, wenn Sie, statt auf den Fahrstuhl zu warten, die Treppe benützen?

Dass Treppensteigen nach wie vor eines der besten Mittel zum Erreichen und Erhalten körperlicher Beweglichkeit ist, hat mittlerweile auch die Industrie bemerkt. Sie bietet eine Fülle von Treppen-Simulationsgeräten an. Diese Geräte (und die Zeit, die die Übungen damit benötigen) können wir uns sparen, wenn wir uns angewöhnen, den Fahrstuhl links liegen zu lassen und die Treppe zu benutzen. Im Laufe der Zeit macht Treppensteigen richtig Spass. Mit Zunahme der Beweglichkeit und Leistungsfähigkeit werden sie zwei Stufen auf einmal nehmen und damit nicht nur jeden Fahrstuhl überholen, sondern auch ein tief befriedigendes Gefühl körperlicher Tüchtigkeit verspüren.

5. Täglich mindestens 300 Kalorien verbrennen

Der Kalorienverbrauch ist bekanntlich von vielen Faktoren abhängig. Um Ihnen eine Idee zu geben, wie dreihundert Kalorien verbrannt werden können, liste ich hier einige Durchschnittswerte auf. Dreihundert Kalorien werden durchschnittlich verbrannt, wenn Sie:

1 Stunde und 40 Minuten spazierengehen
1 Stunde wandern
40 Minuten Rad fahren
23 Minuten laufen
14 Minuten rasch laufen
9 Minuten schwimmen
1 Stunde Golf spielen
40 Minuten Tennis spielen
50 Minuten Tischtennis spielen
55 Minuten Tanzen (Foxtrott)

Sollten Sie in dieser Liste keine Ihnen zusagende Betätigung gefunden haben, hier noch zwei Tipps: Treppensteigen verbrennt fast so viele Kalorien wie Schwimmen. Und: Auch Liebe machen verbraucht viel – und bereitet zudem Spass. Darüber hinaus ist die von der Liebe getragene intime Verbindung zwischen Mann und Frau eine der schönsten Möglichkeiten, Ganzheitlichkeit zu erleben. In solchen Augenblicken verschmelzen Körper, Seele und Geist zu einer Einheit.

Anhang 4:
Die Trennkost nach Hay

Dr. Hay, der Begründer der Trennkost, hat erkannt, dass der Mischmasch von Lebensmitteln in der Zivilisationsernährung unser Verdauungssystem überfordert. Deshalb hat er die Nahrungsmittel eingeteilt in säurehaltige, basische und neutrale Lebensmittel. Heute leider ziemlich in Vergessenheit geraten ist Dr. Hay's Forderung nach frischen, natürlichen und vitalen Produkten.

Hay teilt die Lebensmittel ein in:

a) proteinhaltige (eiweißhaltige / säurehaltige) Lebensmittel
- tierische Produkte wie Fleisch, Fisch, Eier, Milchprodukte
- viele Früchte: Obst, Zitrusfrüchte, Beeren

b) kohlehydrathaltige (stärkehaltige / basische) Lebensmittel:
- Stärkeprodukte: Weizen, Roggen, Gerste, Hafer, Reis, Mais
- überwiegend stärkehaltige Gemüse: Kartoffeln, Kohl, Artischocken, Schwarzwurzeln
- überwiegend stärkehaltige Früchte: Bananen, Datteln, Feigen

c) neutrale Lebensmittel:
- alle (übrigen) Gemüse, Salate
- Nüsse

Die Trennung der Lebensmittel in Proteine und Stärke hat auch Kritiker auf den Plan gerufen. Sie argumentieren, dass es in der Natur selten rein proteinhaltige bzw. rein stärkehaltige Produkte gebe. Dafür existieren ganz im Gegenteil eine Reihe von Lebensmittel, die beinahe zur Hälfte Proteine und zur Hälfte Kohlehydrate enthalten, so beispielsweise Soja, Bohnen, Erbsen, Linsen usw. Hay ließ sich durch diese Einwände nicht beirren, verwies vielmehr auf die Tatsache, dass gerade die genannten Produkte oft Blähungen und Winde verursachen und roh ohnehin ungenießbar oder gar giftig seien. Ein deutliches Indiz also dafür, dass sie von der Schöpfung nicht unbedingt für uns Menschen gedacht sind. Von diesen wenigen Ausnahmen abgesehen, haben alle anderen Lebensmittel eine ganz eindeutige Ausrichtung: Sie sind entweder überwiegend protein- oder überwiegend kohlehydrathaltig.

Mehrere Experten haben die Hay'sche Trennkost im Lauf der Zeit verfeinert und eingehender analysiert. So wurde beispielsweise festgestellt, dass Tomaten nur roh neutral sind, gekocht aber zu den säurehaltigen Lebensmitteln zählen.

Lebensmittel-Kombinationen nach Hay

Werden die Lebensmittel in erlaubte Kombinationen zusammengefasst, ist die Lehre der Trennkost übersichtlich und ganz einfach:

KOHLEHYDRATE (STÄRKE, ZUCKER) B A S I S C H:

Stärke-produkte	Fette, Öle	Obst, Gemüse, Salat	Fleisch, Eiweiß	Milch-pro-dukte	Zucker-pro-dukte	Gewürze, Sonstiges
Mais		Äpfel getrocknet			Ahornsaft	
Naturreis		Aprikosen getrocknet			Birnex	
Vollkorn		Pflaumen getrocknet			Honig	
Buch-weizen		Bananen				
Gerste		Datteln				

KOHLEHYDRATE (STÄRKE, ZUCKER) B A S I S C H:

Stärke-produkte	Fette, Öle	Obst, Gemüse, Salat	Fleisch, Eiweiß	Milch-pro-dukte	Zucker-pro-dukte	Gewürze, Sonstiges
Grün-kern		Feigen				
Hafer		Rosinen				
Roggen		Artischo-cken				
Weizen		Kartoffeln				
		Kohl				
		Schwarz-wurzeln				

Damit können alle NEUTRALEN Lebensmittel kombiniert werden:

Kaltge-presste Fette	Blatt-salate	Eigelb	Käse über 55% FiT		Garten- und Wild-kräuter
Kalt-gepresste Öle	Bohnen		Molke		Curry
Kokos-fett	Blumen-kohl		Quark		Knob-lauch
Butter	Erbsen		Rahm süß		Muskat
	Fenchel		Rahm sauer		Paprika

Damit können alle NEUTRALEN Lebensmittel kombiniert werden:

Kaltge- presste Fette	Blatt- salate	Eigelb	Käse über 55% FiT		Garten- und Wild- kräuter
	Gurken		Schafkäse		Petersilie
	Kraut				Schnitt- lauch
	Karotten				Zwiebeln
	Kabis				Oliven
	Kürbis				Nüsse
	Lauch				
	Pepperoni				
	Randen				
	Rettich				
	Radies- chen				
	Sellerie				
	Spargel				
	Spinat				
	Tomaten roh				
	Zwiebeln				

PROTEINE (EIWEISS) S Ä U R E HA LT I G:

Stärke-produkte	Fette, Öle	Obst, Gemüse, Salat	Fleisch, Eiweiß	Milch-pro-dukte	Zucker-pro-dukte	Gewürze, Sonstiges
Soja		Früchte	Fleisch	Milch		
Sojamehl		Beeren	Fisch	Butter-milch		
Soja-flocken		Ananas	Eier	Sauer-milch		
		Korin-then		Mager-käse		
		Melonen		Joghurt		
		Kernobst				
		Steinobst				
		Tomaten gekocht				

Damit können alle NEUTRALEN Lebensmittel kombiniert werden:

	Kaltge-presste Fette	Blatt-salate	Eigelb	Käse über 55% FiT		Garten- und Wild-kräuter
	Kalt-gepresste Öle	Bohnen		Molke		Curry
	Kokos-fett	Blumen-kohl		Quark		Knob-lauch

Damit können alle NEUTRALEN Lebensmittel kombiniert werden:

Kaltge-presste Fette	Blatt-salate	Eigelb	Käse über 55% FiT		Garten- und Wild-kräuter
Butter	Erbsen		Rahm süß		Muskat
	Fenchel		Rahm sauer		Paprika
	Gurken		Schafkäse		Petersilie
	Kraut				Schnitt-lauch
	Karotten				Zwie-beln
	Kabis				Oliven
	Kürbis				Nüsse
	Lauch				
	Pepperoni				
	Randen				
	Rettich				
	Radies-chen				
	Sellerie				
	Spargel				
	Spinat				

Damit können alle NEUTRALEN Lebensmittel kombiniert werden:

Kaltge-presste Fette	Blatt-salate	Eigelb	Käse über 55 % FiT		Garten- und Wild-kräuter
	Tomaten roh				
	Zwiebeln				

Hay hat, wie bereits erwähnt, absolute Frische und Natürlichkeit der Nahrungsmittel gefordert. Zudem hat er analysiert, welche Nahrungsmittel unserer Verdauung Probleme bereiten, und empfohlen, diese Lebensmittel zu meiden. Es handelt sich um:

NICHT EMPFEHLENSWERTE LEBENSMITTEL:

Stärke-produkte	Fette, Öle	Obst, Gemüse, Salat	Fleisch, Eiweiß	Milch-pro-dukte	Zucker-pro-dukte	Gewürze, Sonstiges
Reis poliert	Erdnussöl	Preisel-beeren	Rohes Eiweiß	«behan-delte» Milch und Milch-produkte (pasteuri-siert, UHT usw.)	Zucker aller Art	Essig-essenzen
Sago	Fischöl	Rhabar-ber	Auf-schnitt		Gelees	Ingwer
Weißbrot	Margarine	Pilze	Enten		Marme-lade	Kochsalz

NICHT EMPFEHLENSWERTE LEBENSMITTEL:

Stärke-produkte	Fette, Öle	Obst, Gemüse, Salat	Fleisch, Eiweiß	Milch-pro-dukte	Zucker-pro-dukte	Gewürze, Sonstiges
Weißmehl	Schweine-fett	Geschwe-felte Früchte	Gänse		Süßig-keiten-aller Art	Meer-rettich
Weiß-mehl Teigwaren			geräu-chertes Fleisch		Schoko-lade	Pfeffer
			Innereien		Snacks	Senf
			Schweine-fleisch		Riegel	Kakao
			Schinken			Kaffee
			Wild			Schwarz-tee
			Würste			Erdnüsse
			Aal			Kau-gummi
			Karpfen			Softdrinks
						Energie-Drinks
						Instant-produkte

Hier die Gründe:

- Preiselbeeren und Rhabarber sind schwer verdaulich. Deshalb sollten große Mengen gemieden werden.
- Pilze unterliegen den Umwelteinflüssen in sehr hohem Maße. Für Wild gelten analoge Überlegungen.
- Essigessenzen sind sehr stark säurehaltig.
- Ingwer ist eine wichtige Heilpflanze, aber schwer verdaulich. Bitte in Maßen und gezielt, nicht als Gemüse essen.
- Pfeffer und Senf können zu Bluthochdruck und Schädigungen der Darmflora führen.
- Kakao, Kaffee und Schwarztee wirken stark säurehaltig und putschen auf. Der Organismus wird in den Zustand der Gefahrenabwehr versetzt, ohne dass der Körper die aufgebaute Energie freisetzen kann.

Die Zuordnung der Produkte in die Klassen Proteine, Stärke oder Neutral können Sie auch selbst vornehmen. Alles, was Sie dazu benötigen, sind Nährwerttabellen, die Sie im Buchhandel finden.

Die Trennkost in der Praxis

Wenn Sie auswärts essen oder ein Mischmenü erhalten, dann haben Sie mehrere Möglichkeiten, die Trennkost trotzdem einzuhalten:

- Bitten Sie die Küche, die Beilage wegzulassen und dafür mehr Gemüse zu servieren.
- Essen Sie entweder nur das Fleisch und das Gemüse oder aber nur das Gemüse und die stärkehaltigen Produkte (Beilagen).
- Wählen Sie einen Salatteller.
- Wählen Sie einen Gemüseteller.
- Wählen Sie einen Fitnessteller (Salat mit Fleisch/Fisch).
- Ersetzen Sie die Mahlzeit durch Früchte.

Die Trennkost in der eigenen Küche

Wenn Sie selbst kochen, können Sie bestehende Rezepte ganz einfach auf Trennkost abändern. Streichen Sie entweder die Proteine oder die Stärke, und ergänzen Sie mit neutralen Lebensmitteln. Stöbern Sie auch in alten Kochbüchern. Dort finden Sie jede Menge Menüs, die nach den Prinzipien der Trennkost zusammengestellt wurden, denn unsere Vorfahren aßen erheblich einfacher. Wenn Sie nach speziellen Trennkost-Kochbüchern suchen, empfehle ich Ihnen das Originalbuch von Hay. Leider sind neuere Trennkostbücher weniger konsequent in der Umsetzung der Grundidee Frische und Natürlichkeit.

Im Zusammenhang mit der Trennkost wird oft nach der Einordnung von Wein und Bier gefragt. Wenn überhaupt Alkohol, dann passt Wein als Fruchtgetränk eher zu einer Proteinmahlzeit, Bier dagegen eher zur Stärke.

Salat kann sowohl zur basischen wie auch zur säurehaltigen Mahlzeit kombiniert werden. Doch Vorsicht bei der Salatsauce. Wenn Ihnen Zitronensaft allein nicht genügt, verwenden Sie ausschließlich kaltgepresstes Öl, wo erhältlich den Erstauszug. Als Essig ist ein Früchteessig (z. B. Apfel) richtig bei Proteinen und ein Kräuteressig bei Stärke.

Vermeiden Sie alle Arten von vorgefertigten Salatsaucen (Dressings).

Anhang 5:
Die Ernährung der tibetischen Mönche

Nach den Überlieferungen ernährten sich die tibetischen Mönche und die Lamas ganz einfach. Nein, sie waren eigentlich keine Vegetarier, zumindest nicht im strengen Sinne, denn Sie aßen gelegentlich auch Eier und Käse. Sie konsumierten allerdings weder Fleisch noch Fisch, noch Geflügel, und bei den Eiern aßen Sie ausschließlich das Eigelb, und zwar roh. Angesichts der Fütterung und Aufzucht der

Hühner sowie der Lagerung und des Transports der heute käuflichen Eier sollten wir dies keinesfalls nachahmen (Gefahr der Salmonellenvergiftung!).

Doch es gibt genügend andere Möglichkeiten, den Mönchen nachzueifern. Für ihre stabile Gesundheit und ihr hohes Alter war vor allem die Einfachheit der Speisen ausschlaggebend. Sie bevorzugten Gemüse und Früchte, und zwar möglichst roh. Dabei aßen Sie pro Mahlzeit lediglich ein Gemüse oder eine Frucht, also z. B. Karotten mit Karotten und nichts als Karotten oder aber Äpfel mit Äpfeln und nichts als Äpfeln. Wenn man so will, war diese Mönchsküche die Trennkost in Reinkultur.

Sie verzichteten auf jegliche Art von Saucen, auf Dressings, Dips, Sahne und andere Zutaten. Sie aßen keinerlei tierische Fette, vermieden Zucker in jeder Form und aßen sehr langsam, d. h. sie kauten und kauten und kauten. Sie lebten getreu dem Grundsatz, dass alles, was reibungslos durch den Magen-Darm-Trakt wandern soll, bereits im Mund verdaut werden muss.

So kamen Sie mit einem Minimum an Nahrung aus und waren trotzdem in der Lage, von morgens früh bis abend spät auf den Feldern zu arbeiten, denn sie vermieden lange und beschwerliche Verdauungszeiten. Da sie ausschließlich pflanzliche und natürliche Fette und Proteine aßen, hatten sie keines der Probleme, die durch tierische Fette und Proteine entstehen, so z. B. Rheuma, einen gestörten Cholesterinspiegel usw.

Zusammenfassung der Nahrungsempfehlungen der tibetischen Mönche und der Hunzas, die weitgehend übereinstimmen:

- Wählen Sie ganz einfache, wenn möglich ungekochte, rohe, biologisch reine, vegetarische Nahrungsmittel und viel naturbelassene Kräuter.
- Achten Sie unbedingt auf Qualität d. h. auf Naturbelassenheit und Frische. Ersetzen Sie Quantität durch Qualität.
- Essen Sie pro Mahlzeit eine einzige Sorte, also *eine* Frucht oder *ein* Gemüse.
- Wenn Sie unterschiedliche Nahrungsmittel kombinieren, orientieren Sie sich an der Lehre der Trennkost. Essen Sie dann zuerst

jene Teile, die einen großen Wasseranteil haben (z. B. Früchte), und danach die, die weniger Wasser enthalten.

- Nehmen Sie sich viel Zeit zum Essen. Essen Sie in Ruhe und in friedlicher, angenehmer Umgebung und Gesellschaft.
- Kauen Sie jeden Bissen zwanzig bis dreißig Mal – so lange, bis er ganz eingespeichelt ist, das volle Aroma entfaltet hat und zu einem dünnflüssigen Brei geworden ist. Erst dann schlucken Sie.
- Essen Sie die erste Mahlzeit spät (ab etwa 9.00 Uhr), die zweite Mahlzeit früh (ab etwa 11.00 Uhr) und die letzte Mahlzeit so früh als möglich (gegen 16.00 Uhr). Oder machen Sie es wie die Hunzas, die nur zwei Mahlzeiten zu sich nahmen. Sie standen um 5.00 Uhr auf und aßen die erste Mahlzeit um etwa 11.00, die zweite um etwa 15.00 Uhr.
- Trinken Sie nie zum Essen. Bis eine halbe Stunde vor und ab einer Stunde nach den Mahlzeiten sollten Sie genügend Flüssigkeit zu sich nehmen, und zwar am besten reines Wasser.
- Halten Sie Ihren Organismus durch tägliche und artgerechte Bewegung geschmeidig und leistungsfähig.
- Genießen Sie Licht, Luft, Sonne, Wind und Regen – täglich.
- Atmen Sie tief und kräftig in Ihre Lungen.
- Achten Sie auf ein ausgeglichenes Gefühlsleben. Machen Sie es wie die Mönche: Sie sangen während der Arbeit – ununterbrochen.
- Tun Sie all das mit viel Freude im Herzen, ohne Leistungsgedanken, ohne Hochmut, Verzicht- oder Schuldgefühle, Reue, sondern ganz einfach deshalb, weil Ihr Körper, Ihre Seele und Ihr Geist heilig sind und Sie sich nur das Allerbeste gönnen: Gesundheit und ein langes Leben.

Gestörtes Säure/Basen-Verhältnis

Wenn Sie sich so ernähren, vermeiden Sie auch eine der grössten Gefahren unserer Zivilisationsnahrung, nämlich das unausgeglichene Säure/Basen-Verhältnis, das zu ständigen Intoxikationen führt. Das Ausmaß dieser Problematik ist daran zu erkennen, dass Allergien, Hautkrankheiten, Immunschwäche und Rheuma explosionsartig zunehmen. Das Gleiche gilt für Aggressionen, Nervosität, Stress, Wut und Hass. Weiter erkennbar ist es an der Tatsache, dass unzählige Menschen unter Magen-Darm-Problemen leiden oder schlechten Mundgeruch haben. All das deutet auf eine Übersäuerung des Magen-Darm-Klimas hin. Es hat zur Folge, dass die normale Besiedelung zerstört und durch fremde Bakterien und Pilze ersetzt wird. So kann unser Vedauungstrakt selbst bekömmliche Nahrung nicht mehr richtig verdauen. Im Magen gärt es dauernd, und es werden laufend Fäulnisgifte gebildet, die zu unzähligen Krankheiten führen können.

Die Sanierung des Magen-Darm-Klimas ist in Anhang 6 dargestellt.

Anhang 6:
Die Übergangskost nach Ehret

Prof. Arnold Ehret wurde 1866 nahe Freiburg im Breisgau geboren. Er litt an einer unheilbaren Krankheit und war von den Ärzten schon aufgegeben worden. Nachdem er sich selbst geheilt hatte, führte er unzählige Versuche und Fastenkuren durch (einige sogar unter notarieller Aufsicht!), eröffnete und führte in Lugano eine Fastenklinik und wanderte nach dem Ersten Weltkrieg nach Los Angeles aus, um sein Werk dort fortzusetzen. Er heilte Tausende von Menschen mit seiner Heilfastenmethode. Sie ist einfach und natürlich, denn sie basiert auf dem Gedanken, dass jedes Lebewesen dieser Erde eine bestimmte, artgerechte Nahrung hat und in dem Ausmaße gesund bleibt, in dem es diese Nahrung isst. Tiere tun dies instinktmäßig, wir Menschen können es lernen.

Von Ehret stammt auch die Erkenntnis, dass jede Krankheit durch Gifte, Fremdstoffe, Abfall bzw. artfremde Stoffe verursacht wird. Soll eine Krankheit geheilt werden, müssen diese unerwünschten Stoffe zuerst einmal ausgeschieden werden.

Der heutige Kult um Proteine, Kohlehydrate, Vitamine, Mineralstoffe usw. lässt die wohl wichtigste Frage unbeantwortet: Was nützen mir all diese guten Dinge, wenn mein Organismus sie nicht aufnehmen kann? Das Problem ist nicht, diese Stoffe zu erhalten. Wir können sie mittlerweile künstlich und kostengünstig herstellen. Das Problem ist, sie unserem Körper in jener Form zuzuführen, die er kennt. Nur wenn er die Vitamine als solche erkennt, kann er sie auch aufnehmen und verwerten.

Nicht ohne Grund streiten sich die Fachleute heute über die Wirksamkeit und die verträgliche Menge von Vitamin C. In wissenschaftlichen Untersuchungen wurde wiederholt festgestellt, dass zugeführtes, industriell hergestelltes Vitamin C vom Körper – offenbar unbenutzt – wieder ausgeschieden wird. Damit ist die These von Prof. Ehret mehr als erhärtet: Wir Menschen können nur organische, d. h. pflanzliche Stoffe und damit auch nur in Pflanzen gebundene Vitamine und Mineralien aufnehmen. Nährende Nahrung können wir nur aus der Natur beziehen. Jeder Versuch mit Kunstprodukten wird letztlich scheitern. Unsere Verdauungsorgane sind schlicht und einfach nicht darauf programmiert.

Die artgerechte Ernährung nach Prof. Ehret ist einfach. Sie besteht aus Früchten und Blattgemüsen. Das meiste davon wird roh gegessen. Diese Art, sich zu ernähren, gewährt viele Vorteile: keine Verdauungsprobleme, keine Krankheiten und eine große Zeitersparnis, denn Kochen fällt fast vollständig weg. Keine Lagerungsprobleme, denn die Früchte sind von Natur aus «verpackt», und zwar auf geniale Weise – denken wir nur an den «organischen Reissverschluss» der Banane. Früchte und Gemüse werden innerhalb kurzer Zeit vollständig verdaut. Sie belasten unseren Verdauungstrakt minimal und hinterlassen keinerlei Abfälle oder Fremdstoffe im Körper. Durch ihren natürlichen Fruchtzucker liefern sie sofort Energie. Eine Energie, die dank Ihrer Reinheit auch in kleinste und feinste Kapillaren vorstoßen kann und somit auch unseren Geist anregt.

Darmreinigung

So einfach die Ehret-Ernährung auch ist, die meisten zivilisations-belasteten Mägen vertragen sie nicht, denn durch ausgekochte, ver-feinerte Nahrung werden Magen und Darm träge. Rohkost dagegen verlangt vitale, kräftige Verdauungsmuskeln und eine gesunde Darm-flora. Deshalb sollte eine Nahrungsumstellung langsam und schritt-weise erfolgen. Sinnvollerweise wird sie mit einer Darmreinigung oder -sanierung eingeleitet. Fasten ist eine gute Darmsanierung.

Alle großen Religionen dieser Welt empfehlen das Fasten. Daraus ist ersichtlich, wie wichtig und richtig Fasten für uns Menschen ist. Trotzdem ist es heute nicht mehr generell empfehlenswert. Viele Menschen leiden unter einem verschlackten oder gar verpilzten Ver-dauungstrakt, was zu ständigen Gär- und Fäulnisprozessen im Darm führt. Damit bewahrheitet sich das Sprichwort: «Der Tod sitzt im Darm», denn diese ständige Vergiftung aus dem Darm ist Ursache unzähliger Krankheiten, die behandlungsresistent sind und bleiben. Haben sich erst einmal Pilze wie z. B. der Candida-Hefepilz eingenis-tet, ist auch das Immunsystem erheblich geschwächt. Damit würde jede Fastenkur zu übermäßiger Belastung führen.

Zwar ist es wahr, dass durch Fasten jeder Pilz ausgehungert werden kann – nur leider sind die Pilze zäh. Sie überleben bis zu sechs Wo-chen. Mit geschwächtem Immunsystem sind sechs Wochen Fastenkur niemals durchzuhalten. In diesem Zustand darf überhaupt nicht mehr gefastet werden. Vielmehr muss man den Darm sanieren und danach die natürliche Darmflora sorgfältig wieder aufbauen. Das Ganze natürlich in Verbindung mit einer gründlichen Nahrungsumstellung. Eine Methode, wie dies durchgeführt werden kann, erläutert Hulda Regehr Clark in dem Buch *Heilung ist möglich*.

Fasten

Trotz dieser wichtigen Einschränkung finden Sie hier Hinweise zu Fastenmöglichkeiten, denn das Fasten bietet all jenen, die es gefahrlos durchführen können, zahlreiche Vorteile. Es reinigt nicht nur den

Körper, sondern führt auch zuverlässig aus Sinnkrisen und Depressionen heraus und beflügelt unseren Geist zu wahren Höhenflügen.

Fasten, d. h. der Verzicht auf feste Nahrung, ist etwas ganz Natürliches. Sicher haben auch Sie bereits mehrfach festgestellt, dass Sie, wenn Sie sich krank und matt fühlten, einfach keinen Appetit hatten. Genau so verhalten sich auch Tiere in der freien Wildbahn. Wenn es ihnen schlecht geht, fressen sie nichts mehr. Fasten ist ganz offensichtlich die von der Natur vorgesehene Heilmethode bei Krankheit.

Es entschlackt und entgiftet den Körper. Durch nicht angepasste Nahrungsmittel und zu große Mengen wird unser Organismus überbeansprucht. Zivilisationsnahrung heißt nicht nur Zusatzstoffe oder fehlende Mineralien bzw. Vitamine. Sie birgt auch ein mechanisches, rein quantitatives Problem. Unser Körper muss mit den ihm zugemuteten Mengen erst einmal physisch fertig werden. Nicht umsonst sind wir nach einem reichlichen Mittagessen schläfrig. Der Körper muss alle Energie und Kraft auf die Verdauung konzentrieren.

Unser Körper gleicht nicht selten einem völlig verschlammten Automotor. Fasten bewirkt – zu Beginn – einen relativ raschen Abbau dieser Überbelastung. Rückgestautes Wasser wird zügig ausgeschieden. Danach beginnt der Körper, die verschiedenen Einlagerungen, Depots, Schlacken und Fremdstoffe aufzulösen und in den Ausscheidungskreislauf einzuschleusen. Zum Schluss werden die allgemein anzutreffenden Verhärtungen und Verschleimungen aufgelöst und ausgeschieden. Das sind hochwillkommene Funktionen, denn sie bewirken Heilung. Wird der Körper nämlich von Fremdstoffen befreit, kann er locker und mit wenig Energieaufwand arbeiten.

Fasten, d. h. den Körper von Schlacken und Giften befreien, ist ein herrliches Erlebnis. Doch Vorsicht: Was an Ablagerungen über Jahrzehnte aufgebaut worden ist, kann nicht in wenigen Stunden oder Tagen ausgeschieden werden. Unser Röhrensystem kann immer nur eine ganz bestimmte, kleine Menge durchschleusen. Wir müssen deshalb jede Fastenkur vorbereiten, systematisch durchführen, ständig überwachen und mit Sachverstand beenden. Mit anderen Worten: Die große Kunst des Fastens besteht darin, immer gerade so viele

Abfallstoffe auszuscheiden, wie unser Körpersystem verkraften kann. Diese Dosierung ist von Mensch zu Mensch unterschiedlich und muss sorgfältig herausgefunden werden.

Nach Ehret besteht bei einem übergewichtigen Menschen mindestens die Hälfte des Übergewichts aus Kotsteinen. Das klingt sehr unappetitlich, ist aber nicht von der Hand zu weisen. Woher käme sonst der so viel größere Umfang der ehemals so schön schlanken Taille? Der Körper lagert ganz offensichtlich nicht nur Fettgewebe ab, sondern auch Abfallstoffe. Die tragen wir jeden Tag mit uns herum. Und da wundern wir uns, dass wir nicht mehr so vital sind wie in unserer Jugend.

Bei Normalgewicht, gut funktionierender Verdauung und geregeltem Stuhlgang genügt für das Entschlacken und Reinigen auch eine Kur mit Tees oder Zitronensaft (s. z. B. das Rezept auf Seite 95).

Fastenkuren

Wenn Sie sich nicht so recht ans Fasten wagen, hier eine Reihe von Teilfastmethoden:

Frühstücksfasten
Frühstück durch Früchte oder frisch ausgepressten Fruchtsaft ersetzen.

Kurzfasten
- Am Abend führen Sie eine Darmentleerung durch (zur Not mit Glaubersalz einleiten).
- Am nächsten Morgen essen Sie Zitrusfrüchte oder trinken das Zitronensaftgetränk (s. o.).
- Das Mittagessen besteht aus Zitronensaft.
- Abends ist Gemüsebrühe angesagt.

- Am Abend führen Sie eine Darmentleerung durch (zur Not mit Glaubersalz einleiten).
- Erster Morgen: eine Frucht oder frisch gepresster Fruchtsaft
- Mittags und abends: Zitronensaft
- Zweiter Tag: morgens und mittags Zitronensaft
- Zweiter Abend: Gemüsebrühe

Wichtig beim Teil- und Kurzfasten

- Beginnen Sie immer mit einer Darmentleerung (Abführtee oder Glaubersalz).
- Achten Sie auch während der Fastenzeit auf regelmäßigen Stuhlgang.
- Regulieren Sie die Ausscheidung, Entschlackung subtil, indem Sie die Trinkmenge regulieren.
- Vorsicht beim Beenden/Abbrechen des Fastens: Beginnen Sie mit einer Gemüsebrühe, und steigern Sie sich ganz langsam.
- Verschaffen Sie sich unbedingt viel Bewegung an der frischen Luft!
- Fasten versetzt den Organismus in eine lichte, euphorische Stimmung. Eine Erfahrung, die jeden Gaumenkitzel um Längen übertrifft.

Heilerde

Bei Gärung, Blähungen oder stinkendem Stuhl kann Heilerde helfen, Gase und Toxine zu binden. Heilerde ist natürlich, billig und hochwirksam. Sie kann aber eine Darmsanierung nicht ersetzen, ist vielmehr dazu gedacht, den Entgiftungsvorgang aktiv zu unterstützen.

Essenszeiten

Auch indem Sie die natürliche Reinigungszeit berücksichtigen, können Sie Ihren Organismus unterstützen. Er pendelt jeden Tag zwischen der aktiven und der Reinigungsphase. Die Reinigung des Körpers beginnt um zirka 21.00 Uhr und endet etwa um neun Uhr morgens. Sinnvoll ist, die Essenszeiten auf diesen Rhythmus abzustimmen. Ideale Essenzeiten sind somit:

- Frühstück: ab etwa 9.00 Uhr (d. h. nicht zu früh)
- Mittagessen: ab etwa 11.00 Uhr (d. h. nicht zu spät)
- Abendessen: spätestens 21.00 Uhr abzüglich Verdauungszeit
  (siehe Tabelle)

Wenn Sie wissen möchten, wie Ihr Verdauungssystem aussieht, kann Ihnen Ihre Zunge einen wichtigen Hinweis geben. Sie ist, wie der ganze Verdauungstrakt auch, mit Schleimhaut überzogen. Gehen Sie zu einem Spiegel, und betrachten Sie Ihre Zunge. Wie sieht sie aus? Dunkelrosarot wäre normal. Weiß, gesprenkelt, gelblich usw. weist auf Beläge, Verschleimung und Krankheiten hin. Hier sind Entschlackungs- und Reinigungsmaßnahmen angesagt.

Übergangskost

Übergangskost 1. und 2. Woche
Nach erfolgter Darmreinigung kann die Umstellung der Ernährung erfolgen. Hier ein Plan nach Dr. Ehret:

Beim Aufstehen:
1 Glas reines Wasser (nicht kalt) oder Zitronensaft (nicht kalt)

Frühstück (klein, etwa um 9.00 Uhr):
1 Glas Fruchtsaft oder frische Früchte (Achtung: keine Früchteplatte, sondern eine einzige Fruchtsorte, d. h. Monokost, z. B. Birnen *oder* Kiwi *oder* Äpfel usw.)

Mittagessen (etwa um 11.30 Uhr):
Salat: Blattsalat, rohe Karotten, Gurken, Tomaten, Sellerie. Gedämpftes Gemüse wie z. B. Erbsen oder grüne Bohnen oder Blumenkohl oder Randen oder Kürbis oder Karotten usw. Achtung: keine Gemüseplatte, sondern nur ein einziges Gemüse. Monokost!
Bei Hunger: gedämpfte Kartoffeln oder Vollkorn-Toast mit ganz wenig Butter.

Abendessen (spätestens um 18.00 Uhr):
Gedämpftes Obst wie z. B. (frisch zubereitetes) Apfelmus oder gedämpfte Backpflaumen oder Trockenpfirsiche oder reife Bananen. (Trockenfrüchte wirken stark abführend.)

Übergangskost 3. und 4. Woche

Beim Aufstehen:
1 Glas reines Wasser (nicht kalt) oder Zitronensaft (nicht kalt)

Frühstück (etwa um 9.00 Uhr):
1 Glas Fruchtsaft oder frische Früchte (Monomahlzeit!)

Mittagessen (etwa um 11.30 Uhr):
Gebackene Äpfel oder (frisch zubereitetes) Apfelmus oder Backobst.
Nach 15 Minuten: einen gemischten Salat.
Bei Hunger: gedämpfte Kartoffel, Vollkorn-Toast (natur!).

Abendessen (spätestens um 18.00 Uhr):
Gebackenes oder gedämpftes Gemüse. Eine einzige Sorte.
Nach 15 Minuten: Kopfsalat und Gurke oder Sellerie oder Karotte, roh.

Übergangskost 5. und 6. Woche

Beim Aufstehen:
1 Glas reines Wasser (nicht kalt) oder Zitronensaft (nicht kalt)

Frühstück (etwa um 9.00 Uhr):
Frische Früchte (Monokost!)

Mittagessen (etwa um 11.30 Uhr):
Sommer: frische Früchte (Monokost) und wenig Nüsse im Herbst,
  also zur Reifezeit
Winter: frische Früchte und Trockenobst (Pflaumen oder Feigen
  oder Rosinen oder Datteln oder Äpfel usw.)
Bei Hunger: nach 15 Minuten Salat, mit Zitronensaft angemacht

Abendessen (spätestens um 18.00 Uhr):
Gemischter Salat, roh, mit Zitronensaft angemacht
Bei Hunger: nach 15 Minuten gebackenes Gemüse

Bitte beachten Sie:

- Früchte werden immer auf leeren Magen gegessen.
- Krankheitsbeschwerden oder Erstverschlechterung während dieser Wochen bedeuten immer, dass der Entschlackungsprozess zu rasch abläuft. Sie können ihn auf einfache Art bremsen: Essen Sie etwas mehr gedämpfte Kartoffeln oder getoastetes Brot.
- Bereits die Übergangskost führt zu einer Gewichtsreduktion. Ihr Körper wird Fett und Fremdstoffe ausscheiden. Achten Sie darauf, dass dieser Prozess langsam, aber kontinuierlich abläuft. Geben Sie Ihrem Organismus mehrere Monate Zeit, das Übergewicht abzubauen. So pendelt er sich schließlich bei Ihrem Idealgewicht ein.

Die Übergangskost im Überblick

Prof. Ehret führt uns mit seiner Übergangskost vom Kochtopf weg hin zur artgerechten Rohkost. Das geschieht langsam, gezielt und gut verträglich. Ein Überblick veranschaulicht diesen Prozess:

Mittagessen	1. + 2. Woche	3. + 4. Woche	4. + 5. Woche
gedämpftes Gemüse	ja	weglassen	weglassen
gedämpfte Kartoffeln	ja	wenn nötig	weglassen
Toast mit Butter	ja	wenn nötig	weglassen
Toast natur	zu früh	ja	weglassen
gebackener Apfel, Apfelmus	zu früh	ja	weglassen
Früchte	zu früh	ja	ja, viel
Salat	ja, wenig	ja	ja, viel

Abendessen	1. + 2. Woche	3. + 4. Woche	4. + 5. Woche
gedämpftes Obst	ja	weglassen	weglassen
gedämpftes Gemüse	zu früh	ja	weglassen
frische Früchte	ja	ja	ja
Salat	zu früh	ja, viel	ja

Anhang 7:
Rohkost und Wildkräuter

Hier finden Sie eine Liste der roh genießbaren Gemüse und Salate und eine Zusammenstellung der bei uns heimischen Urpflanzen und Kräuter, die Sie bedenkenlos genießen dürfen.

Roh genießbare Gemüse, Kräuter, Salate

(mit unterschiedlichen Bezeichnungen)

Name	auch genannt	Name	auch genannt
Avocado		Cicorino rosso/verde	Radicchio rosso, Eskariol
Bärlauch	wilder Knoblauch	Eisberg	Krachsalat
Bärlauch		Endivie	Frisé, Eskariol
Blätterkohl	Chinakohl	Eskariol	Endivie, Frisé
Brunnen-kresse		Feldsalat	Rapunzel, Nüssli, Ackersalat
Brüsseler	Chicorée, Treibzichorie	Fenchel	Gemüse-, Knollenfenchel
Cham-pignons		Garten-kresse	
Chicorée	Brüsseler, Treibzichorie	Gemüse-paprika	Peperoni
Chinakohl	Pekingkohl, Blätterkohl	Gurke	Salat-, Schlangengurke

Name	auch genannt	Name	auch genannt
Karotten	Möhren, Rüebli	Portulak	
Kohl	Wirz, Wirsing	Radicchio	Cicorino, Eskariol
Kopfsalat	Gartenlattich	Randen	rote Beete, rote Rüben
Krachsalat	Eisberg		
Krautstiele	Mangold, Stielmangold	Rapunzel	Nüssli-, Feld-, Ackersalat
Kresse	Garten-, Brunnenkresse	Rettich	Mai-, Bierrettich
Lattich	Sommerendivie, Heidesalat, römischer Salat	rote Beete	Randen, rote Rüben
		Rotkabis	Rotkraut
Lauch	Porree	Rotkraut	Rotkabis
Löwenzahn		Rucola	
Mangold	Krautstiele	Rüebli	Möhren, Karotten
Möhren	Karotten, Rüebli		
Nüsslisalat	Rapunzel, Feldsalat, Ackersalat	Sauer-ampfer	
		Schnitt-lauch	
Paprika		Sellerie	Wurzelsellerie
Paradeiser	Tomate	Stangen-sellerie	Bleich-, Stängel-, Staudensellerie
Peperoni	Gemüsepaprika		
Petersilie		Stauden-sellerie	Bleich-, Stängel-, Stangensellerie
Porree	Lauch		

Name	auch genannt		Name	auch genannt
Tomate	Paradeiser		Zucchetti	Zucchini (klein)
Weißkabis	Weißkohl		Zucchini	Zucchetti (groß)
Weißkohl	Weißkabis		Zuckerhut	
Wirz	Kohl, Wirsing		Zwiebeln	Gemüsezwiebeln

Unbekannte Wildkräuter

Was Ziegen so lieben, nämlich die frischen Blüten, Blätter und Triebe an den Bäumen, schmeckt auch uns Menschen! Kräuter, Blüten usw. kennen wir heute lediglich noch als Tees oder als Heilmittel, so etwa Bärlauch, Brennnessel, Kamille, Lindenblüten und andere mehr. Aber warum sollen wir sie auskochen, in alkoholische Lösungen legen und verwässern? Indem wir sie essen, nutzen wir ihre Substanz und Wirkkraft viel gezielter, direkter und natürlicher! Das wussten schon unsere Ururvorfahren, denn für sie waren die Wildkräuter ein wichtiger Nahrungsteil.

Diese Wildkräuter und Urpflanzen dürfen Sie bedenkenlos essen:

Urpflanzen/ Wildkräuter	besonders schmackhaft	schmackhafte Blätter
Ampfer-Knöterich	Buche	Ahorn
Aster	Berberitze	Apfel
Bachbunge	Blut-Weiderich	Birke
Bärenklau	Wiesen-Bocksbart	Buche
Beinwell	Eibenfrüchte	Linde

Urpflanzen/ Wildkräuter	besonders schmackhaft	schmackhafte Blätter
Borretsch	Adlerfarnsprosse	Kirsche
Ehrenpreis	Forsythienblüten	Pappel
Engelwurz	Hexenkraut	Ulme
Gänseblümchen	Heidelbeerblätter	
Giersch	Heidelbeeren	
Gundermann	Hirtentäschel	
Hahnenfuss	Wiesen-Kerbel	
Guter Heinrich	Krähenfuss-Wegerich	
Huflattich	Wiesen-Kümmel	
Hundsrose	Linde	
Kamille	Mariendistel	
Kartoffel-Rose	Milzkraut	
Wald-Sauerklee	Nachtkerze	
Knoblauchranke	Nachtviole	
Knopfkraut	Portaluk	
Krokus	Ulme	
Labkraut	Robinie	
Löwenzahn	Taubenkropf	
Moschus-Malve	Teufelskralle	

Urpflanzen/ Wildkräuter	besonders schmackhaft	schmackhafte Blätter
Weg-Malve	Wiesenknop	
Melde	Wilde Möhre (Kraut)	
Miere		
Pfennigkraut		
Quecke		
Sauerampfer		
Scharbockskraut	**Nicht nur als Gewürz gut**	
Schaumkraut	Petersilie	
Schlüsselblume	Rosmarin	
Spitzwegerich	Schnittlauch	
Springkraut		
Stiefmütterchen		
Taubnessel		
Waldmeister		
Wegerich		
Weidenröschen		
Weißdorn		
Winde		

Rezept Salatsauce

Rohkost sollte möglichst roh genossen werden. Es macht denkbar wenig Sinn, gesunde Nahrungsmittel durch unterschiedlichste Zutaten, Saucen, Dressings, Dips usw. «anzureichern» bzw. zu verunstalten. Die Natur ist in der Zusammensetzung ausgewogen und genau auf unsere Bedürfnisse abgestimmt. Versuchen Sie also, die Rohkost so roh und natürlich als möglich zu genießen.

Einfachste Salatsauce

Die einfachste, natürlichste und bekömmlichste Salatsauce: Träufeln Sie einige Tropfen frischen Zitronensaft über den Salat.

Wenn doch Salatsauce

- ½ bis 1 Zitrone frisch auspressen (bitte keine Zitronenkonserven oder Ersatzstoffe verwenden!)
- eine kleine Prise Kräutersalz
- Gewürze und frische Kräuter wie Rosmarin, Schnittlauch, Petersilie, Basilikum usw. nach Belieben
- mit reinem Wasser verdünnen, wenn zu wenig Volumen vorhanden oder wenn zu sauer
- Zitrone und Zutaten gut umrühren

Insbesondere bei Karottensalat

Dem Zitronensaft wie oben 2 – 3 Esslöffel kaltgepresstes Sonnenblumenöl (Erstauszug-Qualität, dunkle Flasche) beifügen. Sauce gründlich umrühren, schlagen.

Anhang 8:
Weniger empfehlenswerte Lebensmittel

Gesundheit, Vitalität und ein langes Leben erreichen Sie rascher und gezielter, wenn Sie die weniger empfehlenswerten Lebensmittel reduzieren oder meiden. Dazu gehören:

Fleisch, Fisch, Eier (Proteine)

Viele Menschen setzen Fleisch heute ganz oben auf die Negativliste. Fisch und Fleisch sind in der Tat wenig empfehlenswert, denn:

- Sie sind nie frisch und naturbelassen, sondern werden vielfältig bearbeitet und konserviert. Der Verwesungsgrad lässt sich deshalb schlecht feststellen, was zur Folge hat, dass die Vergiftungsgefahr potenziell höher ist als bei anderen Lebensmitteln.
- Kein anderes Lebewesen genießt lediglich ausgesuchte Fleischstücke. Fleisch fressende Tiere essen auch Knochen, Därme usw.
- Tierisches Protein ohne Fett gibt es praktisch nicht. Fett ist besonders schwer verdaulich.
- Fleisch muss oder sollte aus gesundheitlichen Gründen immer gekocht, gebraten oder gegrillt werden. Dadurch verändern sich die Fettanteile, sie werden noch schwerer verdaubar.
- Fleisch ist ein ökologisch und ökonomisch fragwürdiges Lebensmittel (Lebensbedingungen der Tiere, Fütterung, Transporte, Schlachtmethoden, Abholzung der Regenwälder usw.).
- Tierisches Protein in Kombination mit Kohlehydraten bereiten, gemäß der Hay'schen Trennkost, Verdauungsprobleme.
- Tierisches Protein übersäuert den Organismus. Damit wird Arthritis, Rheuma und Gicht Vorschub geleistet.

Auch unsere Ururvorfahren mögen ab und zu ein rohes Ei gegessen haben. Vielleicht gelang ihnen gelegentlich auch der Fang eines Hasen oder eines Fisches, den sie dann roh vertilgten. Die tibetischen

Mönche haben rohes Eigelb getrunken. Heute sollten rohe tierische Produkte nicht mehr konsumiert werden, die Gesundheitsrisiken sind zu hoch. Wenn Sie tierisches Protein konsumieren, achten Sie bitte auf fettarme Qualität.

Die Qualitätsliste sieht dann so aus:

Fettanteil	Fleisch	Fisch
So gut wie fettlos, Fett ist sichtbar und gut entfernbar	Pferd	
Fettanteil gering	«weißes Fleisch», Wild, Kalb	Dorsch
Fettanteil mittel	Rind	Lachs
Fettanteil groß	Schweinefleisch	Aal
Fettanteil sehr groß	Speck	
Fettanteil bis über 80 %	Würste	

Lassen Sie sich vom Aussehen der Ware nicht täuschen. Etwas Paprika färbt Fett wunderbar rot. Light-Produkte sind verändert und deshalb wenig empfehlenswert.

Fett

Wie leicht es ist, sich artgerecht zu ernähren, zeigt das Beispiel Fett. Es ist nämlich nur so lange ein Problem, als Sie tierisches Protein essen. Dann sollten Sie sich eingehend mit Fetten, Aminosäuren, gesättigten und ungesättigten Fettsäuren, Cholesterin usw. auseinander setzen. Wenn Sie tierisches Protein aber reduzieren oder ganz weglassen, können Sie sich die ganze komplexe Theorie sparen.

Durch die artgerechte Ernährung (Kräuter, Gemüse und Früchte) können Sie Ihrem Körper genügend pflanzliche Fettanteile zuführen. Besonders fetthaltig sind beispielsweise Avocados. Diese Art von Fetten ist verträglich und leicht verdaulich.

Salz

Salz wird meist irrtümlich als Gewürz bezeichnet, ist aber ein Mineral. Es wurde und wird in zu großen Mengen verwendet. Gemäß Ernährungsstatistik beträgt die durchschnittlich konsumierte Menge 21 g pro Tag. Unser Organismus benötigt aber nur rund 1 g pro Tag! Die noch verträgliche Menge wird mit 3 g/Tag angegeben. Salz und Zucker sind ausgesprochene Geschmacksräuber. Lassen Sie das Salz weg, oder verwenden Sie Kräuter und Gewürze, und Sie erleben ganz neue Gaumenfreuden. Salz schwemmt das Gewebe auf, verursacht Bluthochdruck, fördert die Verkalkung und die Übersäuerung.

Zucker

Zucker ist an sich der natürlichste und beste «Treibstoff» für unseren Organismus. Diese Aussage muss aber sofort eingeschränkt werden, denn wirklich gut verdaulich ist lediglich der Zucker in frischen Früchten. Alle anderen Zuckerarten, insbesondere der raffinierte Zucker, führen zu Problemen: Karies, Gebisszerfall, Übergewicht, Fettleber, Zuckerkrankheit, Wasser usw. Zucker macht in hohem Maße süchtig und abhängig. Aus diesem Grund kann die Industrie immer neue Leckereien wie Riegel, Plätzchen, Snacks usw. entwickeln und ihren Umsatz von Jahr zu Jahr steigern. Zucker sättigt nicht, d. h. unser Organismus verlangt immer mehr davon.

Süßstoffe sind keine sinnvollen Surrogate, weil sie schlecht verdaulich und die Nebenwirkungen zu wenig erforscht sind. Natürliche, pflanzliche Süßstoffe können aus der Pflanze Stevia gewonnen werden.

Getreidestärke

In der natürlichen Ordnung ist Getreide für die Vogelwelt bestimmt. Nur die Vögel waren in der Lage, die einzeln stehenden Büschel Weizen, Gerste oder Hafer anzufliegen. Nur sie konnten mit ihren spitzen Schnäbeln die Körner aus den Ähren herauspulen. Für unsere Vorfahren war die Suche nach den einzelnen Halmen viel zu mühsam, und das Herausschälen der Körner verschlang zu viel Zeit. Da griff man lieber nach einem Apfel oder einem Radieschen.

Wir Menschen haben diese Hindernisse zwar überwunden. Heute bauen wir ganze Kornfelder an, bewirtschaften sie maschinell und schützen sie chemisch vor Schädlingen. Rein technisch haben wir das Problem also hervorragend gelöst. Leider denkt unser Magen nicht technisch. Er kann auch nicht mechanisiert werden und hat immer noch die gleiche alte Chemie. Getreide enthält das Klebereiweiß Gluten, das sich in unserem Organismus verhängnisvoll auswirkt: Es verschleimt und verklebt unsere Blutgefäße.

Getreide ist wirklich nur für Vögel gedacht, denn sie verfügen über einen Kropf, in dem sie die Körner über vier bis sieben Stunden vorquellen. Danach werden sie mit einem speziellen Enzym aufgeschlossen.

Wir Menschen haben keine Vorquellvorrichtung, und das spezielle Enzym wird nur von der Mundspeicheldrüse produziert, und zwar in geringen Mengen. Im Klartext: Alle Getreideprodukte, die Sie nicht lange und eingehend kauen und einspeicheln, können von unserem System nicht verdaut werden. Dr. Bircher-Benner wusste das. Deshalb erfand er nicht etwa das Weizen-Müsli, sondern das Hafer-Müsli – weil Hafer gequetscht wird und so eine größere Oberfläche erhält, auf die das Quellmittel gut einwirken kann.

In jenen vergangenen Tagen, als die Menschen noch Zeit hatten für das Kochen, berücksichtigte man dies. So entstanden Rezepte wie die Bündner Gerstensuppe oder das englische Porridge. Die heutigen Getreideprodukte – Weißbrot oder Teigwaren – sind aus mehreren Gründen problematisch:

- Körnerprodukte dicken das Blut ein.
- Getreideprodukte fördern weiße Blutkörperchen, machen blass und «blutleer».
- Getreidenahrung schädigt die Darmzotten: Sie bilden sich zurück.
- Getreideprodukte gären: Wir werden Alkoholiker!
- Getreideprodukte verursachen Allergien. Etwa dreißig Prozent aller derzeit bekannten Allergien werden auf sie zurückgeführt.
- Getreideprodukte verursachen Koliken bei Kindern, zudem allgemein Zahnfäule, Erkältungen, Arthritis, Krebs, Übersäuerung, Blähungen, trockene Haut, Zysten. Sie schwächen das Immunsystem und bilden grauen Star.

Getreideprodukte haben so gut wie keinen Eigengeschmack. Teigwaren schmecken erst dann gut, wenn Tomatensauce, Pesto oder Ähnliches dazu gemischt wird. Brotteig wird mit Salz abgeschmeckt. Erst auf diese Weise zubereitet, verführen Getreideprodukte uns.

Dr. de Evans schreibt in seinem Buch *How to prolong Life*: «Getreide ist die am schlechtesten angepasste Nahrung des Menschen. Es ist zum großen Teil Ursache eines verfrühten Todes.» Er stützt seine Aussagen auf Autopsien. Bei Anhängern von Getreideprodukten fand man regelmäßig verharzte schwarze Klumpen. Er warnt insbesondere auch Vegetarier davor, Fleisch durch Getreide zu ersetzen, denn damit wird lediglich ein weniger empfehlenswertes Produkt durch ein anderes ersetzt.

Die negativen Folgen von Getreideprodukten können auf zwei Arten vermieden werden:

1. Bereiten Sie Getreide so auf, dass es verdaubarer wird

- Machen Sie es wie Bircher-Benner: Nehmen Sie Hafer, und weichen Sie ihn eine ganze Nacht lang ein, bevor Sie ihn essen.
- Machen Sie es wie die Engländer: Kochen Sie Ihren Porridge mehrere Stunden lang.
- Machen Sie es wie die Bündner: Kochen Sie Ihre Gerste mehrere Stunden lang.

- Wenn Brot, dann in Form von Vollkorntoast. Das Toasten entzieht dem Brot einen Teil des Klebereiweißes.
- Machen Sie es wie Hildegard von Bingen: Nehmen Sie Dinkel statt Weizen.
- Meiden Sie auf jeden Fall und konsequent alle Weißmehlprodukte.

2. Machen Sie Nägel mit Köpfen, und ersetzen Sie alle Getreidearten
- Nehmen Sie Hirse statt Weizen, Roggen, Hafer, Dinkel. Hirse ist die einzige Getreideart, die kein Klebereiweiß hat. Völker in Nordafrika, die praktisch ausschließlich Hirse essen, leiden nicht unter unseren typischen Krankheiten.
- Hirse gibt es als Körner, Flocken, Mehl usw.
- Mit Hirse können Sie alles zubereiten, was Sie mit Teigwaren auch tun, z. B. Hirse Bolognaise, Hirse Pesto usw. Daneben gibt Hirse ein hervorragendes Couscous.
- Ersetzen Sie Getreideprodukte durch Buchweizen. Buchweizen wird zwar zu den Getreidesorten gezählt, weil man ihn gleich verarbeiten kann. Er ist aber ein Knöterichgewächs und deshalb völlig frei von Gluten. Mit Buchweizen gelingen herrliche Blinis, Teige, Brote, Breie, Saucen usw.
- Ersetzen Sie Getreideprodukte durch Quinua, ein Blütenkorn aus den Anden, das sehr schnell zubereitet werden kann.
- Verwenden Sie vermehrt Mais. Auch Maisbrot schmeckt hervorragend.

Glaubt man den Statistiken, haben insbesondere Erkältungen, Schnupfen usw. in den letzten Jahrzehnten stark zugenommen. Ein guter Teil davon ist auf Getreide und Getreideprodukte zurückzuführen. Folgende Veschleimungserscheinungen können durch sie verursacht werden.

Verschleimungserscheinungen

Kopf / Stirn
- Druck im Kopf, Kopfschmerzen, Migräne
- Stirnhöhle, Nebenhöhlen verschleimt

Nase
- laufende, tropfende, verstopfte Nase
- Nase läuft beim Essen
- nießen

Hals / Lunge
- rauer Hals
- räuspern (am Morgen)
- Auswurf
- Asthma
- belegte Zunge
- Lunge verschleimt
- Bronchitis
- Husten
- häufige Erkältungen

Ohren / Augen
- Ohrgeräusche, Tinnitus
- übermäßiger Ohrschmalz
- Druck auf den Augen
- Tränensäcke

Mund
- belegte Zunge / Mandeln

Körper
- Schweißausbrüche beim Essen
- Schweiß in der Nacht
- Hautausschläge
- Allergien

Milch ist für Kälber da

Milch ist, ähnlich wie Getreide, ein politisches Nahrungsmittel, das uns mit viel Werbung schmackhaft gemacht wird. Durch jahrelange Zucht und Auslese hat man die frei lebenden Rinder, die jedes Jahr friedlich ihre Jungen zur Welt gebracht und sie einige Monate lang gesäugt haben, zu ganzjährigen Milchlieferanten gemacht.

Das grösste Argument der Milchbefürworter ist das Kalzium. Es ist tatsächlich in der Milch vorhanden. Aber das nützt Ihnen als Konsument rein gar nichts, wenn Ihr Organismus dieses Kalzium nicht aufnehmen kann. Das Milchkalzium bleibt für unseren Organismus weitgehend unerreichbar. Aber es kommt noch schlimmer: Alle Anzeichen sprechen dafür, dass Milch Osteoporose nicht heilt, sondern verursacht. Das lässt sich leicht belegen: Japaner, die Milch richtiggehend verabscheuen, leiden nicht unter Osteoporose. Bei uns in Europa ist sie dagegen eine Volkskrankheit.

Dazu kommt, dass die Milch auf dem Weg in den Supermarkt stark verändert wird. So stark, dass nicht einmal mehr die Kälber sie vertragen – Sie erinnern sich an den oben beschriebenen Versuch.

Hier die Nachteile der Milch auf einen Blick:

- Anorganisches Kalzium ohne Magnesium wird zu Zement. Typische Leiden: kalte Hände, kalte Füße, Osteoporose.
- Milchkalzium (insbesondere aus industriell aufbereiteter Milch) kann der Körper nicht aufnehmen. Wir verkalken, verknöchern. Gelenke verschließen sich. Resultat: tapsiger Gang.
- Milchprodukte erzeugen, gemäß einer Studie in Washington, Brustkrebs.
- Milch verursacht leider viele Allergien.

- Kuhmilch hat eine andere Konsistenz als Muttermilch. Sie ist erheblich dickflüssiger und schwerer und allein aus diesem Grund schwerer verdaubar.
- Milch enthält das Protein Casein, aus dem in der Industrie Holzleim hergestellt wird. Milch verschleimt und verklebt den Organismus. Die Franzosen wissen das, denn sie sagen: Käse schließt den Magen.

Kein anderes Lebewesen dieser Erde trinkt Milch außer als Säugling. Erwachsene bilden nach dem dritten Lebensjahr so gut wie keine Laktase und Lab-Enzyme mehr. Deshalb können wir erwachsenen Menschen die Milch schlecht bis überhaupt nicht mehr verdauen.

Wie bei Getreide, gibt es auch bei Milch zwei Möglichkeiten der Substitution:

1. Machen Sie Milch verdaubarer
Kaufen Sie, soweit möglich und aus hygienischen Gründen vertretbar, frische Kuhmilch, und konsumieren Sie sie mit fünfzig Prozent Wasser verdünnt. Diese Methode wird heute von Lebensmittelsachverständigen abgelehnt: Rohmilch ist leider nicht mehr unbedenklich. Vielleicht ist oder wird es Biomilch wieder.

2. Machen Sie Nägel mit Köpfen, und ersetzen Sie Milch und Milchprodukte ganz
Trinken Sie:
- reines, vitalisiertes Wasser
- Kokosmilch
- Tee, insbesondere Kräuter- und Früchtetees
- Sojamilch (aus nicht-genmanipuliertem Anbau)

Für Milchprodukte gilt das Gleiche wie für Getreideprodukte. Sie sind kein wirklich empfehlenswerter Ersatz für Fleisch.

Anhang 9:
Zusammenhänge zwischen Gefühlen und Krankheiten

Über siebzig Prozent aller Krankheiten sind nicht körperlich bedingt, sondern basieren auf so genannten psycho-somatischen Ursachen.* Die Zusammenhänge zwischen Krankheiten und emotionalem Verhalten sind wissenschaftlich nicht nachgewiesen. Die nachstehende, stichwortartige Liste basiert auf Beobachtungen und ist schon aus diesem Grund ungenau. Bei aller Unschärfe gibt sie uns trotzdem klare Fingerzeige.

Leiden/betroffenes Körperteil	Emotionales Verhalten
Arthritis	fehlende Liebe, Unhöflichkeit
Arthritis, Rheumatismus	Neid, Vorurteile, nachtragende Gedanken
Asthma	Ängstlichkeit, Furcht, chronische Angst, Unterdrückung
Augen	negative Bilder ansehen (moderne Kunst, Fernsehen)
Augenlicht nimmt ab	das Schlechte sehen, Negatives visualisieren
Ausscheidungsorgane	finanzielle Sorgen, Geiz, Materialismus, Besitzesstreben
Bänderzerrung	eigenen Willen durchsetzen, koste es, was es wolle

* Frau Dr. Gisela Eberlein in *Gesund durch Autogenes Training*, Econ, München 2001.

Leiden/betroffenes Körperteil	Emotionales Verhalten
Blasenleiden	undiszipliniertes Denken
Brustkrankheiten	selbstsüchtige Liebe
Darm, Niere, Leber	Bedauern über Vergangenheit, negative Empfindungen
dauernde Schwäche und Müdigkeit	Finanzprobleme, Geldsorgen
Erschöpfung	Eifersucht, Furcht, Hass, Machtkämpfe
Halskrankheiten	arrogantes, dickköpfiges, halsstarriges, intolerantes, unflexibles Verhalten
Hämorrhoiden	Neid, Ironie, Unehrlichkeit, verbissenes Festhalten an Bestehendem
Hautkrankheiten	Trübsal
Herzkrankheiten	besitzergreifende Liebe, Habsucht, Arroganz, Selbstüberschätzung, Hartherzigkeit, Lieblosigkeit
Kopfschmerzen	geistiger Zwang, Konzentration als Verkrampfung
Krebs	Auflehnung, bittere Erfahrungen, verworrene und bösartige Gedanken, nicht vergessen können, Überempfindlichkeit, Unsicherheit, fehlender Lebensinhalt
Kreuzschmerzen	Armut, sich in egoistischer Weise an andere hängen
Leberkrankheiten	Nachtragen, üble Nachrede (Alkohol)
Lungenentzündung	Ärger, heftige Depression

Leiden/betroffenes Körperteil	Emotionales Verhalten
Magen, Darm	Ungewissheit, bittere Erfahrungen, «Hinunterschlucken», ungerechte Erfahrungen, Stimmungen, Disharmonie, finanzielle Sorgen, Furcht
Magengrube	Furcht, Hass, Leidenschaft, Schock, Streit
Magen	Kritiksucht, Streit, sich über Dinge aufregen, die uns nichts angehen, etwas verdammen
Menstruationsproblem	Eifersucht
Müdigkeit	Depression
Nieren	Sarkasmus, spitze Bemerkungen
Nieren, Blase	alten Kaffee aufwärmen, überflüssige Dinge festhalten, alte Gefühle aufwärmen, Gefühlskälte
Ohrenkrankheiten	Uneinsichtigkeit, den eigenen Willen mit Gewalt durchsetzen
Rheumatismus	Kritiksucht, nachtragende Gedanken, Neid
Rücken, Ausscheidung	Zynismus, Ungeduld, Bitterkeit, Misstrauen, Neid, Rache, Zweifel, Undank, Labilität
Schulter-/Rückenprobleme	(fremde) Lasten tragen, falsche Vorstellung von Verantwortung, Selbstbedauern, sich überall einmischen
steifer Hals	Auflehnung, Intoleranz, Widerstand
Stirnhöhle	Nase in fremde Angelegenheiten stecken
Thymusdrüse arbeitet schlecht	Liebe fehlt

Leiden/betroffenes Körperteil	Emotionales Verhalten
übermäßig trinken	geistiger Zwang, Konzentration
Tuberkulose, Krebs	alte Gedanken festhalten
Übergewicht	geistig nicht loslassen, krampfhaftes Ansammeln von Reichtümern
Unfruchtbarkeit	Hass, Furcht
unheilbare Krankheit	etwas verdammen, heillose Verurteilungen, fluchen
Unterleibsleiden	gestörtes Gefühlsleben
Verstopfung	Ängstlichkeit, Reizbarkeit, Geiz, Habsucht, Egoismus, Verkrampfung

Anhang 10:
Reise durch Ihren Garten

Vorbereitung

Sprechen Sie den Text im nachfolgenden Unterkapitel mit ruhiger und langsamer Stimme auf eine Kassette, und hören Sie ihn dann ab. Alternativ empfehle ich Ihnen, den Text mehrmals zu lesen und die Worte danach in Gedanken nachzuvollziehen. Die Reise durch Ihren Garten gewinnt an Ruhe, Intensität und Erlebnisreichtum, wenn Sie sie mit einer passenden, beruhigenden Musik begleiten.[*]

[*] Vorschläge: Felix Maria Woschek, *«Amba»*, oder Kurt van Sickle, *«Father, Father»*.

Legen Sie sich auf den Rücken. Achten Sie auf bequeme Kleidung. Nehmen Sie eine Decke, wenn Ihnen kalt ist. Entspannen Sie sich so vollständig wie möglich. Kontrollieren Sie Ihre Stirn (keine Runzeln), Ihren Mund (Kiefer ist locker, Zähne leicht geöffnet, Zunge ruht gelöst mit der Zungenspitze am oberen Gaumen, Lippen sind locker, nicht zusammengekniffen). Lockern Sie Ihren Hals, Ihre Schultern, legen Sie die Wirbelsäule bequem und ruhig auf die Unterlage, lassen Sie Ihre Hüfte, die Oberschenkel und Waden ruhig und schwer ruhen, die Füße locker und leicht nach außen fallen.

Wenn Sie Ihren Körper so entspannt haben, schließen Sie sanft die Augen, lockern jede Verkrampfung der Augen und richten die Augen innerlich auf die Nasenspitze. Konzentrieren Sie sich auf Ihre Atmung. Atmen Sie in ruhigen, langsamen, tiefen Bauchzügen? Hebt und senkt sich die Bauchdecke regelmäßig? Lassen Sie den Atem Ihren Körper von der Nase bis tief in den Bauchraum durchströmen, und entspannen Sie dabei Muskeln, Sehnen und Bänder. Mit dem Einatmen nehmen Sie Ruhe, Frieden und Harmonie auf, mit dem Ausatmen lassen Sie Anspannung, Sorgen und Nöte los.

Atmen Sie regelmäßig und versuchen Sie, sich auf die Reise zu konzentrieren. Sollten Ihnen fremde Gedanken durch den Kopf schießen, dann lassen sie diese ungehindert wieder wegziehen, denn sie sind im Moment nicht wichtig. Kehren Sie zu Ihrer Atmung zurück. Machen Sie zwei oder drei tiefe Atemzüge, und steigen Sie dann wieder in die Reise ein, d. h. versuchen Sie erneut, völlig entspannt in die Wörter und Bilder der Reise zu versinken.

Die Reise durch Ihren inneren Garten (Text)

Ich liege ruhig und entspannt auf dem Rücken, atme tief und gleichmäßig und sehe mich durch das Tor einer wundervollen Parkanlage eintreten. Ich wandere durch eine Baumallee und sauge die Kraft, Ruhe und Majestät der Bäume in mich auf.

Jetzt öffnet sich vor mir ein tiefes Feld voller Tulpen und Hyazinthen, die in kräftigen Farben blühen. Die Blumen verschmelzen in einem Reigen schö-

ner, leuchtender Regenbogenfarben von Rot zu Orange, Gelb, Grün, Blau, Dunkelblau, Violett und hellem Weiß. Ich verweile in dieser Farbenpracht und bemerke, wie sich die Farben in meinem Körper manifestieren. Im Unterbauch ein kräftiges Rot, im Bauch Orange, im Sonnengeflecht ein warmes Gelb, im Herz ein leuchtendes Grün, im Kehlkopf ein helles Blau, auf der Stirn ein tiefes Blau und Violett auf dem Scheitel mit einem leuchtend weißen Schirm darüber. Ich empfinde alle diese Farben der Reihe nach von unten nach oben rein körperlich. Sie sind Wärme, pulsierendes Leben, Leuchten. Farb-Energie strömt als angenehm pulsierendes Leben aus meinem Körper hervor. Ich bin wie ein Regenbogen und genieße diesen Zustand.

Langsam löse ich mich von diesem Bild, denn ich bin, ohne es zu merken, weitergewandert. Auf einem freien Feld steht ein Apfelbaum in voller Blüte. Mein tiefstes Inneres ist wie diese Blüten: reines, strahlendes Weiß mit einem Hauch von zärtlichem Rosa. Ich öffne mich, verströme Weiß und Rosa und trage damit das Versprechen großer, saftiger Äpfel in die Welt hinaus. Unter dem Baum breitet sich Löwenzahn aus. Die ganze Wiese ist gelb. So weit das Auge reicht, nichts als leuchtendes, helles, kräftiges Gelb. Ich versinke in diesem Gelb und empfinde es als Offenheit, Kreativität. Ich bin gestärkt, voller Unternehmungsgeist und Lebenslust.

Etwas abseits steht eine einsame, mächtige Wettertanne. Sie trotzt allen Stürmen des Lebens. Ich gehe zu ihr, lehne mich an ihren Stamm, fühle Stärke, Durchhaltewillen, Überlebenskraft und tiefe irdische Verwurzelung.

Ich gehe weiter und trete in eine Landschaft großer Büsche. Es sind Rhododendren, Azaleen und Oleander, die mich mit ihren großen, leuchtenden Blüten anstrahlen. Es sind wiederum die Regenbogenfarben, unten beginnend mit Rot über Orange zu Grün, Blau, Violett und einem leuchtenden Weiß ganz oben in den Kronen der Büsche. Auch jetzt nehme ich die Farben physisch mit meinem Körper auf. Sie sind hier noch viel kräftiger, weil sie nicht nur am Boden liegen, sondern rund um mich herum stehen und meinen Körper anstrahlen. Auf der Höhe des Unterbauchs leuchten rote Blüten, beim Bauch orangefarbene, beim Sonnengeflecht gelbe, beim Herzen grüne, beim Hals hellblaue, beim Kopf blaue und auf dem Kopf violette mit weißem Dach darüber. Ich verweile in diesem Farbenmeer, genieße die Strahlen, drehe mich herum, lasse die Wärme und Güte der Blüten auf jeden Zentimeter meiner Haut wirken, werde selbst zu einem leuchtenden Regenbogen, indem ich die Farben zurückstrahle. Ich bemerke, wie die Blumen richtiggehend aufwachen, meine Strahlen dankbar entgegennehmen und heller, leuchtender, wärmer zurückstrahlen. Ich bin mitten in einem intensiven Austausch von Farbe, Wärme und Liebe. Ich verschmelze mit den Blumen. Ich bin Teil des Universums. Ich genieße diesen Farbenrausch, das Vibrieren meines Körpers. Ich bin und strahle Farbe, Liebe, Kraft. Ich bin große Leichtigkeit, drehe mich in diesem Farbenrausch und genieße es.

Ich wandere weiter und sehe einen stolzen, großen Pfau auf der Wiese stehen. Er schlägt das Rad, und wieder leuchten mir die Farben intensiv entgegen. Je mehr ich mich in dieses Bild vertiefe, umso mehr werde ich zum Pfau. Ich stehe da, präsentiere meine Farben, mein Leuchten und mein Strahlen. Ich empfinde es als ganz natürlich, denn es kommt aus meinem tiefsten Innern hervor.

Was ich hier darstelle, ist mein Selbst: meine wirklichen Fähigkeiten, mein Können. Es leuchtet und strahlt – und wirkt betörend auf alle, die es sehen. Ich stehe da, drehe mich und bin auch ein bisschen stolz auf diese meine ureigensten, tiefwurzelnden Talente.

Ich komme an eine lustig sprudelnde Quelle. Ich setze mich an die Quelle und genieße das erfrischende Wasser. Nun blicke ich um mich und entdecke einen See. Er liegt etwas versteckt, unter alten, stämmigen Bäumen und knorrigen Eichen. Es ist ein Bild der Ruhe und Ewigkeit. Gerade eben habe ich meine Talente noch offen gezeigt, hier finde ich nun die Quelle, den Ursprung, die Bestätigung. Hier bin ich in Tiefe, Ruhe, Beständigkeit und Verwurzelung. Hier labe und erquicke ich mich. Ich bin Kraft, Ursprung, Urwissen und Urgewalt.

Nach der Ruhepause und einem tiefen Blick ins Zentrum meiner Kraft und Talente wandere ich weiter und komme zu einzelnen großen Bäumen – Ahorn, Buchen, Birken. Mittlerweile ist es Herbst geworden, und die Blätter leuchten in allen Farben.

Die Sonne scheint durch die Blätter und ergießt sich als Reigen leuchtender Farben über mich. Ich stehe da und empfange diesen Goldregen wie im Märchen. Ich breite meine Arme aus, strecke den Kopf nach oben, öffne den Mund und genieße diese warme Dusche voller Liebe, Güte und natürlichem Wohlgeruch.

Ich löse mich, wandere weiter und komme zurück zum Tor, durch das ich in den Garten eingetreten bin. Ich verlasse den Park langsam und beginne mich

zu strecken und zu dehnen. Ich balle meine Hände zu Fäusten, beuge meine
Arme hin und her, strecke und dehne mich ausgiebig, gähne und atme tief aus.
Ich ziehe meine Knie an, rolle mich auf die Seite und stehe auf.

Anhang 11:
Die Wanderung zum Bergregenbogen

Vorbereitung

Bereiten Sie sich für diese Reise genauso vor, wie für die Wanderung
durch Ihren Garten in Anhang 10 beschrieben.

Die Wanderung zum Bergregenbogen (Text)

Ich liege ruhig und entspannt auf dem Rücken, atme tief und gleichmäßig und
sehe mich einen kleinen Rucksack für eine Bergwanderung packen. Es ist ein
herrlicher Tag, ich freue mich auf Sonne, Licht und Luft.

Ich wandere über eine Wiese, komme zu einer Kuppe und sehe vor mir ein
Feld voller Mohn. Die ganze Wiese ist rot. Das Rot ist so intensiv, dass es
mich körperlich berührt. Ich fühle, wie die Farbe mich beschwingt, anregt, mir
Mut und Vertrauen gibt. Ich fühle mich tief verbunden mit der Mutter Erde,
sie gibt mir Urvertrauen.

Ich wandere weiter und sehe an einer kleinen Böschung eine Gruppe von
Feuerlilien. Es sind besonders große Blumen, sie leuchten in einem kräftigen
Orange. Ich bleibe stehen und lasse die Farben auf mich wirken. Sie regen
meine Fantasie und meine Sinnlichkeit an. Ich fühle die Farbe Orange phy-
sisch in meinem Bauch pulsieren.

Ich wandere weiter und komme zu einem kleinen Bächlein. Die Wiese
wird feucht und sumpfig, und ich sehe einen kleinen Teppich aus gelben Troll-
blumen. Die Blüten sind kugelrund, sattgelb und so weich wie Butter. Ich

fühle mich zu diesem warmen Gelb hingezogen. Mein Sonnengeflecht fängt an zu leuchten und die Farbe zurückzuwerfen.

Ich überquere ein Geröllfeld und komme auf eine saftige, grüne Bergwiese. Das Grün ist hier besonders stark und intensiv. Mein Herz öffnet sich weit, um die Farbe aufzunehmen. Ich bemerke vereinzelte rosarote Alpenveilchen in dieser grünen Bergwiese. Diese allerliebsten Blüten sprechen mich tief in meinem Herzen an. Ebenso die wenigen goldigen Tupfen, die von den vereinzelt stehenden Arnika gebildet werden. Ich sehe immer wieder diesen Wechsel von Grün zu Rosa und Gold. Mein Herz öffnet sich weit und weiter. Auf dieser Wiese fühle ich mich richtig wohl. Ich nehme den Rucksack vom Rücken, setze mich mitten in die grüne Pracht und esse einen kleinen Imbiss. Meine Augen und mein Herz trinken Grün, Rosa und Gold.

Ich wandere weiter und komme zu einem Büschel Alpenveilchen. Sie leuchten in der Sonne in einem hellen Blau, das fast silbrig erscheint. Je länger ich die Blüten betrachte, umso intensiver scheinen sie zu klingen. Sie sprechen damit direkt meine Stimmbänder an und finden Resonanz.

Etwas weiter stehen kräftige, große und dunkelblaue Enziane. Ihre großen Kelche leuchten mir entgegen. Meine Stirn fühlt sich ganz warm an. Je länger ich diese intensiv blau bis dunkelblau leuchtenden Blumen ansehe, umso klarer werden meine Gedanken. Da, ein Gedankenblitz. Könnte das die Lösung für das so lange gewälzte Problem sein?

Ich steige höher, komme an einer Gruppe von violetten Alpenstiefmütterchen vorbei und nehme diese Farbe mit mir, denn vor mir liegt ein kleines Schneefeld. Auf ihm stehen strahlend weiße Schneerosen. Gleich dahinter, wo der Schnee geschmolzen ist, wächst ein Meer von weißen Krokussen. Das Violett in meinem Gedächtnis wandelt sich immer klarer zu einem reinen Weiß. Im gleichen Ausmaß klären sich meine Gedanken. Ich sehe jetzt meine Zukunft bildhaft und deutlich vor mir und bin voller Enthusiasmus, sie in Angriff zu nehmen.

Als ich über den Grat steige, sehe ich auf der anderen Bergseite einen herrlichen Regenbogen. Da drüben muss es geregnet haben, während ich auf meiner Seite aufstieg. Der Regenbogen oszilliert in der Luft. Die Farben leuchten fantastisch. Der Bogen ist gar nicht weit entfernt. Ich beginne, auf ihn zuzugehen, und bin schließlich mitten im Meer der Farben. Es ist ein neues Empfinden, ein ganz besonderes Erlebnis, von diesem intensiven Leuchten erfasst und durchdrungen zu werden. Das Rot strahlt durch meinen Unterbauch, das

Orange auf der Höhe meines Bauches, das Gelb über dem Bauchnabel, das Grün auf der Höhe des Herzens, das Hellblau beim Hals, das Dunkelblau bei der Stirn, das Violett auf dem Scheitel und darüber das klare Weiß. Ich empfinde dieses Farbbad als außerordentlich angenehm. Die Farben vibrieren durch meinen Körper, geben mir Wärme, Liebe, Frieden, Mut, Freude. Sie hüllen mich ein, dringen durch mich und fühlen sich sehr angenehm an. Ich bin Teil dieses großartigen Naturschauspiels.

Es ist ein intensiver, sehr wohltuender gegenseitiger Austausch. Ich werde von den Farben durchstrahlt, und mein Körper antwortet mit den gleichen Farben und Schwingungen. Ich stehe im Regenbogen, auf der Erde verwurzelt, über mir der weite Himmel. Ich fühle mich tief verbunden mit Erde und Himmel. Ich bin leicht, sprühe vor Freude und Begeisterung, sauge die Farben begierig ein und gebe gleichzeitig Wärme, Farbe und Licht ab. Ich genieße diesen Zustand. Ich bin Mensch und gleichzeitig Teil der Schöpfung. Der Regenbogen wird geringer, doch ich fühle keinen Verlust, denn die Farben sind in mir, ich trage sie ab heute jederzeit bei mir. Ich nehme dieses wunderbare Geheimnis mit mir.

Beschwingt wandere ich zurück. Ich bin erfüllt mit Glück. Ich bin ausgelassen vor Freude, ich singe, hüpfe, springe. Ich fühle mich frei und unbeschwert. Mein Inneres ist voller Friede und Zuversicht. Körperlich bin ich gestärkt und voller Energie für die Zukunft.

Ich komme zu Hause an, nehme den Rucksack vom Rücken und beginne, mich zu strecken und zu dehnen. Ich balle meine Hände zu Fäusten, beuge meine Arme hin und her. Ich strecke und dehne mich ausgiebig, gähne und atme tief aus. Ich ziehe meine Knie an, rolle mich auf die Seite und stehe auf.

Anhang 12:
Das endokrine Drüsensystem

Drüsen sind Organe, deren Produkte (Sekrete) auf zweierlei Weise an ihren Bestimmungsort gelangen können: Die Sekrete werden entweder über eigene Kanäle an die innere (etwa den Darm) oder an die äußere Körperoberfläche (Schweißdrüsen) abgegeben (man spricht dann von Drüsen mit äußerer Sekretion oder *exokrinen Drüsen*). Im zweiten Fall stehen die betreffenden Drüsen in engem Kontakt zu den Blutkapillaren, an die sie ihre Sekrete direkt abgeben. Es sind dies Drüsen mit innerer Sekretion *(endokrine* oder *Hormondrüsen)*. Die Hormone gelangen über die Blutbahn in alle Körperteile, wo sie entsprechende Reaktionen auslösen.

Sie wirken direkt auf die Tätigkeit bestimmter Organe und Gewebe, steuern die verschiedenen Lebensfunktionen und halten das komplizierte Wechselspiel dieser Funktionen im Gleichgewicht.

Hirnanhangdrüse (Hypophyse)

Die Hirnanhangdrüse liegt im «Türkensattel» der Schädelbasis und ist in zwei Lappen gegliedert. Der Vorderlappen erzeugt das Wachstumshormon Somatotropin (STH), das vor allem das Längenwachstum der Knochen beeinflusst. Sein Fehlen bewirkt beim Kind Zwergenwuchs; eine Überfunktion des Vorderlappens führt dagegen zu Riesenwuchs. Beim Erwachsenen bewirkt die vermehrte STH-Bildung Akromegalie, eine abnorme Vergrößerung der Körperenden (Finger, Zehen usw.). Weitere im Vorderlappen erzeugte Hormone steuern die Funktion anderer Hormondrüsen: das schilddrüsenstimulierende Hormon (TSH), das nebennierenrindenstimulierende Hormon (ACTH), das follikelstimulierende Hormon (FSH). Im Hinterlappen werden die Hormone Oxytocin und Adiuretin gespeichert.

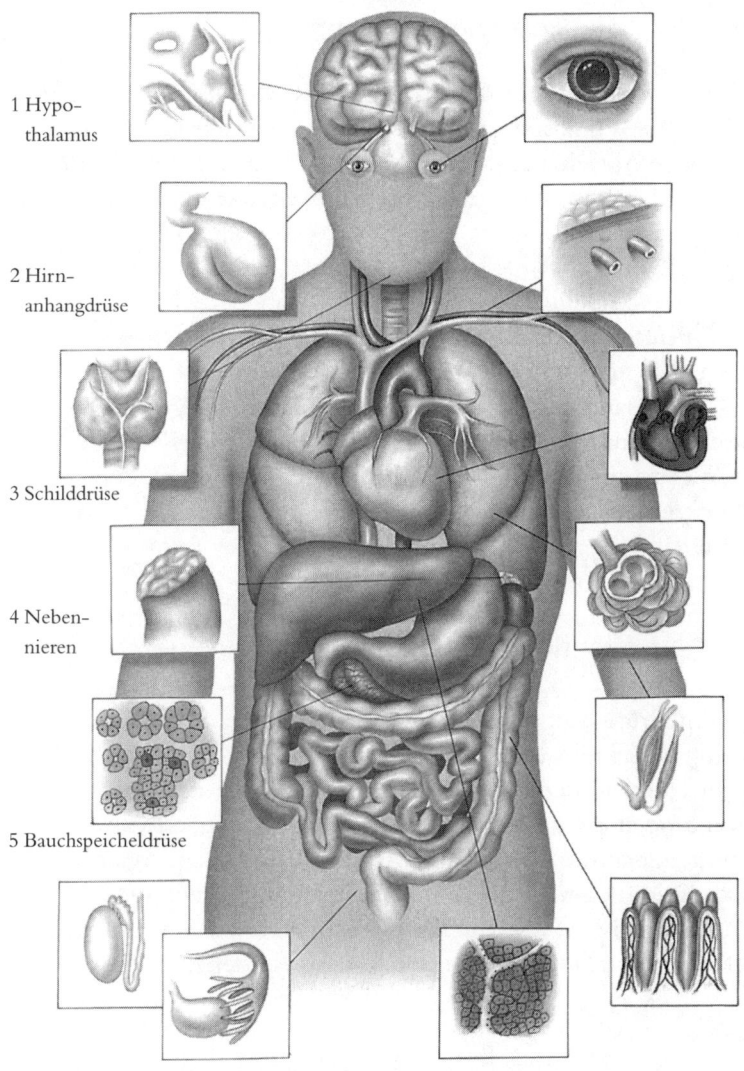

1 Hypo-
thalamus

2 Hirn-
anhangdrüse

3 Schilddrüse

4 Neben-
nieren

5 Bauchspeicheldrüse

Das endokrine System (aus: Klaus-Ulrich Benner, *Der Körper des Menschen*, Weltbild Verlag, Augsburg 1995, S. 198).

Zirbeldrüse (Epiphyse)

Die Zirbeldrüse liegt in der dritten Hirnkammer, vor der Vierhügelplatte. Ihre Funktion ist nicht eindeutig geklärt, doch scheint sie die sexuelle Aktivität zu beeinflussen. In medizinischen Kreisen ist die Zugehörigkeit der Zirbeldrüse zum endokrinen System umstritten.

Nebenschilddrüsen (Glandulae parathyroideae)

Die paarweise auf der Hinterseite der Schilddrüse liegenden Organe steuern den Kalziumstoffwechsel. Bei zu niedrigem Kalziumspiegel kommt es zu neuromuskulärer Übererregbarkeit. Verletzungen oder Fehlfunktionen dieser Organe führen deshalb zu heftigen Muskelkrämpfen.

Schilddrüse (Glandula thyroidea)

Die Schilddrüse liegt im unteren Halsbereich vor der Luftröhre. Ihre jodhaltigen Sekrete (darunter Thyroxin) steuern die Stoffwechselvorgänge und fördern die gesunde Entwicklung des Körpers. Die Auswirkungen einer Unterfunktion der Drüse können von Niedergeschlagenheit und Lustlosigkeit bis zu Schwachsinn reichen. Die Überfunktion kann Unausgewogenheit und Angstzustände hervorrufen. Eine schwere Erkrankung ist die Basedowsche Krankheit, die unter anderem mit der Bildung eines Kropfes einhergeht.

Thymusdrüse (Bries, Brustdrüse)

Nicht alle Mediziner zählen die Thymusdrüse zum endokrinen Drüsensystem. Unbestritten ist, dass die Thymusdrüse, die beim Kleinkind fast gleich groß ist wie das Herz, das Größenwachstum steuert. Ist diese Funktion erfüllt, bildet sie sich zurück und wird zu Fettgewebe.

Die Thymusdrüse liegt über dem Herz hinter dem Brustbein und besteht aus zwei verschieden geformten Lappen; sie ist weiter unterteilt in Läppchen. Sie ist ein primäres Organ des lymphatischen Systems und von grundlegender Bedeutung für die Entwicklung und Differenzierung der für die zellvermittelte Immunität verantwortlichen T-Lymphozyten. Daneben hat sie Einfluss auf den Knochenstoffwechsel.

Bauchspeicheldrüse (Pankreas)

Das Hormon der Bauchspeicheldrüse ist das Insulin. Es veranlasst die aktiven Körperzellen zur Aufnahme von Glukose und sorgt weiter dafür, dass der noch vorhandene Überschuss als Glykogen in Leber und Muskeln gespeichert werden kann. Mangelnde Insulinausschüttung führt zu krankhaft erhöhtem Blutzuckerspiegel, eine Störung, die als «Zuckerkrankheit» (Diabetes mellitus) bekannt ist. Die überschüssige Glukose wird dabei mit dem Urin ausgeschieden, Urinproben werden folglich zur Diagnose des Diabetes herangezogen. Die Therapie besteht üblicherweise in der Verabreichung von Insulin. Gegenspieler des Insulins ist das Adrenalin, das durch Abbau von Glykogenreserven den Glukosespiegel ansteigen lässt.

Nebennieren (Glandulae suprarenales)

Die den Nieren kappenartig aufsitzenden Nebennieren erzeugen Steroidhormone (vor allem Cortisol) und Adrenalin. Dieses wirkt gefäßverengend, steigert die Muskelaktivität, beschleunigt den Herzschlag und den Kreislauf.

(Basierend auf «Die endokrinen Drüsen», in: *Anatomie des Menschen,* Neuer Kaiser Verlag, Klagenfurt 1992, S. 36)

Geschlechtsdrüsen (Gonaden)

In den Geschlechtsdrüsen (Hoden und Eierstöcke) werden Androgene, Östrogene und Progesteron erzeugt. Sie sind verantwortlich für Entwicklung und Funktion der Geschlechtsorgane und die Ausbildung der sekundären Geschlechtsmerkmale (unterschiedliche Stimmlage bei Mann und Frau, Bart, Brüste usw.).

Anhang 13:
Die sieben Chakren, die Energiezentren unseres Körpers

Das erste Chakra

Muladhara, das Basis- oder Wurzelchakra. Das Stoffliche, das Körperliche, die Lebenskraft, der körperliche Wille zu «sein», zu bestehen und zu überleben. Es ist verbunden mit Essen und Trinken, materieller Sicherheit, Geld und Arbeit. In seiner primitivsten Form äußert es sich durch Kampf, Kampfsport, Gewalt, Lärm, ziellose Anhäufung von Eigentum, undifferenziertes Denken über andere und die Unterteilung der Welt in Gut und Böse. Wenn dieses Chakra aus dem Gleichgewicht gerät, steht man nicht mit beiden Beinen auf der Erde, hat Angst, fühlt sich ermüdet und erschöpft und hat Schwierigkeiten mit der physischen Realität. Ein freier Energiestrom in diesem Chakra bringt dagegen beinahe unerschöpfliche Arbeitskraft mit sich, eine große geistige und körperliche Stabilität und eine solide und Vertrauen erweckende Ausstrahlung. Es befindet sich zwischen dem Anus und den Geschlechtsteilen; damit verbunden sind das Steissbein und der unterste Teil des Kreuzbeins.

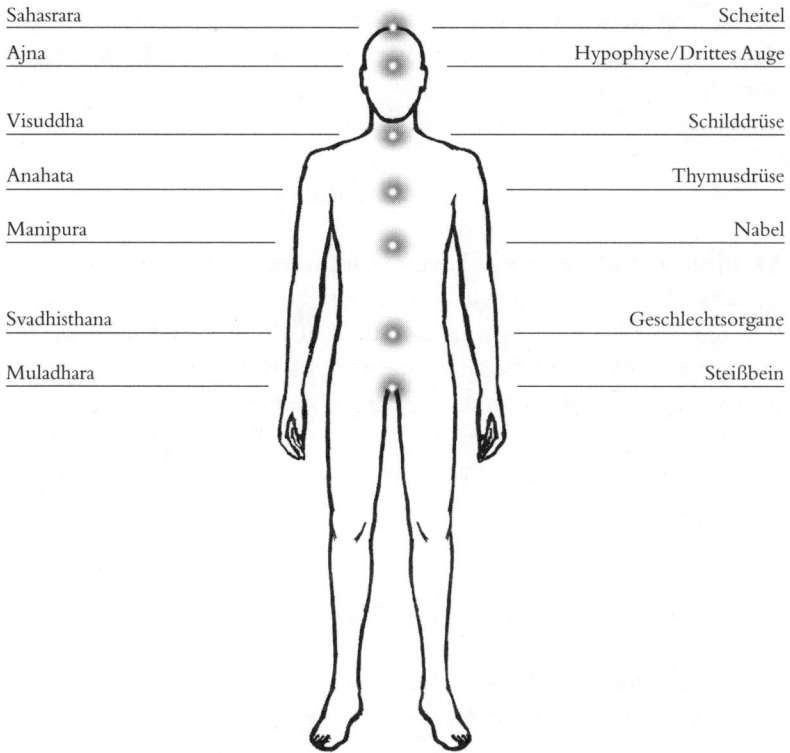

Sahasrara		Scheitel
Ajna		Hypophyse/Drittes Auge
Visuddha		Schilddrüse
Anahata		Thymusdrüse
Manipura		Nabel
Svadhisthana		Geschlechtsorgane
Muladhara		Steißbein

Die Lage der sieben Chakren.

Das zweite Chakra

Swadisthana, das Sakral- oder Sexualchakra. Intimität, Beziehungen, Sexualität, Kreativität. Fließende und wellenförmige Bewegungen, handeln und tauschen, «sich gut fühlen» gehören zu diesem Chakra. Eifersucht, unkontrollierte Begierde, Angst vor der eigenen Sexualität, vor Intimität, das Fehlen von Kreativität und Schaffenskraft sind Zeichen für ein unausgewogenes zweites Chakra. Teilen können, Harmonie in Beziehungen, leichter und ungezwungener körperlicher Kontakt, fließende Bewegungen und Anziehungskraft kennzeichnen ein geöffnetes Chakra. Das zweite Chakra liegt zwischen dem Schambein und dem Bauchnabel. Der oberste Teil des Kreuzbeins bis zum zweiten Lendenwirbel ist der mit ihm verbundene Teil der Wirbelsäule.

Das dritte Chakra

Manipura, Solarplexus, Sonnengeflecht. Verbindung zwischen dem Selbst und der Welt, Gestaltung des Seins, Verbindung von Denken und Fühlen. Eigensinnigkeit und Auflehnung sind Zeichen für ein unausgewogenes Chakra. Führungstärke, Organisationstalent und natürliche Überlegenheit kennzeichnen die Offenheit des Chakras. Das dritte Chakra befindet sich in der Mitte unseres Körpers, beim Magen. Der Teil der Wirbelsäule, der damit verbunden ist, erstreckt sich vom zweiten Lendenwirbel bis zum zehnten Brustwirbel.

Das vierte Chakra

Anahata, das Herzchakra. Die Verbindung zwischen den unteren drei Chakren (stoffliche Welt, Körper) und den oberen drei (mentale, spirituelle Welt und Geist); Liebe, Hingabe, Vereinigung und Selbstverwirklichung. Wenn dieses Chakra aus dem Gleichgewicht gerät, äußert sich das in Selbstzweifeln, einem problematischen Gefühlsleben, Problemen mit Freundschaften und Beziehungen, Misstrauen und dem Streit zwischen Körper und Geist. Offenheit, Spontaneität, Herzlichkeit und Wärme zeigen sich in einem offenen Chakra. An der Vorderseite des Körpers liegt sein Zentrum in der Mitte zwischen den Brustwarzen und reicht von vier Zentimetern unterhalb des Brustbeins bis zur Halsgrube. Auf der Wirbelsäule befindet es sich zwischen dem neunten und dem dritten Brustwirbel.

Das fünfte Chakra

Visuddha, das Kehl(kopf)chakra. Sich ausdrücken, sprechen und intuitives Wissen stehen bei diesem Chakra im Mittelpunkt. Hat man Mühe, mit anderen Kontakt aufzunehmen, lebt man seine eigene Kreativität nicht aus, gibt man vor, anders zu sein, als man wirklich ist, lässt man sich von seiner Umgebung manipulieren und versucht, alles logisch zu erklären und/oder auf bestimmte Techniken zu reduzieren, dann ist dies ein Hinweis auf eine Unausgeglichenheit innerhalb dieses Chakras.

Wahrheit, Weisheit und Logik Ausdruck zu verleihen ist ein Zeichen für Offenheit in diesem Chakra. Sein Zentrum befindet sich unten in der Kehle. Auf der Vorderseite des Körpers erstreckt sich sein Gebiet vom oberen Brustbein über den ganzen Hals, auf dem Rücken von den obersten zwei Brustwirbeln über alle Halswirbel.

Das sechste Chakra

Ajna, das dritte Auge, das Stirn-Chakra. Verstand, Einsicht, Besinnung, Meditation und okkulte Kenntnisse sind die Kernpunkte dieses Chakras. Unausgeglichenheit in diesem Chakra äußert sich in Zukunftsangst, geistiger Verwirrung sowie Nichtannahme des eigenen Schicksals. Hellsichtigkeit, Intuition, die Fähigkeit, zukünftige Ereignisse vorauszusehen und -zufühlen sind Zeichen seiner Offenheit. Sein Zentrum liegt etwas oberhalb des Punktes in der Mitte zwischen den Augenbrauen, sein Bereich reicht von der Innenseite der Augenwinkel bis zur Mitte der Stirn. Auf dem Schädel ist es der Hinterkopf.

Das siebte Chakra

Sahasrara, das Scheitel- oder Kronenchakra. Es ist verbunden mit der höchsten Wahrheit, Spiritualität, Meditation. Unausgewogenheit in diesem Chakra äußert sich in der Angst vor oder dem Widerstand gegen die Verwirklichungsnotwendigkeit der eigenen spirituellen Möglichkeiten, im Festhalten am Materiellen und in einem Mangel an spiritueller Energie. Das Ausstrahlen von Schaffenskraft und kosmischer Einheit zeugen von der Offenheit dieses Chakras. Es befindet sich am höchsten Punkt des Kopfes. Sein Zentrum ist die hintere Fontanelle, der mit ihm verbundene Bereich die Schädeldecke.

(Basierend auf der «*Chakra-Tagel*», Verlag Jan van Baarle, Amsterdam)

Anhang 14:
Zuordnung und Funktionen der Chakren

Drüsen, Themen und Farben*

Chakra	Lage	Körperliche Zuordnung	Zugeordnete Drüsen/ Hormone	Thema/ Lernaufgabe	Grundprinzip/ Farbe
1. Chakra	Zwischen Anus und Genitalien, mit dem Steißbein verbunden, öffnet sich nach unten.	Alles Feste, Wirbelsäule, Knochen, Zähne, Nägel, beide Beine, Anus, Rektum, Dickdarm, Mastdarm, Enddarm, Prostata, Blut Zellaufbau.	Nebennieren/ Adrenalin, Noradrenalin.	Ursprüngliche Lebensenergie, Urvertrauen, Beziehung zur Erde und zur materiellen Welt, Stabilität Durchsetzungskraft.	Körperlicher Wille zum Sein/ feuriges Rot.
2. Chakra	Am oberen Teil des Kreuzbeins, etwa an der Schamhaargrenze, öffnet sich nach vorne.	Beckenraum, Fortpflanzungsorgane, Nieren, Blase, alles Flüssige wie Blut, Lymphe, Verdauungssäfte, Sperma.	Keimdrüsen, Eierstöcke, Prostata, Hoden/ Östrogene, Testosteron.	Ursprüngliche Gefühle, mit dem Leben fließen, Sinnlichkeit, Erotik, Kreativität, Staunen und Begeisterung.	Schöpferische Fortpflanzung des Seins/ Orange.

* Diese Tabelle ist einer Aufstellung in *Natürlich heilen Nr. 10* von Dr. phil. Peter Gilgen nachempfunden und wird hier mit freundlicher Genehmigung abgedruckt.

Chakra	Lage	Körperliche Zuordnung	Zugeordnete Drüsen/ Hormone	Thema/ Lernaufgabe	Grundprinzip/ Farbe
3. Chakra	Zwei Fingerbreit oberhalb des Nabels, öffnet sich nach vorne.	Unterer Rücken, Bauchhöhle, Verdauungssystem, Magen, Leber, Milz, Gallenblase, vegetatives Nervensystem.	Bauchspeicheldrüse (Leber, Milz)/ Insulin (Galle).	Entfaltung der Persönlichkeit, Verarbeitung von Gefühlen und Erlebnissen, Gestaltung des Seins, Einfluss und Macht, Kraft und Fülle, Weisheit, die aus Erfahrung erwächst.	Gestaltung des Seins/ Gelb bis Goldgelb.
4. Chakra	In der Mitte der Brust (Brustbein), öffnet sich nach vorne.	Oberer Rücken, Herz, Brustkorb und Brusthöhle, unterer Lungenbereich, Blut, Blutkreislaufsystem, Haut, Hände.	Thymusdrüse/ Thymohormon.	Entfaltung der Herzensqualitäten, Liebe, Mitempfinden, miteinander teilen, mit dem Herzen dabei sein, Selbstlosigkeit, Hingabe, Heilung.	Seinshingabe/ Grün, Rosa, Gold.

Chakra	Lage	Körperliche Zuordnung	Zugeordnete Drüsen/ Hormone	Thema/ Lernaufgabe	Grundprinzip/ Farbe
5. Chakra	Zwischen Halsgrube und Kehlkopf, vorne am Hals, öffnet sich nach vorne.	Lunge, Bronchien, Speiseröhre, Sprechapparatur (Stimme), Kehle, Nacken, Kiefer, Kinnbacken.	Schilddrüse, Nebenschilddrüse/ Thyroxin (Trijodthyroxin).	Kommunikation, kreativer Selbstausdruck, Offenheit, Weite, Unabhängigkeit, Inspiration, Zugang zu den feineren Ebenen des Seins.	Seinsresonanz/ Hellblau.
6. Chakra	Einen Fingerbreit über der Nasenwurzel, in der Mitte der Stirn, etwa zwei Fingerbreit hinter der Stirn, öffnet sich nach vorne.	Kleinhirn, Ohren, Nase, Nebenhöhlen, Augen, z. T. Nervensystem, Stirn, Gesicht.	Hirnanhangdrüse (Hypophyse)/ Vasopressin (Adiuretin), Pituitrin.	Erkenntnisfunktionen, Intuition, Entwicklung der inneren Sinne, Geisteskraft, Willensprojektion, Manifestation.	Seinserkenntnis/ Indigoblau auch Gelb und Violett.
7. Chakra	In der Mitte oben auf dem Kopf, öffnet sich nach oben.	Großhirn, Schädeldecke.	Zirbeldrüse (Epiphyse) Serotonin (Enteramin), Melatonin.	Vollendung, höchste Erkenntnis durch direkte innere Schau, Vereinigung mit dem All-Seienden, universelles Bewusstsein.	Reines Sein/ Violett, Weiß, Gold.

Anatomie, Laute, Formen

Chakra	Rückenmark	Sympathische Geflechte	Laute/ Mantren	Element Zustand	Form/ Sinne	Tierwelt
1.	4. Kreuz-Ganglion	Steißbein-Geflecht	U LAM	Erde/fest	Quadrat/ Geruch	Elefant
2	1. Lenden-Ganglion	Milz-Geflecht	O VAM	Wasser/ flüssig	zunehmen-der Mond (Halb-mond)/ Geschmack	Krokodil
3	8. Brust-Ganglion	Bauch-oder Sonnen-geflecht	O RAM	Feuer/ gas-förmig	Dreieck/ Gesicht	Widder
4	8. Nacken-Ganglion	Herz-Geflecht	A YAM	Luft/ luft-förmig	zwei Dreiecke (Sechseck)/ Tastsinn	Antilope
5	3. Nacken-Ganglion	Kehlkopf-Geflecht	E HAM	Äther/ ätherisch	Kreis/ Gehör	
6	1. Nacken-Ganglion	Hals-schlag-ader-Geflecht	I KSHAM	Geist		
7			M AUM, OM	Licht-äther		

Literaturhinweise

Bewegung / Fitness und Entspannung

Lanz, Arnold H., *Fitness und Entspannung mit den Fünf »Tibetern«*, Scherz, Bern und München, 1998

Morehouse, Laurence E. *Fitness für Faule*, Rowohlt Reinbek, 1976

Ernährung

Clark, Hulda Regehr, *Heilung ist möglich*, Knaur, München 2000

Ehret, Arnold, *Die schleimfreie Heilkost*, Waldthausen, Ritterhude 1996

Grimm, Hans-Ulrich, *Die Suppe lügt*, Klett-Cotta, Stuttgart 1997

Honauer, Urs, *Wasser, die geheimnisvolle Energie*, Irisiana, München 1998

Walb, Ludwig und Ilse, *Original Haysche Trennkost*, Karl F. Haug, Heidelberg 1991

Wandmaker, Helmut, *Willst du gesund werden, vergiss den Kochtopf*, Waldthausen, Ritterhude 1990

Emotionale Intelligenz

Hay, Louise L., *Heile deinen Körper*, Alf Lüchow, Freiburg i. Br. 1998

King, Serge, *Begegnung mit dem verborgenen Ich*, Aurum, Braunschweig 1993

Millan Dan, *Die Kraft des friedvollen Kriegers*, Ansata, München 1998

Ponder, Catherine, *Die Heilungs-Geheimnisse der Jahrhunderte*, Goldmann, München 1992

Tietze, Henry G., *Organsprache von A-Z*, Knaur, München 1993

Allgemein

Gilgen, Peter, *Natürlich Heilen Nr. 10*, Methodenüberblick 1. Teil, Schweizer Verband für Natürliches Heilen, 1998

Jursa, Oskar, *Jung mit Hundert*, Herbig, München 1976

Bertelsmann Lexikon Psychologie, Bertelsmann, Gütersloh 1995

Die Fünf »Tibeter«® für alle Sinne

Die Fünf »Tibeter« – Das Begleitbuch
Weiterentwicklung und gezielte Anwendung der
weltberühmten Übungen

272 Seiten, mit neuen Übungsprogrammen
ISBN 3-502-25052-9

Forscher, Ärzte und Wissenschaftsjournalisten
haben sich eingehend mit dem «Tibeter-Phänomen»
befasst und sind zu neuen Ergebnissen gelangt:
Die positive Wirkung der 5 Übungen lässt sich
naturwissenschaftlich begründen und durch gezielte
Massnahmen noch bedeutend steigern.

Fredy Gruber
**Mehr Power und Erfolg
mit den Fünf »Tibetern«**
Dynamische Übungen zur Steigerung
von Energie und Leistungskraft

160 Seiten, mit zahlreichen Abbildungen
ISBN 3-502-25050-2

Fredy Gruber, Gesundheitsberater mit Schwerpunkt
Traditionelle Chinesische Medizin und Management-
trainer, zeigt mit diesem Übungsprogramm, wie Sie die
Fünf »Tibeter« wirksam einsetzen können, um beruflichen Erfolg und Fitness miteinander zu verbinden.

Arnold H. Lanz
**Fitness und Entspannung
mit den Fünf »Tibetern«**
Harmonisierende und aufbauende Übungen
für jedermann

192 Seiten, mit 36 Abbildungen
ISBN 3-502-25016-2

Arnold H. Lanz, Seminarleiter und Heilpraktiker,
bietet Menschen, die in ihrem Alltag bisher nur
wenig Gelegenheit zu Sport, Muße und Entspannung
fanden, durch dieses Buch Zugang zu Wellness
und Gesundheit.

Maruscha Magyarosy
**Intelligenz des Herzens
durch die Fünf »Tibeter«**
Heilende Aussöhnung mit
unserem innersten Wesenskern

191 Seiten, mit zahlreichen Abbildungen
ISBN 3-502-25008-1

Die Yogalehrerin und Körpertherapeutin
Maruscha Magyarosy wurde durch ihre
persönliche Erfahrung mit den Fünf »Tibetern«
auf den Weg der Entdeckung der Intelligenz
und Weisheit des Herzens geführt.

Brigitte Gillessen
Das Energieprogramm der Fünf »Tibeter«
Kraftvolle Übungen für Körper, Geist und Seele

160 Seiten, mit ca. 18 Abbildungen,
ISBN 3-502-25007-3

Die Heilpraktikerin Brigitte Gillessen erschließt
uns mit diesem Buch Mittel und Wege, um innere
Blockaden zu lösen und die Energie wieder frei
fließen zu lassen.

Wolfgang und Brigitte Gillessen (Hrsg.)
Erfahrungen mit den Fünf »Tibetern«
Neue Einblicke in das alte Geheimnis

180 Seiten, mit zahlreichen Abbildungen
ISBN 3-502-25399-4

Kompetente Yogalehrer, Therapeuten und
langjährige »Tibeter«-Übende berichten über
ihre Erfahrungen.

Dr. med. Ingfried Hobert
Gesundheit selbst gestalten
Wege der Selbstheilung und die
Fünf »Tibeter«. Ein Arzt berichtet

144 Seiten
ISBN 3-502-25411-7

Dr. Hobert – Schulmediziner und Naturheilkundler –
wendet die Fünf »Tibeter« seit Jahren zur unter-
stützenden Behandlung bei vielen Krankheiten und
bei der Rekonvaleszenz seiner Patienten mit großem
Erfolg an. Drei weitere Ärzte berichten von
ihren Erfahrungen.

Christopher Kilham
Lebendiger Yoga
Das Profi-Buch zu den Fünf »Tibetern«
von Peter Kelder

92 Seiten, mit zahlreichen Fotos
ISBN 3-502-25213-0

Die Fünf »Tibeter« für Fortgeschrittene: Yogalehrer
Kilham praktiziert die Übungen seit über 20 Jahren
und läßt den Leser an seinen umfangreichen
Erfahrungen teilhaben. Er beschreibt auch den
sechsten Ritus und dessen Wirkung auf die Sexualkraft.

Devanando Weise / Jenny Frederiksen
Die Fünf »Tibeter«-Feinschmecker-Küche
Mit 144 Rezepten auf der Basis von Trennkost
und mehr

280 Seiten, mit zahlreichen Abbildungen
ISBN 3-502-25126-6

Die Gourmetköche Weise und Frederiksen haben
ein Buch über schmackhafte und bekömmliche
Vollwertkost geschrieben, das auf den Ernährungs-
vorschlägen Peter Kelders beruht.

Barbara Simonsohn
Die Fünf »Tibeter« mit Kindern
Gesundsein darf Spaß machen!

134 Seiten, mit zahlreichen Fotos und Illustrationen
sowie einer Merktafel für Kinder
ISBN 3-502-25262-9

Die Therapeutin und Seminarleiterin Simonsohn
beschreibt, wie Eltern und Kinder gemeinsam üben,
wie Kinder motiviert werden und wie Pädagogen
die Übungen in ihrer Praxis einsetzen können.

Brigitte Streubel / Maruscha Magyarosy
Die Fünf »Tibeter« ... in Aktion
Das Video zum Bestseller von Peter Kelder

24 Minuten, VHS, Stereo
ISBN 3-502-25307-2

Die Yogalehrerin und Leiterin des Fünf-»Tibeter«-
Ausbildungsprogramms Maruscha Magyarosy zeigt
mit einer ihrer Übungsgruppen langsam und
deutlich die authentischen Fünf »Tibeter« und auch
die sechste Übung. Außerdem erklärt sie Schritt für
Schritt die richtige Atmung und führt Entlastungs-
übungen für den sensiblen Rücken vor.

Hannes Motal
Die Fünf »Tibeter« CD
Musik pur für Bewegung, Tanz und
kreative Entspannung

44 Minuten
ISBN 3-502-25103-7

Die acht Stücke des Wiener Musikers kreieren
einen dynamischen Klangraum zum Üben der
Fünf »Tibeter«. Aber auch wer sich nur entspannen oder tanzen will, wird
mit dem fließenden Rhythmus dieser Musik auf seine Kosten kommen.

Primavera Life
Die Fünf »Tibeter« Duftmischung

5 ml Fläschchen im Geschenkset mit
Massageroller und Merkblatt
ISBN 3-502-25826-0

Himalaja-Zeder, Bergwacholder, Rhododendron
und andere ätherische Öle schaffen ein
unterstützendes Duftklima für die Übungen.